高等职业教育城市轨道交通专业系列教材

SUIDAO GONGCHENG SHIYAN YU JIANCE

隧道工程试验与检测

西安交通大学出版社
XI'AN JIAOTONG UNIVERSITY PRESS

主　编　郭　博

副主编　林　锐　宁　波

主　审　张有财　何文敏

U0719655

图书在版编目(CIP)数据

隧道工程试验与检测 / 郭博主编. --西安：西安
交通大学出版社,2025.6
高等职业教育城市轨道交通专业系列教材
ISBN 978-7-5693-3674-0

Ⅰ.①隧… Ⅱ.①郭… Ⅲ.①隧道工程-试验-高等
职业教育-教材 ②隧道工程-检测-高等职业教育-教材
Ⅳ.①U451

中国国家版本馆 CIP 数据核字(2024)第 045698 号

书　　　名	隧道工程试验与检测	
	SUIDAO GONGCHENG SHIYAN YU JIANCE	
主　　编	郭　博	
副 主 编	林　锐　宁　波	
策划编辑	杨　璠	
责任编辑	刘艺飞	
责任校对	张明玥	
封面设计	任加盟	

出版发行	西安交通大学出版社
	(西安市兴庆南路 1 号　邮政编码 710048)
网　　址	http://www.xjtupress.com
电　　话	(029)82668357　82667874(市场营销中心)
	(029)82668315(总编办)
传　　真	(029)82668280
印　　刷	陕西印科印务有限公司

开　　本	787 mm×1092 mm　　1/16　　**印张** 18.5　　**字数** 420 千字
版次印次	2025 年 6 月第 1 版　　2025 年 6 月第 1 次印刷
书　　号	ISBN 978-7-5693-3674-0
定　　价	52.00 元

前言

PREFACE

近年来，我国基础设施建设迅猛发展，培养和造就了一大批从事隧道施工管理、质量检查验收和监理方面的人才。但是，随着全球化进程加快，试验检测技术不断进步，这就对从事试验检测的人员提出了更新原有知识的迫切要求。

本教材依据教育部对高职高专人才培养目标、培养规格、培养模式及与之相适应的知识、技能、能力和素质结构的要求进行编写，同时，结合最新的行业技术标准、规范及检测技术等情况，具有较强的针对性。教材编写中较好地贯彻了素质教育的思想，力求体现以人为本的现代职业教育理念，从交通行业岗位群对人才知识结构和实践技能的要求出发，结合培养学生创新能力、职业道德等方面的要求，提出教学目标和教学内容，在教材的理论体系、组织结构、内容描述上与传统教材有明显的区别。

"隧道工程试验与检测"是土木工程检测技术专业的核心课程之一。本教材内容包括：隧道工程基础知识、隧道辅助工程试验检测、洞身开挖质量检测、锚喷衬砌施工质量检测、隧道防排水试验检测、混凝土衬砌施工质量检测、施工监控量测、超前地质预报检测、隧道运营环境检测等 12 个学习项目。

本书由陕西铁路工程职业技术学院郭博老师任主编，中铁隧道局集团建设有限公司总工程师林锐和陕西铁路工程职业技术学院宁波老师任副主编，青藏铁路公司张有财与陕西铁路工程职业技术学院何文敏任主审。具体编写分工如下：项目 1 至项目 5 由郭博、林锐与中交第二公路工程局有限公司赵亮共同编写，项目 6 至项目 9 由宁波、林锐与中国能建葛洲坝集团第一工程有限公司任超共同编写，项目 10 由陕西铁路工程职业技术学院茹媛博、安徽交通职业技术学院叶生与中铁广州工程局集团市政环保工程有限公司冉思荣共同编写，项目 11 由陕西铁路工程职业技术学院茹媛博、刘竞怡与中铁广州工程局集团市政环保工程有限公司冉思荣共同编写，项目 12 由陕西铁路工程职业技术学院燕波与全国技术能手梁迪（中铁北京工程局）共同编写。

本书是长期从事隧道工程试验检测专业教学与工程实践的教师及工程技术人员工作经验的总结。但是，随着技术、材料、工艺的不断变革，书中难免有不足之处，敬请广大读者批评指正。

　　本书在编写过程中得到了陕西铁路工程职业技术学院相关专业教师的关心与企业技术人员的指导,在此,向他们表示诚挚的感谢。

本教材网络课程

编　者

2025 年 4 月

目 录
CONTENTS

隧道工程基础知识

项目 描述

本项目主要介绍隧道分类、结构组成、围岩分级、常见质量问题及质量评定过程。

学习 目标

(1) 素质目标:培养质量安全意识,做到理解、领悟、认同并践行隧道检测工程师的责任与使命。

(2) 知识目标:能够说出隧道结构组成图中各组成名称;能够说出围岩等级划分的依据,围岩等级与围岩稳定性、完整性的关系;掌握隧道质量评定的过程。

(3) 能力目标:能独立完成隧道质量评定案例。

案例 导入

查阅见证了中国铁路加速度进程,堪称里程碑的重要隧道:大瑶山隧道(长 14.294 km,单洞双线,1988 年建成,如图 1-1 所示)和秦岭隧道(长 18.456 km,单线双洞,2003 年建成,如图 1-2 所示)的相关资料,思考"为什么建隧道工程""隧道工程有什么用",带着问题学习隧道建设的必要性和重要性。在课堂上进行课堂研讨,讨论隧道的功能和作用,从而了解隧道工程在克服高程障碍、缩短线路、联通不同地区沟通与交流方面的作用,是其他交通方式所无法比拟的,认识到隧道工程修建的社会价值和意义。在充分了解隧道工程修建的目的和作用以后,树立正确的工程态度,增强职业认同感和自豪感,提升从事隧道工程相关行业的自我价值。

图 1-1　京广铁路大瑶山隧道　　　　图 1-2　秦岭隧道

▶ 任务 1.1　隧道结构认知

一、修建公路隧道的目的

公路隧道是修筑在地下供汽车通行的地下构筑物。修建公路隧道的目的:克服山体、河流、建筑物及市政设施等障碍;缩短行车里程、提高交通便捷度、改善行车条件、利用地下空间、节省建设用地、减少植被破坏、保护自然环境;避免公路高边坡,防止山体碎落、崩塌、滑坡及泥石流、冰雪等灾害,保证道路运行安全。

二、隧道分类

1.按隧道所处的位置分类

(1)山岭隧道:以克服山体障碍而穿越山岭的隧道(图1-3)。

(2)城市隧道:在城镇市区,为克服山体、建筑物、市政设施等障碍,缓解交通堵塞而修建的隧道(图1-4)。

(3)水下隧道:为下穿地表水体(江河、海洋、湖泊)而修建的隧道(图1-5)。

图1-3　终南山隧道(山岭隧道)　　图1-4　城市隧道　　图1-5　武汉长江隧道(水下隧道)

2.按隧道穿越地层分类

(1)岩石隧道:在岩石地层中修建的隧道。

(2)土质隧道:在土层、砂卵地层、淤泥地层中修建的隧道(图1-6)。

图1-6　土质隧道

3. 按隧道修建方式分类

(1)明挖隧道:先将地面挖开,在露天条件下修筑隧道结构,绝大多数需进行回填覆盖,也称明洞(图1-7)。

(2)暗挖隧道:在地下先行开挖所需要的空间,并根据需要修筑隧道结构(图1-8)。

(3)沉管隧道:在岸边将隧道预制成若干管节段,通过浮运的方式把预制管节运至指定位置,陈放安装在已疏浚好的基槽内,并将管节拼连起来形成隧道(图1-9),这是一种水下隧道的修建方法。

图1-7 明挖隧道　　　图1-8 暗挖隧道　　　图1-9 沉管隧道

4. 按隧道开挖掘进方式分类

(1)钻爆法(也叫矿山法)隧道:在地层中以挖掘、爆破方式修建的隧道。先在隧道掘进开挖面上通过挖掘或钻眼、爆破开挖形成地下空间,随后根据围岩稳定情况和使用要求对围岩进行支护(图1-10、图1-11)。

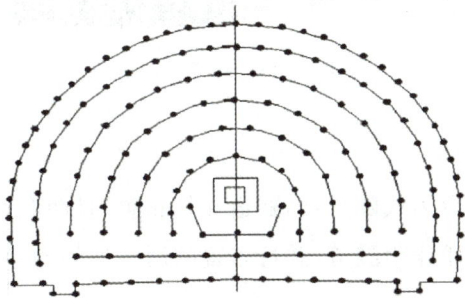

图1-10 钻爆法施工　　　图1-11 掌子面炮眼布置图

(2)盾构法隧道:采用盾构机,一边进行前部开挖、控制围岩及掌子面不发生坍塌,一边推进、出渣,并在机内拼装管片衬砌的联动作业修建的隧道。断面一次成型,常用于松软土质地层中,隧道成型断面一般为圆形(图1-12)。

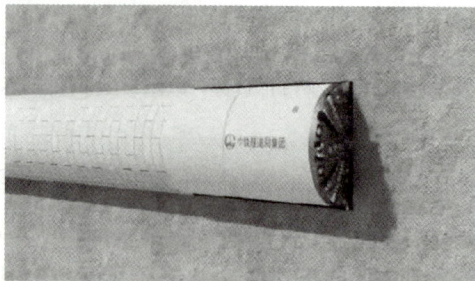

图 1-12 盾构掘进工艺图

（3）掘进机法隧道：采用机械破碎岩石、出渣、支护和推进连续作业修建的隧道。按掘进机在工作面上的切削过程，分为全断面掘进机和部分断面掘进机。按破碎岩石原理不同，又可分为滚压式（盘形滚刀）掘进机和铣切式掘进机。滚压式掘进机一般用于中硬岩至硬岩的岩石隧道，铣切式掘进机适用于煤层及软岩。

（4）破碎机法隧道：采用硬岩破碎机进行开挖的隧道，一般单臂球形钻头掘进可用于岩石隧道任意断面形状开挖（图 1-13，图 1-14）。

图 1-13 隧道破碎机

图 1-14 隧道破碎机开挖隧道

5. 按隧道布置方式分类

（1）分离式隧道：两隧道并行布置，且两洞结构间彼此不产生有害影响的隧道（图 1-15）。

（2）小净距隧道：并行布置的两隧道间的净距较小，两洞结构彼此产生有害影响的隧道（图 1-16）。

（3）连拱隧道：并行布置的两隧道的人工结构连接在一起的隧道。

（4）分岔隧道：双向行驶的大跨隧道或连拱隧道，由小净距隧道逐渐过渡到分离式双洞隧道的隧道（图 1-17）。

图 1-15 分离式隧道　　　图 1-16 小净距隧道与连拱隧道　　　图 1-17 分岔隧道

6.按隧道跨度或车道数分类

(1)一般跨度隧道:两车道隧道。

(2)中等跨度隧道:三车道隧道。

(3)大跨度隧道:四车道及以上隧道。

7.按隧道长度分类

我国《公路隧道设计规范 第一册 土建工程》(JTG 3370.1—2018)按隧道长度将公路隧道分为 4 类,见表 1-1。

表 1-1 隧道长度分类表

分类	长度/m
特长隧道	$L>3000$
长隧道	$3000\geqslant L>1000$
中隧道	$1000\geqslant L>500$
短隧道	$L\leqslant 500$

三、我国公路隧道发展概况

我国公路隧道起步较晚,1949 年以前,中国仅有 7 座公路隧道,总长 897 m,最长的不过 200 m,多为单车道隧道,无衬砌或采用砌体进行衬砌。中华人民共和国成立后的 30 年间,我国共建成公路隧道 225 座,总长 42 km。20 世纪 90 年代后,我国公路隧道进入了高速发展时期,到 2018 年年底全国公路隧道达 17 738 座,通车里程 17 236.1 km,其中长隧道 4315 座,特长隧道 1058 座。

我国公路隧道长度由 20 世纪 90 年代初的单洞最长 3 km 左右,发展到现在的 10 km,甚至 18 km;从过去的两车道隧道到今天的三车道隧道、四车道隧道;隧道的布置方式由过去的分离式双洞隧道到今天的连拱隧道、小净距隧道、分岔隧道,还有如"地下立交""桥隧混合"等布置形式。公路隧道的改建、扩建工程也逐年增加。近 30 年来,一大批重大科研项目和重大公路隧道工程的完成,表明我国公路隧道建设与运营管理技术水平已经取得了很大发展,设计施工技术已处于国际先进水平。

四、公路隧道基本组成

山岭公路隧道结构除洞门和裸露明洞外,全部埋入地下,一般置于地层包围之中。公路隧道由围岩、喷锚衬砌(初期支护)、模筑混凝土衬砌(二次衬砌)、仰拱衬砌、仰拱填充、防水层、排水盲管、深埋水沟、路侧边沟、路面结构、电缆沟及盖板等组成,见图1-18。隧道内必须配备照明、通风、监控、交通工程设施、防火、防灾救援设施等机电设施(图1-19)和管理设施。

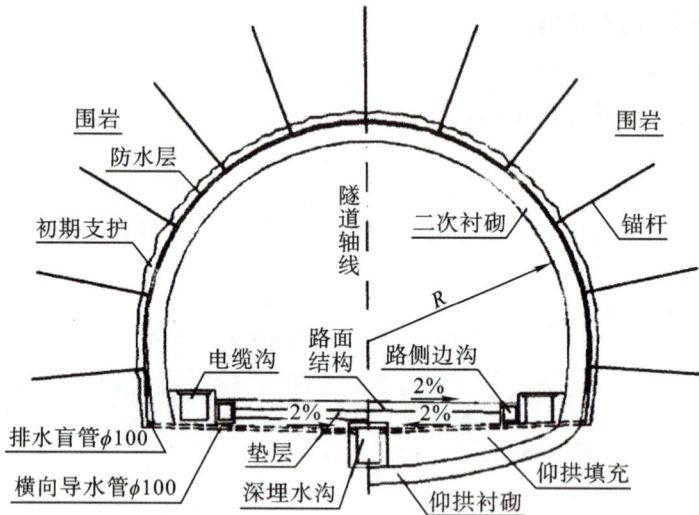

图1-18　公路隧道结构组成

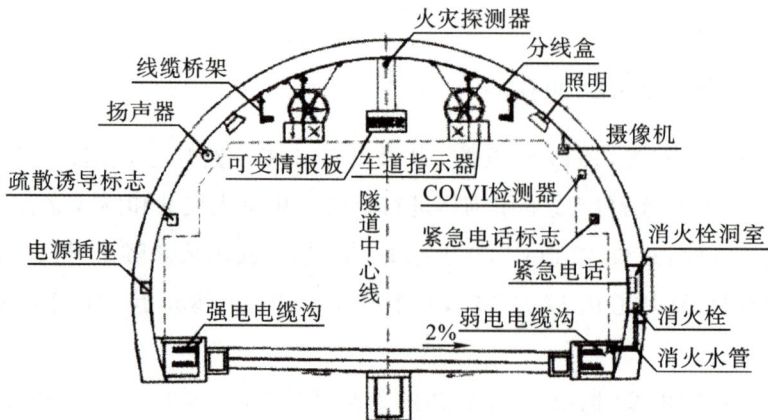

图1-19　公路隧道机电设施组成

▶ **任务 1.2　围岩分级认知**

围岩是隧道周围岩土体的统称,一般指因隧道开挖扰动而使原始应力发生改变的区域,是隧道结构的一部分。地层岩性、岩体强度、围岩完整程度和地下水对隧道围岩稳定性有很大影响。由于隧道穿越的地层情况非常复杂,围岩的稳定性有很大差异,隧道工程界采用围岩分级方法来综合评价围岩性质,判断围岩的稳定性,作为确定隧道衬砌结构、开挖方法、临时支护措施及指导施工的基本依据。

一、围岩级别的定量划分

隧道围岩分级的综合评判方法应按以下顺序进行:首先,根据岩石坚硬程度和岩体完整程度这两个基本因素,结合定性和定量指标,如岩体基本质量指标 BQ,综合进行初步分级。其次,对围岩进行详细定级时,应在岩体基本质量分级基础上,考虑修正因素的影响,修正岩体基本质量指标值。最后,按修正后的岩体基本质量指标[BQ],结合岩体的定性特征综合评判,确定围岩的详细分级。

1. 围岩基本质量指标 BQ

围岩基本质量指标 BQ,根据分级因素的定量指标岩石饱和单轴抗压强度 R_c 和岩体完整性指数 K_v 值确定:

$$BQ = 100 + 3R_c + 250K_v$$

①当 $R_c > 90K_v + 30$ 时,应以 $R_c = 90K_v + 30$ 和 K_v 代入计算 BQ 值。

②当 $K_v > 0.04R_c + 0.4$ 时,应以 $K_v = 0.04R_c + 0.4$ 和 R_c 代入计算 BQ 值。

2. 岩石饱和单轴抗压强度 R_c

岩石坚硬程度定量指标应采用岩石饱和单轴抗压强度 R_c。R_c 应采用实测值。当无条件取得实测值时,也可采用实测的岩石点荷载强度指数 $I_{s(50)}$ 的换算值,并按下式换算:

$$R_c = 22.82I_{s(50)}^{0.75}$$

3. 岩体完整性指数 K_v

应针对不同的工程地质岩组或岩性段,选择有代表性的点、段,测试岩体弹性纵波速度,并应在同一岩体取样测定岩石纵波速度,并由下式计算得出岩体完整性指数 K_v。

$$K_v = (v_{mp}/v_{rp})^2$$

式中:v_{mp}——岩体弹性纵波速度(km/s);

　　　v_{rp}——岩石弹性纵波速度(km/s)。

K_v 应采用实测值。当无条件取得实测值时,也可根据岩体体积节理数 J_v,并按表 1-2 确定对应的 K_v 值。K_v 与岩体完整程度的对应关系见表 1-3。

表 1-2 J_v 与 K_v 的对应关系

J_v/(条/m³)	K_v
<3	≥0.75
3~10	0.55~0.75
10~20	0.35~0.55
20~35	0.15~0.35
≥35	<0.15

表 1-3 K_v 与岩体完整程度的对应关系

K_v	完整程度
≥0.75	完整
0.55~0.75	较完整
0.35~0.55	较破碎
0.15~0.35	破碎
<0.15	极破碎

4.围岩基本质量指标修正值［BQ］

考虑隧道的地下水、结构面产状与地应力状态对岩体质量的影响,对 BQ 值进行修正。

$$[BQ] = BQ - 100(K_1 + K_2 + K_3)$$

式中:K_1——地下水影响修正系数;

　　K_2——主要软弱结构面产状影响修正系数;

　　K_3——初始应力状态影响修正系数。

K_1、K_2、K_3 的取值分别见表 1-4、表 1-5、表 1-6。

表 1-4 地下水影响修正系数 K_1

地下水出水状态	K_1			
	BQ>450	450≥BQ>350	350≥BQ>250	BQ≤250
潮湿或点滴状出水	0	0.1	0.2~0.3	0.4~0.6
淋雨状或涌流状出水,水压<0.1 MPa 或单位出水量<10 L/(min·m)	0.1	0.2~0.3	0.4~0.6	0.7~0.9
淋雨状或涌流状出水,水压>0.1 MPa 或单位出水量>10 L/(min·m)	0.2	0.4~0.6	0.7~0.9	1.0

表 1-5 主要软弱结构面产状影响修正系数 K_2

结构面产状及其与洞轴线的组合关系	K_2
结构面走向与洞轴线夹角<30°,结构面倾角为 30°～75°	0.4～0.6
结构面走向与洞轴线夹角>60°,结构面倾角>75°	0～0.2
其他组合	0.2～0.4

表 1-6 初始应力状态影响修正系数 K_3

初始应力状态	K_3				
	BQ>550	550≥BQ>450	450≥BQ>350	350≥BQ>250	BQ≤250
极高应力区	1.0	1.0	1.0～1.5	1.0～1.5	1.0
高应力区	0.5	0.5	0.5	0.5～1.0	0.5～1.0

5.围岩级别的判定

公路隧道围岩级别根据以上方法计算获得的围岩基本质量指标 BQ 或修正的围岩基本质量指标[BQ],按表 1-7 划分。

表 1-7 公路隧道围岩级别划分

围岩基本质量指标 BQ 或修正的围岩基本质量指标[BQ]	围岩级别
>550	I
550～450	II
450～350	III
350～250	IV
≤250	V

二、围岩级别的定性划分

1.岩石坚硬程度划分

岩石坚硬程度可按表 1-8 定性划分。

表 1-8　岩石坚硬程度的定性划分

坚硬程度		定性鉴定	代表性岩石
硬质岩	坚硬岩	锤击声清脆,有回弹,震手,难击碎;浸水后,大多无吸水反应	未风化~微风化的花岗岩、正长岩、闪长岩、辉绿岩、玄武岩、安山岩、片麻岩、硅质板岩、石英岩、硅质胶结的砾岩、石英砂岩、硅质石灰岩等
	较坚硬岩	锤击声较清脆,有轻微回弹,稍震手,较难击碎;浸水后,有轻微吸水反应	(1)中等(弱)风化的坚硬岩; (2)未风化~微风化的熔结凝灰岩、大理岩、板岩、白云岩、石灰岩、钙质砂岩、粗晶大理岩等
软质岩	较软岩	锤击声不清脆,无回弹,较易击碎;浸水后,指甲可刻出印痕	(1)强风化的坚硬岩; (2)中等(弱)风化的较坚硬岩; (3)未风化~微风化的凝灰岩、千枚岩、砂质泥岩、泥灰岩、泥质砂岩、粉砂岩、砂质页岩等
	软岩	锤击声哑,无回弹,有凹痕,易击碎;浸水后,手可掰开	(1)强风化的坚硬岩; (2)中等(弱)风化~强风化的较坚硬岩; (3)中等(弱)风化的较软岩; (4)未风化的泥岩、泥质页岩、绿泥石片岩、绢云母片岩等
	极软岩	锤击声哑,无回弹,有较深凹痕,手可捏碎;浸水后,可捏成团	(1)全风化的各种岩石; (2)强风化的软岩; (3)各种半成岩

岩石饱和单轴抗压强度 R_c 与岩石坚硬程度的对应关系也可按表 1-9 确定。

表 1-9　R_c 与岩石坚硬程度定性划分的关系

R_c/MPa	坚硬程度	
>60	硬质岩	坚硬岩
60~30		较坚硬岩
30~15	软质岩	较软岩
15~5		软岩
≤5		极软岩

2.岩体完整程度划分

岩体完整程度可按表 1-10 定性划分。

表 1-10　岩体完整程度的定性划分

完整程度	结构间发育程度		主要结构面的结合程度	主要结构面类型	相应结构类型
	组数	平均间距/m			
完整	1~2	>1.0	结合好或结合一般	节理、裂隙、层面	整体状或巨厚层状结构
较完整	1~2	>1.0	结合差	节理、裂隙、层面	块状或厚层状结构
	2~3	1.0~0.4	结合好或结合一般		块状结构
较破碎	2~3	1.0~0.4	结合差	节理、裂隙、劈理、层面、小断层	裂隙块状或中厚层状结构
	≥3	0.4~0.2	结合好		镶嵌碎裂结构
			结合一般		薄层状结构
破碎	≥3	0.4~0.2	结合差	各种类型结构面	裂隙块状结构
		≤0.2	结合一般或结合差		碎裂结构
极破碎	无序		结合很差		散体状结构

注：平均间距指主要结构面间距的平均值。

结构面的结合程度，应根据结构面特征按表 1-11 确定。

表 1-11　结构面结合程度的划分

结合程度	结构面特征
结合好	张开度小于 1 mm，为硅质、铁质或钙质胶结，或结构面粗糙，无充填物； 张开度为 1~3 mm，为硅质或铁质胶结； 张开度大于 3 mm，结构面粗糙，为硅质胶结
结合一般	张开度小于 1 mm，结构面平直，钙泥质胶结或无充填物； 张开度为 1~3 mm，为钙质胶结； 张开度大于 3 mm，结构面粗糙，为铁质或钙质胶结
结合差	张开度为 1~3 mm，结构面平直，为泥质胶结或钙泥质胶结； 张开度大于 3 mm，多为泥质或岩屑充填
结合很差	泥质充填或泥夹岩屑充填，充填物厚度大于起伏差

3.围岩级别判定

围岩级别定性划分可根据围岩岩体或土体主要特征，按表 1-12 确定。

表 1-12 围岩级别定性分级标准

围岩级别	围岩岩体或土体主要定性特征	岩体基本质量指标 BQ 或岩体修正质量指标[BQ]
Ⅰ	坚硬岩,岩体完整	>550
Ⅱ	坚硬岩,岩体较完整;较坚硬岩,岩体完整	550~450
Ⅲ	坚硬岩,岩体较破碎;较坚硬岩,岩体较完整;较软岩,岩体完整,整体状或巨厚层状结构	450~350
Ⅳ	坚硬岩,岩体破碎;较坚硬岩,岩体较破碎~破碎;较软岩,岩体较完整~较破碎;软岩,岩体完整~较完整	350~250
Ⅳ	土体:①压密或成岩作用的黏性土及砂性土;②黄土;③一般钙质铁质胶结的碎石土、卵石土、大块石土	
Ⅴ	较软岩,岩体破碎;软岩,岩体较破碎~破碎;全部极软岩和全部极破碎岩	≤250
Ⅴ	一般第四系的半干硬至硬塑的黏性土及稍湿至潮湿的碎石土、卵石土、圆砾土、角砾土及黄土。非黏性土呈松散结构、黏性土及黄土呈松软结构	
Ⅵ	软塑状黏性土及潮湿、饱和粉细砂层,软土等	

注:本表不适用于特殊条件的围岩分级,如膨胀性围岩、多年冻土等。

当根据围岩岩体或土体主要定性特征与岩体基本质量指标 BQ 或[BQ]确定的级别不一致时,应通过对定性划分和定量指标的综合分析,确定岩体基本质量级别。当两者的级别划分相差达 1 级及以上时,应进一步补充测试。

▶ 任务 1.3 公路隧道的特点

公路隧道是特殊的道路结构物,主要有以下特点。

1. 断面大

公路隧道与一般铁路隧道、水工隧洞、矿山地下巷道相比,断面较大。两车道公路隧道净空断面面积约为 62 m²、三车道公路隧道净空断面面积约为 96 m²、四车道公路隧道净空断面面积约为 136 m²。隧道开挖断面越大,对围岩的扰动越大、开挖轮廓暴露的围岩结构面越多、不良地质现象揭露更充分;围岩内的拉伸区与塑性区加大,使得保持围岩稳定性的难度加大,衬砌结构支护能力要求较高,施工难度加大。

2. 形状扁平

公路隧道建筑限界断面是一个宽度大于高度的截角矩形形状,在满足使用功能和施工安全的前提下,尽量使隧道开挖断面轮廓靠近建筑限界,以降低开挖高度、减少开挖量、降低工程造价,一般将公路隧道的断面设计为形状扁平的马蹄形断面。断面扁平容易在围岩拱顶出现拉伸区,衬砌结构拱顶、拱腰弯矩较大,而对于岩土、混凝土之类的材料,其抗拉强度较低,导致隧道顶部容易掉块、坍塌,混凝土结构容易出现开裂。

3. 围岩条件复杂

由于千百万年来复杂的大地构造运动及风化侵蚀等,大地形成了形态迥异的围岩地质条件,如节理、断层、溶腔、高地应力、风化槽、膨胀岩等。此外,地下水环境、地应力环境不同,以及人类活动如矿山采空区等,使得围岩条件变得更为复杂。公路隧道作为线状构造物,不可避免要穿越各种复杂地质条件,必须根据不同的围岩地质条件,采取不同的对策。

4. 结构受力不确定

隧道施工是在有原始应力场的介质内构筑结构,隧道围岩是结构的一部分,由于公路隧道所穿越的围岩岩性多种多样,不同岩性的围岩具有不同的物理力学特性,不同的围岩地质条件,其应力场分布和大小有很大的差异。隧道开挖后形成临空面,围岩应力分布和力学参数均会发生改变。同时,隧道开挖方法、支护时间、支护刚度等,对结构受力影响很大,所以隧道结构受力是不确定的。在实际工程中,隧道结构设计以工程类比为主、计算为辅,实行动态设计。

5. 不可预见的因素多

隧道处于复杂的地质体内,在公路隧道设计前期,地勘工作只能通过有限的钻孔、地表物探等工作,推定隧道地质状况,各种地质现象的位置、规模不可能探得很准,而地下水、软弱夹层、溶洞、采空区、有害气体等不良地质条件可预见性较差,很多不良地质问题只有在隧道开挖揭露后才被发现。

6. 施工环境差

隧道施工作业空间小、能见度差、空气质量差、噪声大、各工序干扰大,影响工人的工作情绪和技能发挥,对隧道施工质量与施工安全造成不良影响,也影响现场监控量测和质量检测工作的开展。

7. 隐蔽工程多

隧道工程大部分是隐蔽工程,各工序需要在施工过程中进行检查,一旦漏检或检查力度不够,存在的工程隐患则难以发现。根据表面显示出来的问题,不易判断问题的实质。

8. 防水要求高

隧道衬砌出现渗漏或路面冒水,会造成路面湿滑,对行车安全造成不利影响。特别是在严寒地区,隧道衬砌表面出现吊挂冰柱或路面结冰,会诱发交通事故。隧道长期或大量的渗漏水,还会对隧道内的机电设备、电力及通信线路造成危害,影响使用寿命。

9. 运营隧道需要照明

高速行驶的车辆在白天接近并穿过隧道时,其行车环境要经历一个"亮—暗—亮"的变化过程,驾驶员的视觉在此过程中也要发生微妙的变化以适应环境。为了减小通过隧道时驾驶员的生理和心理压力,消除车辆进洞时的黑洞效应及出洞时的黑框效应或眩光现象,从有利于行车安全的角度考虑,一般都需对隧道设置合理有效的照明。同时,隧道内行人、养护人员、洞内故障车辆等,都需要照明。

10. 运营隧道需要通风

车辆通过隧道时,会不断地向隧道内排放废气,污染洞内空气,降低能见度。对于短隧道,由于受自然风和交通活塞风的作用,有害气体的浓度不会积聚太高,不会对驾乘人员的身体健康和行车安全构成威胁,一般不需要通风。但是对于长及特长隧道,自然风和交通活塞风对隧道内空气的置换能力不足,车辆排出的烟尘和带起的粉尘将不断恶化洞内环境,影响行车安全。因此,需要设置机械通风系统将新鲜空气送入隧道内,稀释有害气体,改善隧道运营环境。此外,在隧道火灾发生时,为了改变隧道内气流流动方向来控制火灾烟气无序蔓延,为人员疏散和防灾救援创造有利条件,也需要进行机械通风。

11. 其他设施

公路隧道需配备必要的交通工程设施、消防设施和逃生救援设施。

● 任务 1.4　隧道常见质量问题和主要病害

我国地域自然条件差异较大,隧道穿越山体的工程地质及水文地质条件复杂多变,受设计和施工技术条件的限制,一些已建成的公路隧道存在不同程度的质量问题和病害现象。

1. 隧道渗漏水

公路隧道与其他地下工程一样,在施工期间和建成后,受到地下水的影响。地下水通过一定的通道渗入或流入隧道内部,出现衬砌表面渗水、淌水、滴水,甚至出现股状喷水、涌水等情况。路面冒水、拱墙部渗漏水可能滴落或流淌到路面,会造成路面积水和湿滑。寒冷地区隧道渗水会造成衬砌结构冻胀破坏、衬砌挂冰、路面结冰等现象。据调查发现,目前国内无渗漏的公路隧道很少,绝大部分隧道都存在着不同程度的渗漏问题,渗漏位置遍及隧道各个部位。

2. 衬砌开裂

隧道衬砌结构裂缝较为普遍,其形态多样,有拱顶和边墙纵向裂缝、斜向裂缝、网状龟裂裂缝。裂缝长度从几十厘米到几十米,裂缝宽度从小于 0.1 毫米到超过 5 毫米。同一断面位置,有单条裂缝出现,也有多条裂缝同时出现。

3. 衬砌厚度不足

衬砌厚度包括初期支护厚度和二次模筑混凝土衬砌厚度。对于模筑混凝土衬砌,衬砌厚度不足主要出现在边墙脚、侧墙、拱顶、仰拱两侧等,有的不足设计厚度的 1/3,严重时会出现衬砌混凝土掉块。

4. 衬砌背后空洞及不密实现象

支护结构同围岩的紧密接触是地下结构区别于地面结构的主要特征。初期支护要求紧贴围岩,与围岩共同工作,初期支护背后空洞和不密实都是很严重的质量问题,在隧道拱部、边墙都发现有空洞现象。二次模筑混凝土衬砌空洞主要出现在拱部。

5. 混凝土劣化、强度不足

喷射混凝土强度不足,模筑混凝土强度不足;混凝土在腐蚀性环境作用下产生劣化。

6. 路面隆起、下沉、开裂

隧道运营一段时间后,有些隧道出现路面开裂、底鼓、下沉等变形现象,通常伴有电缆沟盖板翘起,路缘石、边沟破坏。

7. 照明亮度不足

在隧道内粉尘浓度较高、潮湿的环境条件下,灯具内外容易积尘纳垢,电器老化,使照明亮度不足。

8. 悬挂件锈蚀、松动、脱落、缺失

隧道内风机、灯具、电缆桥架等各种预埋件、悬挂件长期在隧道内特有的环境和车辆震动作用下,出现锈蚀、松动与脱落问题十分普遍,有的甚至出现缺失。这也是老旧隧道主要的安全隐患之一。

9. 附属设施损坏

隧道各种附属设施在运营过程中出现损坏,如设备洞门老化、缺失,电缆槽壁及盖板破损,内装饰层(防火涂层、边墙瓷砖等)起层、脱落等。

▶ 任务 1.5　隧道试验检测内容

隧道建设是百年大计,保证工程质量是工程建设的基本要求,检测是保证工程质量的重要手段,是控制和评价工程质量的重要基础,贯穿于设计、施工和运营各个阶段。以钻爆法修建的山岭公路隧道,其检测技术内容主要包括:

(1)材料检测,检测隧道工程常用原材料,如初期支护、二次衬砌所用材料和防排水材料等。

(2)施工检测,主要包括施工质量检测、施工监控量测和超前地质预报。

（3）环境检测，分为施工环境检测和运营环境检测。

（4）运营隧道的养护、检查、检测与结构技术状况评定。

公路隧道检测技术涉及面广，内容多，其主要内容包括材料检测、开挖断面检测、初期支护检测（含辅助措施检查和临时支撑检测）、衬砌结构强度检测、结构几何尺寸检测、外观质量检测、衬砌背后的空洞及密实检测、防排水检测、围岩松动检测、围岩预加固检测、施工监控量测、超前地质预报、施工环境检测、隧道交（竣）工检测、隧道运营过程检查及技术状况评定等。

隧道工程大部分为隐蔽工程，很多检测工作必须在施工过程中进行，检测和预报是保障隧道工程施工和运营安全不可缺少的技术措施，在隧道施工质量控制和运营过程的安全监控中发挥重要作用。

公路隧道检测技术是综合性的工程应用技术，包括设计、施工、仪器设备、传感器技术、通信技术、理论分析、数据统计等。现有的隧道检测技术还在不断更新和发展，还不能完全满足工程建设的需要。

▶ 任务 1.6　隧道工程质量评定

一、隧道工程质量评定的依据

公路工程质量检验和等级评定是依据交通运输部颁布的《公路工程质量检验评定标准 第一册 土建工程》（JTG F80/1—2017）（以下简称《质量检评标准》）进行的，该标准是公路桥隧工程质量等级评定的标准尺度，是公路质量监督部门进行质量检查监督，监理工程师进行质量检查认定与施工单位质量自检，以及工程交竣工验收质量评定的依据。

《质量检评标准》包含检验标准和评定准则两部分内容。检验标准部分规定了检查项目、方法数量及检查项目合格应满足的要求，评定准则部分规定了质量等级制度和如何利用检验结果进行评判的方法。按照《质量检评标准》对公路桥隧进行质量检验时，具体试验检测还要以设计文件及《公路隧道施工技术规范》（JTG/T 3660—2020）的有关规定为依据。设计文件中对桥隧各部分结构尺寸、材料强度的要求是试验检测的基本依据。结构施工过程的工艺要求、施工阶段结构材料强度、结构内力和变形控制则应以施工技术规范的有关规定为依据。

对于新结构或采用新材料、新工艺的桥梁、隧道，或特殊地区、有特殊要求的桥梁隧道，在《质量检评标准》缺乏适宜的技术规定时，在确保工程质量的前提下，可参照相关标准（国内外公路行业或其他行业的标准、规范）按照实际情况制定相应的技术标准，并按规定报主管部门批准。

二、质量等级评定的方法

质量等级评定首先应进行工程划分,然后按照"两级制度、逐级评定、合规定质"的原则进行评定。

1. 质量等级评定的工程划分

《质量检评标准》按工程建设规模大小、结构部位和施工工序将建设项目划分为单位工程、分部工程和分项工程,对复杂工程,还可设立子分部工程。

单位工程:在建设项目中,根据签订的合同,具有独立施工条件和结构功能的工程。

分部工程:在单位工程中,应按结构部位、路段长度及施工特点或施工任务划分为若干个分部工程。

分项工程:在分部工程中,应按不同的施工工序、工艺或材料等划分为若干个分项工程。

工程划分应注意规模均衡、主次区别、层次清晰。隧道工程划分如表1-13所示。

表 1-13　隧道工程划分

单位工程	分部工程	分项工程
隧道工程①（每座或每合同段）	总体及装饰装修（每座或每合同段）	隧道总体工程、装饰装修工程
	洞口工程（每个洞口）	洞口边仰坡防护、洞门和翼墙的浇（砌）筑、截水沟、洞口排水沟、明洞浇筑、明洞防水层、明洞回填
	洞身开挖（200延米）	洞身开挖
	洞身衬砌（200延米）	喷射混凝土、锚杆、钢筋网、钢架、仰拱、仰拱回填、衬砌钢筋、混凝土衬砌、超前锚杆、超前小导管、管棚
	防排水（200延米）	防水层、止水带、排水
	路面（1~3 km路段）	基层、面层
	辅助通道②（200延米）	洞身开挖、喷射混凝土、锚杆、钢筋网、钢架、仰拱、仰拱回填、衬砌钢筋、混凝土衬砌、超前锚杆、超前小导管、管棚、防水层、止水带、排水

注:①双洞隧道每单洞作为一个单位工程。

②辅助通道包括竖井、斜井、平行导坑、横通道、风道、地下风机房等。

2. 工程质量检验

工程质量检验评定以分项工程为基本单元,采用合格率法进行。分项工程质量检验内容包括基本要求、实测项目、外观鉴定和质量保证资料四个部分。只有在基本要求符合规定,且外观质量无限制缺陷和质量保证资料真实并基本齐全时,方能对分项工程质量进行检验评定。

1)基本要求检查

分项工程所列基本要求,对施工质量优劣具有关键作用,应按基本要求对工程进行认真检查。并应检查工程所用的各种原材料的品种、规格、质量及混合料配合比和半成品、成品是否符合有关技术标准规定并满足设计要求。

2)实测项目检验

对规定检查项目采用现场随机抽样方法,按照规定频率和下列合格率计算方法对分项工程的各检查项目直接计算合格率,按数理统计方法评定的项目除外。

$$检查项目合格率 = \frac{合格点(组)数}{该检查项目的全部检查点(组)数} \times 100\%$$

检查项目分为一般项目和关键项目。涉及结构安全和使用功能的重要实测项目为关键项目,其他项目均为一般项目。关键项目在《质量检评标准》中以"△"标示,其合格率不得低于95%(机电工程为100%),一般项目的合格率应不低于80%,否则该检查项目为不合格。

对少数实测项目还有规定极值的限制,这是指任何一个检测值都不能突破的极限值。不符合要求时该实测项目为不合格,所在分项工程可直接判为不合格,并要求必须进行返工处理。

采用《质量检评标准》附录 B 至附录 N 等所列方法进行评定的关键项目,不符合要求时则该分项工程评为不合格。

3)外观质量检查

外观质量应进行全面检查,并满足规定要求,否则该检验项目为不合格。

4)质量保证资料

工程应有真实、准确、齐全、完整的施工原始记录、试验检测数据、质量检验结果等质量保证资料。质量保证资料应包括下列内容:

(1)所用原材料、半成品和成品质量检验结果;

(2)材料配合比、拌和加工控制检验和试验数据;

(3)地基处理、隐蔽工程施工记录和桥梁、隧道施工监控资料;

(4)质量控制指标的试验记录和质量检验汇总图表;

(5)施工过程中遇到的非正常情况记录及其对工程质量影响分析评价资料;

(6)施工过程中如发生质量事故,经处理补救后达到设计要求的认可证明文件等。

3. 工程质量等级评定

工程质量等级评定分为合格与不合格,应按分项工程、分部工程、单位工程、合同段和建设项目逐级评定。

1)分项工程质量等级评定

当分项工程的检验记录完整,实测项目合格,外观质量满足要求时,该分项工程评定为合格,否则为不合格。

2)分部工程质量等级评定

当分部工程的评定资料完整、所含分项工程及实测项目合格、外观质量满足要求时,该分部工程评定为合格,否则为不合格。

3)单位工程质量等级评定

当单位工程的评定资料完整、所含分部工程合格、外观质量满足要求时,该单位工程评定为合格,否则为不合格。

4)合同段和建设项目质量等级评定

所含单位工程合格,该合同段评定为合格;所含合同段合格,该建设项目评定为合格。

评定为不合格的分项工程、分部工程,经返工、加固、补强或调测,满足设计要求后,可重新进行检验评定。

4. 工程质量检验评定的变化趋势

随着管理理念、质量水平和检测技术的发展变化,工程质量检验评定也将随之发生变化。并向着更加合理、更加高效和更加适合工程建设需要的方向发展。

(1)施工过程对工程质量有重要影响,除重视最终成品的质量检验外,还应加强过程质量的检验控制。

(2)完善评定方法,使评定结果更加合理,更加适应工程质量的管理和控制。

(3)用检测数据反映工程质量,检验评定中的一些定性规定应调整为定量规定,确定合适的检测频率,提高评定结果的准确性和可信度。

(4)采用高效、准确的检测技术和设备,特别是无损检测技术。

(5)在总结经验的基础上,调整检验评定中的技术指标,使之更加适合实际施工质量,促进质量水平提高。

(6)吸纳新结构、新工艺等相关分项工程的检验评定研究成果,不断丰富《质量检评标准》的内容。

▶ 任务 1.7 隧道养护工程质量检验评定

一、养护工程特点及评定依据

现行的公路工程行业标准规范中,《公路隧道养护技术规范》(JTG H12—2015)等,适用于指导隧道工程养护工程施工;《公路工程质量检验评定标准 第一册 土建工程》(JTG F80/1—2017),适用于新建和改扩建工程施工质量检验评定。养护工程有别于新建工程,不能完全按新建项目的方法进行工程质量检验评定,因此交通运输部于 2020 年发布了《公路养护工程质量检验评定标准 第一册 土建工程》(JTG 5220—2020)。具体来讲,桥梁隧道养护工程具有以下特点。

(1)养护工程中包含大量在新建工程中没有的专门技术,例如,隧道养护工程中的锚杆加固、增设仰拱、衬砌更换等。

(2)同样的施工项目,养护工程与新建项目的施工工艺亦不尽相同。养护工程要保证新老结构或材料共同作用,因此包含着特殊的工艺和技术指标要求。例如,隧道二次衬砌加固中的混凝土浇筑就包含了老混凝土界面处理、植剪力筋、要求混凝土微收缩等,新建项目所不包括的工艺和特殊要求。

(3)养护工程是在已有公路工程构造物基础上进行的,大多是在开放交通的情况下实施的,工程质量受到病害成因、交通组织方式、原有结构物情况、已破损部件修复情况等的显著制约,其影响因素比新建工程更多。

(4)养护工程技术有一定的地域性特征,不同地区公路病害有所不同,常用的养护技术有所差异,同一养护技术的具体实施方法也可能有所差别。

二、评定方法

养护工程的作业内容往往比较单一,因此,养护工程采用简化的评定层级,分为养护单元、养护工程两级评定。

1. 养护单元划分

隧道养护工程的养护单元划分:每一座隧道每 10 m 纵向施工长度的衬砌背面压(注)浆,喷射混凝土加固,套(嵌)拱,增设仰拱;每 200 m 累计长度渗水、漏水处治;每 6 m 混凝土衬砌更换;每 50 m 施工长度的排水设施维修,冻害处治;每 100 m 累计施工长度的人行道(检修道)维修,分别作为一个养护单元。

2. 养护单元质量检验评定

养护单元应按基本要求、实测项目、外观质量和质量保证资料等检验项目分别检查。养护单元质量应在所使用的原材料、半成品、成品及施工控制要点等方面符合基本要求的规定,无外观质量限制缺陷且质量保证资料真实齐全时,方可进行检验评定。

养护单元完工后,应进行质量检验评定,隐蔽工程在隐蔽前应检查合格。一般隧道养护工程中,采用相同工艺或方法维修、加固的同类结构或构件数量不大,施工条件、环境等也有差别,不适合采用抽样检查。此规定除特殊情况外每个结构或构件均应进行检验。养护工程质量检验一般按照《公路养护工程质量检验评定标准 第一册 土建工程》(JTG 5220—2020)的要求进行。

隧道装饰装修维护应按现行《建筑装饰装修工程质量验收标准》(GB 50210—2018)制定相

应的质量检验评定标准。

1）基本要求检查

对养护单元所列基本要求逐项检查,经检查不符合规定时,不得进行工程质量的检验评定。养护单元所用的各种原材料的品种、规格、质量及混合料配合比和半成品、成品等应符合有关技术标准规定并满足设计要求。

2）实测项目检验

对检查项目按规定的检查方法和频率进行随机抽样检验并计算合格率,采用其他高效检测方法时应提前比对确认。

$$检查项目合格率 = \frac{合格点(组)数}{该检查项目的全部检查点(组)数} \times 100\%$$

检查项目分为一般项目和关键项目。涉及结构安全和使用功能的重要实测项目为关键项目,其他项目均为一般项目。关键项目在《公路养护工程质量检验评定标准 第一册 土建工程》(JTG 5220—2020)中以"△"标示,其合格率不得低于95%,属于工厂加工制造的桥梁金属构件的合格率应为100%,一般项目的合格率应不低于80%,否则该检查项目为不合格。

对少数实测项目还有规定极值的限制,这是指任何一个检测值都不能突破的极限值,不符合要求时该检查项目为不合格。

采用《公路养护工程质量检验评定标准 第一册 土建工程》(JTG 5220—2020)附录 B～附录 J、附录 L～附录 N 所列方法进行评定的检查项目,不符合要求时则该检查项目应为不合格。

3）外观质量检查

外观质量应进行全面检查,并满足规定要求。对于明显的外观缺陷,养护工程施工单位应进行整修或返工处理直至合格。

4）质量保证资料

工程应有真实、准确、齐全、完整的施工原始记录、试验检测数据、质量检验结果等质量保证资料。有监理的养护工程,工程监理单位应提交齐全、真实和系统的监理资料。

3. 养护工程质量评定

养护工程质量等级评定分为合格与不合格,养护工程质量检验评定按养护单元、养护工程逐级进行。

养护单元工程质量评定为合格应同时符合下列规定:

(1)检验记录应完整;

(2)质量保证资料应符合规定;

(3)所含实测项目的质量均应合格;

(4)外观质量应满足要求。

养护工程质量评定为合格应同时符合下列规定：

(1)评定资料应完整；

(2)所含各养护单元的质量均应合格；

(3)外观质量应满足要求。

课后习题

一、单项选择题

1.《公路工程质量检验评定标准 第一册 土建工程》(JTG F80/1—2017)适用于(　　)施工的隧道。

    A. 盾构机法　　　　　B. 掘进机法　　　　　C. 破碎机法　　　　　D. 钻爆法

2. 进行特长隧道实体质量鉴定抽查时,对于衬砌强度应抽查不少于(　　)测区。

    A. 10　　　　　　　　B. 20　　　　　　　　C. 50　　　　　　　　D. 100

3. 以下表述错误的是(　　)。

    A. 隧道以每座作为一个单位工程

    B. 特长隧道、长隧道分为多个合同段施工的,每个合同段为一单位工程

    C. 隧道衬砌、总体、路面分别为一个分部工程

    D. 隧道初期支护为一个分部工程

4. 混凝土衬砌外观检查时,蜂窝、麻面面积不应超过该面总面积的(　　)。

    A. 0.2%　　　　　　　B. 0.5%　　　　　　　C. 1.0%　　　　　　　D. 2.0%

5. 两车道布置的公路隧道应划归为(　　)。

    A. 小跨度隧道　　　　B. 一般跨度隧道　　　C. 中等跨度隧道　　　D. 大跨度隧道

6. 两隧道并行布置,两洞结构之间彼此不产生有害影响的隧道,称为(　　)。

    A. 分离隧道　　　　　B. 小净距隧道　　　　C. 连拱隧道　　　　　D. 分叉隧道

7. 关于公路隧道特点的描述,不正确的选项是(　　)。

    A. 结构受力明确　　　　　　　　　　　B. 断面大、形状扁平

    C. 围岩条件复杂　　　　　　　　　　　D. 不可预见因素多

8. 双洞隧道每个单洞应作为一个(　　)工程。

    A. 分项　　　　　　　B. 分部　　　　　　　C. 单位　　　　　　　D. 建设

9. 隧道工程质量检验评定中,洞口工程应划归为(　　)工程。

    A. 分项　　　　　　　B. 分部　　　　　　　C. 单位　　　　　　　D. 建设

10. 桥梁工程质量检验评定以(　　)工程为基本单元。

    A. 单位　　　　　　　B. 分项　　　　　　　C. 分部　　　　　　　D. 建设

11. 以下不属于分项工程质量检验内容的是(　　)。

    A. 基本要求检查   B. 质量保证资料完整性

    C. 实测项目合格率   D. 实测项目得分

12. 公路工程质量评定以分项工程作为基本单元,实测项目按(　　)评价是否合格。

    A. 合格率法   B. 百分制评分法

    C. 资料审查评审   D. 综合评定法

13. 新建公路工程质量检验评定中,分项工程的实测项目合格率应满足(　　)。

    A. 关键项目不低于90%,一般项目不低于80%

    B. 关键项目不低于90%,一般项目不低于75%

    C. 关键项目不低于95%,一般项目不低于80%

    D. 关键项目不低于95%,一般项目不低于75%

14. 对桥隧养护工程的养护单元进行质量检验评定时,要求关键项目的合格率不得低于(　　)。

    A. 80%   B. 90%   C. 95%   D. 100%

15. 公路工程质量等级评定的原则是(　　)。

    A. 两级制度、逐级计分评定、合规定质   B. 两级制度、逐级评定、合规定质

    C. 三级制度、逐级计分评定、合规定质   D. 三级制度、逐级评定、合规定质

二、判断题

1. 公路隧道围岩等级分为6级,其中Ⅰ级围岩的岩性最差。　　　　　　　　　　　(　　)

2. 隧道的防水施工在喷锚支护之前进行。　　　　　　　　　　　　　　　　　(　　)

3. 公路隧道结构设计采用工程类比为主、计算分析为辅的动态设计方法。　　　　(　　)

4. 长度为3000 m的隧道为长隧道。　　　　　　　　　　　　　　　　　　　(　　)

5. 并行布置的两隧道,人工结构连接在一起称为分叉隧道。　　　　　　　　　　(　　)

6. 根据车道数分类时,中等跨度公路隧道是指3车道隧道。　　　　　　　　　　(　　)

7. 公路隧道质量检验评定时,多个中、短隧道可合并为一个单项工程。　　　　　(　　)

8. 采用复合衬砌结构的公路隧道,初期支护、模筑混凝土分别作为一个分部工程进行质量
评定。　　　　　　　　　　　　　　　　　　　　　　　　　　　　　　　　(　　)

9. 工程质量检验评定中,分项工程的基本要求包括所采用的各种原材料的品种、规格、质
量、混合料配合比和成品、半成品符合有关技术标准并满足设计要求。　　　　(　　)

10. 新建隧道、混凝土衬砌的混凝土强度合格率为90%,则相应分项工程不合格。　(　　)

11. 分项工程质量评定中,实测检查项目分为一般项目和关键项目。　　　　　　　(　　)

12. 新建项目的分项工程质量评定中,关键实测项目的合格率不应低于90%。机电工程的
合格率不应低于95%。　　　　　　　　　　　　　　　　　　　　　　　　　(　　)

三、多项选择题

1. 公路隧道可以按照（　　）等进行分类。

    A. 隧道所处的位置   B. 隧道修建方式

    C. 隧道的开挖掘进方式   D. 隧道布置方式

2. 公路隧道检测技术涉及面广、内容多，其中包括（　　）等。

    A. 开挖断面检测   B. 衬砌结构强度检测   C. 施工监控量测

    D. 超前地质预报   E. 承载力检算评定

3. 影响隧道围岩稳定的因素包括（　　）等。

    A. 围岩的完整性   B. 围岩的性质

    C. 地下水的影响   D. 开挖方式、支护结构等施工因素

4. 隧道围岩依据围岩的（　　）等进行等级划分。

    A. 坚硬程度   B. 完整性   C. 成色   D. 基本质量指标

5. 公路隧道常见的质量问题和病害现象包括（　　）。

    A. 混凝土强度不足   B. 渗漏水   C. 照明亮度不足   D. 路面开裂

6. 隧道衬砌结构的主要病害包括（　　）等。

    A. 衬砌开裂   B. 衬砌厚度不足   C. 衬砌背后空洞   D. 衬砌背后不密实

8. 对隧道主体结构质量外观抽查的分部工程包括（　　）。

    A. 衬砌   B. 洞门   C. 路面   D. 机电设施

9. 公路工程的质量检验评定中，质量保证资料应包括（　　）等。

    A. 原材料、半成品和成品质量检验结果

    B. 材料配合比、拌和及加工控制检验和试验数据

    C. 地基处理、隐蔽工程施工记录和桥梁、隧道施工监控资料

    D. 对质量事故的处理补救达到设计要求的证明文件

10. 分项工程质量评定的合格标准包括（　　）。

    A. 检查项目的合格率满足要求   B. 质量保证资料完整真实

    C. 得分不得低于 80 分   D. 外观质量满足要求

    E. 满足基本要求的规定

复合式衬砌

隧道工程原材料试验与检测

项目 描述

本项目主要介绍隧道用石料、混凝土、钢材、防水卷材及土工布的主要技术性能检测。

学习 目标

(1)素质目标:通过学习隧道工程原材料试验检测过程,培养科学、严谨的职业基本素养和吃苦耐劳的劳动精神。

(2)知识目标:掌握隧道工程原材料、制品的基本要求;熟练掌握隧道工程原材料、制品检测方法;能够独立处理检测数据。

(3)能力目标:能独立完成防水卷材拉伸性能试验,土工布宽条拉伸试验、撕破强力试验、CBR 顶破强力试验。

案例 导入

党的二十大报告强调要"推进文化自信自强,铸就社会主义文化新辉煌",学习隧道用石料技术性能检测前,先了解我国春秋战国时期凿山开隧的思想。我国至今保存着的"石门隧道"最早便是战国时期为修建褒斜栈道而凿的,之后历代修凿,并在东汉永平年间实现开通。其总长15.75 米,高 3.6 米,采用"火烧水激"的方法凿成,即先用大火烧需要开凿的墙壁,然后用冷却后的水跟醋进行泼面,使岩石软化,最后用斧头或者锤子敲打下来,进而形成隧道。作为我国最早的人工隧道,石门隧道虽然历经沧桑,但至今仍屹立在汉中古道上,彰显着中华民族的历史光辉和历史传承。

◉ 任务 2.1 隧道用防水卷材性能检测

一、防水卷材的种类及性能要求

从 20 世纪 60 年代开始,弹性或弹塑性的合成高分子防水卷材在发达国家得到了广泛开发与应用。高分子防水卷材与传统的石油沥青油毡相比,具有使用寿命长、技术性能好、冷施工、质量轻和污染性低等优点,在隧道防水工程中得到广泛应用。目前,隧道防水常用的高分子防水卷材有 ECB、EVA 和 PE 等,其技术指标要求见表 2-1。

表 2-1 常用防水卷材技术指标

项目		单位	指标		
			乙烯-醋酸乙烯共聚物(EVA)	乙烯-醋酸乙烯与沥青共聚物(ECB)	聚乙烯(PE)
断裂拉伸强度≥		MPa	18	17	18
扯断伸长率≥		—	650%	600%	600%
撕裂强度≥		kN/m	100	95	95
不透水性(0.3 MPa/24 h)		—	无渗漏	无渗漏	无渗漏
低温弯折性≤		℃	−35(无裂缝)	−35(无裂缝)	−35(无裂缝)
加热伸缩量	延伸≤	mm	2	2	2
	收缩≤	mm	6	6	6
热空气老化(80 ℃,168 h)	断裂拉伸强度≥	MPa	16	14	15
	扯断伸长率≥	—	600%	550%	550%
耐碱性[饱和 $Ca(OH)_2$ 溶液,168 h]	断裂拉伸强度≥	MPa	17	16	16
	扯断伸长率≥	—	600%	600%	550%
人工候化	断裂拉伸强度保持率≥		80%	80%	80%
	扯断伸长率保持率≥		70%	70%	70%
刺破强度	1.5 mm≥	N	300	300	300
	2.0 mm≥	N	400	400	4(X)
	2.5 mm≥	N	500	500	500
	3.0 mm≥	N	600	600	600

高分子防水卷材类型发展较快,其理化性能检测应按相应规范执行。下面以《氯化聚乙烯防水卷材》(GB 12953—2003)为例,说明其检测方法。

二、取样方法

合成高分子防水卷材均应成批提交验收。

以同类同型的 10 000 m² 卷材为一批,不满 10 000 m² 也可作为一批。在该批产品中随机抽取 3 卷进行尺寸偏差和外观检查,在上述检查合格的样品中任取一卷,在距外层端部 500 mm 处裁取 3 m(出厂检验为 1.5 m)进行理化性能检验。

试样截取前,在温度 23 ℃±2 ℃,相对湿度 60%±15% 的标准环境下进行状态调整,时间不少于 24 h。裁取试件的部位、种类、数量及用作试验的项目,应符合表 2-2 和图 2-1 的要求。试样应粘贴牢固标签,并用样品袋封装,注明标签及样品袋。

表 2-2 理化性能试验所需的试样尺寸及数量

序号	项目	符号	尺寸(纵向×横向)/mm	数量
1	拉伸性能	A、A′	120×25	各 6
2	热处理尺寸变化率	C	100×100	3
3	抗穿孔性	B	150×150	3
4	不透水性	D	150×150	3
5	低温弯折性	E	100×50	2
6	剪切状态下的黏合性	F	200×300	2
7	热老化处理	G	300×200	3
8	耐化学侵蚀	Ⅰ-1 Ⅰ-2 Ⅰ-3	300×200	各 3
9	人工气候加速老化	H	300×200	3

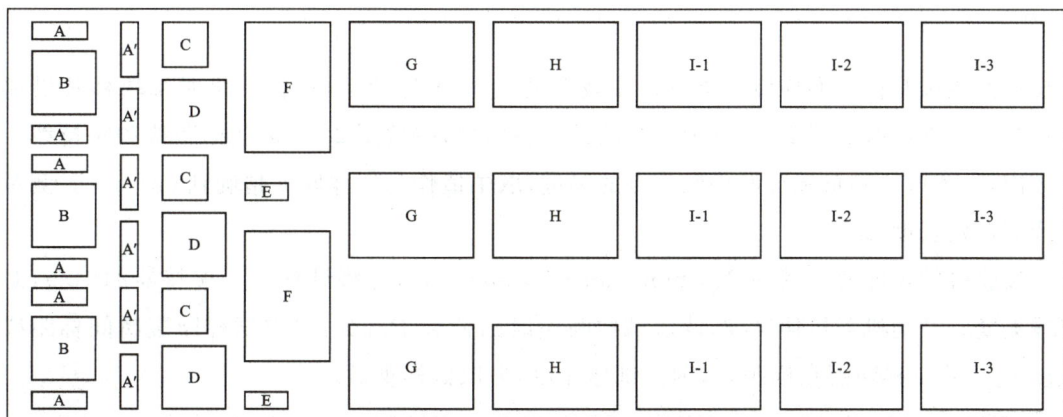

图 2-1 试样截取布置示意图

三、外观质量检查

外观质量用目测法检测。卷材的接头不多于一处,其中较短的一段长度不少于 1.5 m,接头应剪切整齐,并加长 100 mm。卷材表面应平整、边缘整齐,无裂纹、孔洞和黏结,不应有明显气泡、疤痕。

四、长度、宽度、厚度、平直度和平整度量测

(1)长度和宽度用最小分度值为 1 mm 的卷尺测量,分别量测卷材两端和中部 3 处,取平均值。

(2)厚度用分度值为 0.01 mm,压力为 22 kPa±5 kPa、接触面直径为 6 mm 的厚度计进行测量,保持时间为 5 s。在卷材宽度方向量 5 点,距卷材长度方向边缘 100 mm±15 mm 向内各取一点,在这两点中均分取其余 3 点,以 5 点厚度的平均值作为卷材的厚度,并报告最小单值,厚度偏差和最小单值的要求见表 2-3。

表 2-3 厚度偏差和最小单值要求 　　　　　　　　　　(单位:mm)

厚度	允许偏差	最小单值
1.2	±0.10	1.00
1.5	±0.15	1.30
2.0	±0.20	1.70

五、拉伸性能试验

1.试验设备

拉力试验机,能同时测定拉力与延伸率,保证拉力测试值在量程的 20%～80%,精度为 1%;能够达到 250 mm/min±50 mm/min 的拉伸速度,测长装置测量精度为 1 mm。

2.试验程序

拉伸性能试验在标准环境下进行。在裁取的 3 块 A 样片上,用裁片机对每块样片沿卷材纵向和横向分别裁取如图 2-2 所示形状的试样各两块,并按图 2-2 标注标距线和夹持线。在标距区内,用测厚仪测量标线及中间 3 点的厚度,取中值作为试样厚度精确到 0.1 mm。测量两标距线间初始长度 L_0。

将试验机的拉伸速度调到 250 mm/min±50 mm/min,再将试样置于夹持器的中心,对准夹持线夹紧。开动机器拉伸试样,读取试样断裂时的荷载 P,同时量取试样断裂瞬间标距线间的长度 L_1。若试样断裂在标距外,则该试样作废,另取试样重做。

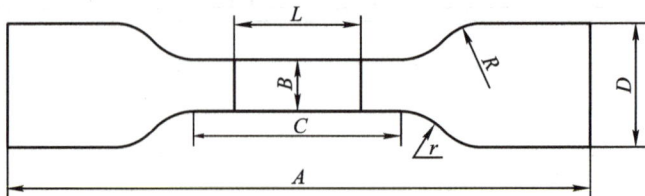

A—总长,最小值 115;B—标距段的宽度,6.0+0.4;C—标距段的长度,32±2;D—端部宽度,25±1;R—大半径,25±2;r—小半径,14±1;L—标距线间的距离,25±1。

图 2-2 拉伸性能试验的试样(尺寸单位:mm)

3.试验结果计算

(1)拉伸强度。试样的拉伸强度按下式计算(精确到 0.1 MPa)：

$$TS = \frac{P}{B \times d}$$

式中：TS——试样的拉伸强度(MPa)；

　　　P——试样断裂时的荷载(N)；

　　　B——试样标距段的宽度(mm)；

　　　d——试样标距段的厚度(mm)。

(2)断裂伸长率。断裂伸长率按下式计算：

$$E = \frac{L_1 - L_0}{L_0} \times 100\%$$

式中：E——试样的断裂伸长率；

　　　L_0——试样标距线间初始有效长度(mm)；

　　　L_1——试样断裂瞬间标距线间的长度(mm)。

分别计算并报告 5 块试样纵向和横向断裂伸长率的算术平均值,精确到 1%。

六、热处理尺寸变化率试验

1.试验器具

(1)鼓风恒温箱：自动控温范围为 50～240 ℃,控温精度为±2 ℃。

(2)直尺：量程为 150 mm,分度值为 0.5 mm。

(3)模板：100 mm×100 mm×0.4 mm 的正方形金属板,边长误差不大于±0.5 mm,直角误差不大于±1°。

(4)垫板：300 mm×300 mm×2 mm 的硬纸板 3 块,表面应光滑平整。

2.试验程序

用模板裁取 3 块 B 试样,标明卷材的纵横方向并标明每边的中点作为试样处理前后测量时的参考点。

在标准环境下试件上面压一钢尺,用游标卡尺测量试件纵横方向画线外的初始长度 S_0,精确到 0.1 mm。将试件平放在撒有少量滑石粉的釉面砖垫板上,再将垫板水平置于鼓风恒温箱中,不得叠放。在 80 ℃±2 ℃的温度下恒温 24 h,然后取出置于标准环境中调节 24 h,再测量纵向或横向上两参考点间的长度 S_1,精确到 0.1 mm。

3.结果计算

纵向和横向的尺寸变化率按下式分别计算：

$$R = \frac{|S_1 - S_0|}{S_0} \times 100\%$$

式中：R——试样的热处理尺寸变化率(%)；

　S_0——试样同方向上两参考点间的初始长度(mm)；

　S_1——试样处理后同方向上两参考点间的长度(mm)。

分别计算 3 块试样纵向和横向尺寸变化率的平均值作为纵向或横向的试验结果。

七、低温弯折性试验

1. 试验器具

(1)低温箱：可在 $-30\sim0$ ℃自动控温，控温精度为±2 ℃。

(2)弯折仪：主要由金属材料制成的上下平板、转轴和调距螺钉组成，平板间距可任意调节。其形状与尺寸如图 2-3 所示。

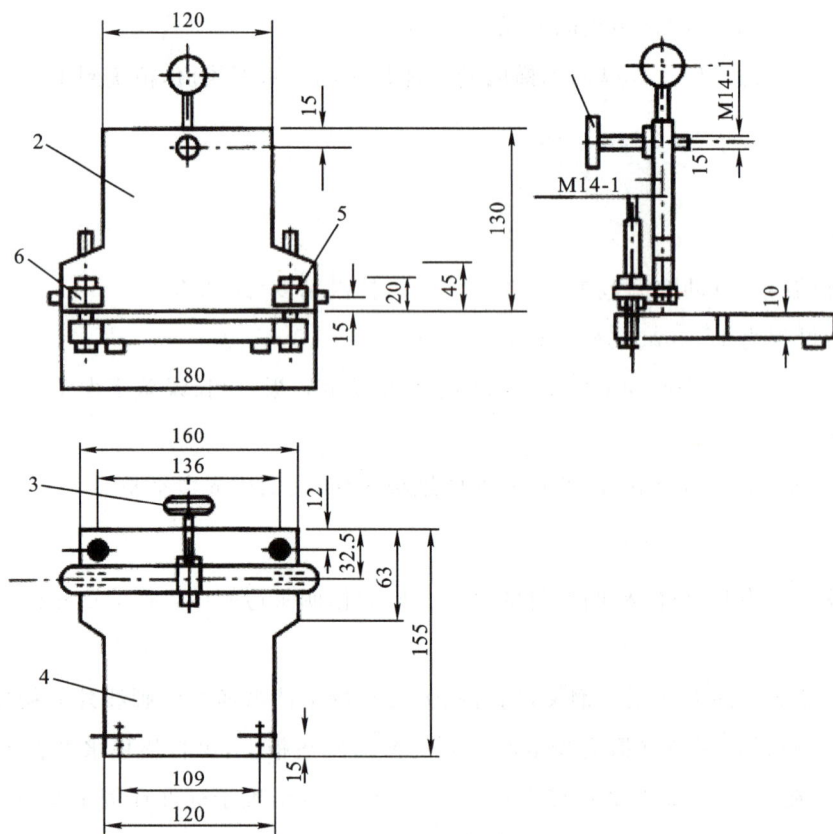

1—手柄；2—上平板；3—转轴；4—下平板；5,6—调距螺钉。

图 2-3　弯折仪尺寸示意图(尺寸单位：mm)

（3）放大镜：放大倍数为6倍。

2.试验程序

在标准环境下，用测厚仪测量C试样的厚度。试样的耐候面应无明显缺陷。然后将试样的耐候面朝外弯曲180°，使50 mm宽的边缘重合、齐平，并确保不发生错位（可用定位夹或10 mm宽的胶布将边缘固定）将弯折仪的上下平板间距调到卷材厚度的3倍。试验2块试样。

将弯折仪上平板翻开，将两块试样平放在弯折仪下平板上，重合的一边朝向转轴，且距离转轴20 mm，将弯折仪连同试样放入低温箱内，在规定温度下保持1 h。然后，在1 s之内将弯折仪的上平板压下，达到所调间距位置，保持1 s后将试样取出。待恢复到室温后观察试样弯折处是否断裂或用6倍放大镜观察试样弯折处受拉面是否有裂纹。

3.结果评定

两块试样均未断裂或无裂纹时，评定为无裂纹。

八、抗渗透性试验

1.试验仪器

采用符合规定的不透水仪，但透水盘的压盖采用如图2-4所示的金属槽盘。

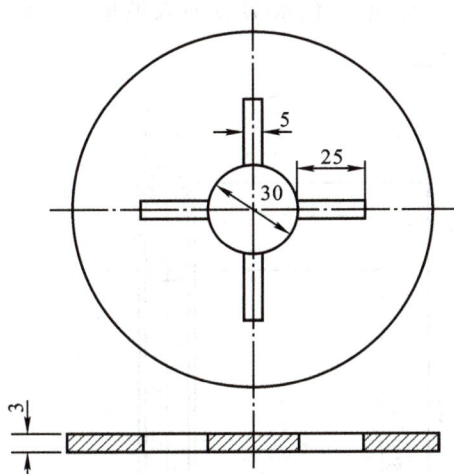

图2-4　不透水试验用槽盘(尺寸单位:mm)

2.试验程序

试验在标准环境下进行。先按相关规定做好准备，将裁取的3块D试样分别置于3个透水盘中，盖紧槽盘然后按规定操作不透水仪，以每小时提高1/6规定压力（规定压力为2×10^5 Pa）的速度升压，达到规定压力后保压24 h，观察试样表面是否有渗水现象。

3.结果评定

3块试样均无渗水现象时，评定为不透水。

九、抗穿孔性试验

1.试验器具

(1)穿孔仪:由一个带刻度的金属导管和可在其中自由运动的活动重锤、锁紧螺栓、半球形钢珠冲头等组成。其中,导管刻度长为 0~500 mm,分度值为 10 mm;重锤质量为 500 g,钢珠直径为 12.7 mm。

(2)铝板:厚度不小于 4 mm。

(3)玻璃管:内径大于或等于 30 mm,长 600 mm。

2.试验程序

将裁取的 E 试样自由平放在铝板上,并一起放在密度为 25 kg/m³、厚 50 mm 的泡沫聚苯乙烯垫板上。穿孔仪置于试样表面,将冲头下端的钢珠置于试样中心部位,把重锤调节到规定的落差高度 300 mm 并定位。使重锤自由下落,撞击位于试样表面的冲头,然后将试样取出,检查试样是否穿孔,试验 3 块试样。

无明显穿孔时,采用如图 2-5 所示的装置对试样进行水密性试验。将圆形玻璃管垂直放在试样穿孔试验点的中心,用密封胶密封玻璃管与试样间的缝隙,将试样置于滤纸(150 mm×150 mm)上。滤纸由玻璃板支承,把染色水溶液加入玻璃管,静置 24 h 后检查滤纸。如有变色、水迹现象,则表明试样已穿孔。

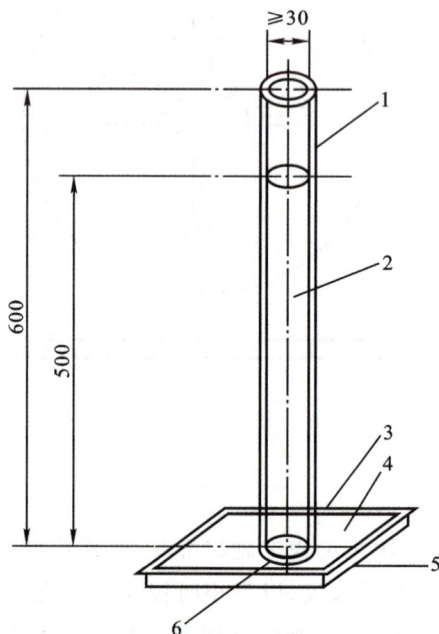

1—玻璃管;2—染色水;3—滤纸;4—试样;5—玻璃板;6—密封胶。

图 2-5 水密性试验装置(尺寸单位:mm)

3. 结果评定

3 块试样均无穿孔时评定为不渗水。

十、剪切状态下的黏合性试验

1. 试验程序

按图 2-1 和表 2-2 裁取试片,在标准试验条件下,将与卷材配套的胶黏剂涂在试片上,涂胶面积为 100 mm×300 mm,按图 2-6 进行黏合,黏合时间按生产厂商要求进行。黏合好的试片放置 24 h,裁取 5 块 300 mm×50 mm 的试件,将试件在标准试验条件下养护 24 h。将试件夹在拉力试验机上,拉伸速度为 250 mm/min±50 mm/min,夹具间距为 150~200 mm。开动拉力试验机,记录试件最大拉力 P。

试验使用的拉力试验机应保证拉力测试值在量程的 20%~80%,精度为 1%;能够达到 250 mm/min±50 mm/min 的拉伸速度。

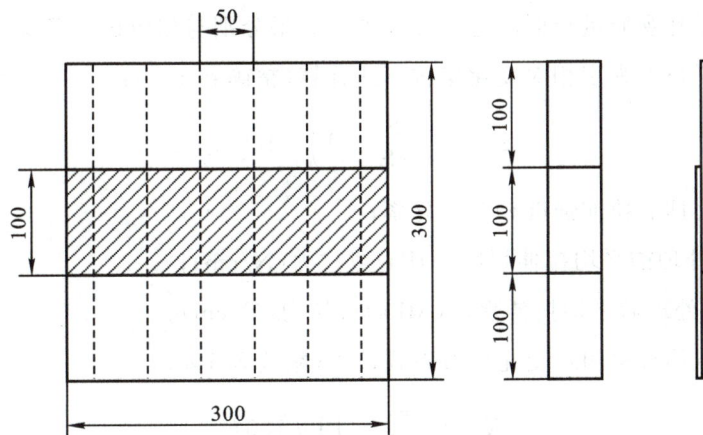

图 2-6　剪切状态下的黏合性试件(尺寸单位:mm)

2. 结果计算

如果拉伸剪切时试样在黏结面滑脱,则剪切状态下的黏合性以拉伸剪切强度 σ 表示,按下式进行计算:

$$\sigma = \frac{P}{b}$$

式中:σ——拉伸剪切强度(N/mm);

　　　P——最大拉伸剪切荷载(N);

　　　b——试样黏合面宽度(mm)。

结果以 5 块试样的算术平均值表示,精确到 0.1 N/mm。

如果在拉伸剪切时,试样在接缝外断裂,则评定为接缝外断裂。该试验方法也可以测试热焊接接缝的黏结特性。

十一、热老化处理试验

1.试验仪器

热老化试验箱:自动控温范围为50～240 ℃,误差为±2 ℃。

2.试验程序

将裁取的3块G试样放置在撒有滑石粉的符合热处理尺寸变化率试验要求的垫板上,然后一起放入热老化试验箱。在80 ℃±2 ℃的温度下保持168 h。处理后的试样在标准环境下调节24 h,然后检查外观,并在每块试样上裁取纵向、横向哑铃形试件各2块做拉伸强度试验。在一块试样上裁取纵向试件1块,另一块试样裁取横向试件1块做低温弯折性试验。

3.结果计算

(1)3块G试样外观质量与低温弯折性的评定结果分别与相应试验条文相同。

(2)处理后试样拉伸强度相对变化率按下式计算(精确到1%):

$$R_t = \left(\frac{TS_1}{TS} - 1\right) \times 100\%$$

式中:R_t——试样处理后拉伸强度相对变化率;

　　　TS——样品处理前平均拉伸强度(MPa)或拉力(N/cm);

　　　TS_1——样品处理后平均拉伸强度(MPa)或拉力(N/cm)。

(3)处理后断裂伸长率相对变化率按下式计算(精确到1%):

$$R_e = \left(\frac{E_1}{E} - 1\right) \times 100\%$$

式中:R_e——试样处理后断裂伸长率相对变化率;

　　　E——样品处理前平均断裂伸长率;

　　　E_1——样品处理后平均断裂伸长率。

十二、结果评判

防水卷材的外观质量、尺寸允许偏差均合格可判定为合格。若存在不合格,允许在该批产品中随机另抽3卷重新检验,全部达到标准规定即判其尺寸偏差、外观合格,若仍有不符合标准规定的即判该批产品不合格。

对于拉伸性能、热处理尺寸变化率、剪切状态下的黏合性,同一方向试件的算术平均值分别达到标准规定,即可判该项合格。

低温弯折性、抗穿孔性、不透水性需所有试件都符合标准规定,才可判该项合格,若有一个试件不符合标准规定则为不合格。

若表2-2中所列各项理化性能检测结果仅有一项不符合标准规定,允许在该批产品中随机另取一卷进行单项复测,合格则判该批产品理化性能合格,否则判该批产品理化性能不合格。

▶ 任务2.2 隧道用土工布性能检测

土工织物也称土工布是透水性的土工合成材料,按制造方法分为无纺或非织造土工织物和有纺或机织土工织物。因其具有过滤排水、隔离、加筋、防渗和防护等作用,在水利、冶金、电力、石油、海港、铁路、公路机场市政和建筑等部门均得到了广泛应用,特别是无纺土工织物在隧道工程中作为防水卷材的垫层和排水通道的用量十分可观。为了选择和应用土工织物,必须了解材料的工程特性以便正确确定设计参数。同一种类型的材料,因加工工艺和制造过程不同其工程特性有时差别很大。因此,使用单位应通过抽样试验来核实和确定。隧道工程比较重要的工程特性有物理特性、力学特性和水力学特性。

土工布的物理特性主要指土工布的厚度与单位面积质量,一般隧道设计中通常只对单位面积质量有要求。在我国,公路隧道中常用250~400 g/m的土工布,国外的公路隧道也有用到700 g/m的土工布。

土工布的力学性能包括抗拉强度及延伸率、握持强度及延伸率、抗撕裂强度、顶破强度、刺破强度、抗压缩性能等。

土工布水力学特性反映了其在反滤和排水方面的能力,本节仅介绍孔隙率的确定、有效孔径及垂直渗透性能的测试方法。

土工布各项性能的试验检测均依据《公路工程土工合成材料试验规程》(JTG E50—2006)进行。

一、试样制备及数据整理

1. 试样的制备

隧道用土工布检测的试样制备必须满足以下要求。

(1)试样不应含有灰尘、折痕、损伤部分和可见疵点。

(2)每项试验的试样应从样品长度与宽度方向上随机抽取,但距样品边缘至少100 mm。

(3)为同一试验剪取2个以上的试样时,不应在同一纵向或横向位置上剪取,如不可避免时应在试验报告中说明。

(4)剪取试样应满足精度要求。

(5)剪取试样时应先制订剪裁计划,对每项试验所用的全部试样予以编号。

2. 试样的调湿与饱和

(1)对于土工织物,试样一般应置于温度为 20 ℃±2 ℃,相对湿度为 65%±5% 和标准大气压的环境中调湿 24 h。对于塑料土工合成材料,在温度为 23 ℃±2 ℃ 的环境下,进行状态调节的时间不得少于 4 h。

(2)如果确认试样不受环境影响则可不调湿,但应在记录中注明试验时的温度和湿度。

(3)土工织物试样在需要饱和时宜采用真空抽气法饱和。

3. 试样记录

(1)对试样的制取和准备方法应做详细记录,并作为试验报告的组成部分。

(2)对于取样程序不符的情况,制样的日期、样品来源、样品名称及制造商等信息应做相应记录。

4. 数据的整理方法

(1)算术平均值 x 按下式计算:

$$\overline{x} = \frac{\sum\limits_{i=1}^{n} x_i}{n}$$

式中:n——试样个数;

x_i——第 i 块试样的试样值;

$\overline{x}$——n 块试样测试数值的算术平均值。

(2)标准差 σ 按下式计算:

$$\sigma = \sqrt{\sum\limits_{i=1}^{n}(x_i - \overline{x})^2/(n-1)}$$

(3)变异系数按下式计算:

$$C_v = \frac{\sigma}{\overline{x}} \times 100\%$$

(4)在资料分析时,可疑数据的舍弃,以 K 倍标准差作为舍弃标准,即舍弃在 $\overline{x} \pm K\sigma$ 范围以外的测定值。对不同的试件数量,K 值按表 2-4 选用。

表 2-4　K 值的选用

试件数量	K
3	1.15
4	1.45
5	1.57
6	1.82

试件数量	K
7	1.94
8	2.03
9	2.11
10	2.18
11	2.23
12	2.28
13	2.33
14	2.37

二、单位面积质量测定

1.仪器和仪具

(1)剪刀或切刀。

(2)直尺:最小分度值为 1 mm,精度为 0.5 mm。

(3)天平:感量为 0.01 g(现场测试可为 0.1 g)。

2.试样制备

(1)试样数量不得少于 10 块,对试样进行编号。

(2)试样面积:对一般土工合成材料,试样面积为 10 cm×10 cm,裁剪和测量精度为 1 mm;对网孔较大或均匀性较差的土工合成材料,可适当加大试样尺寸。

(3)取样方法:按前述方法取试样,用切刀或剪刀裁取。

3.试验步骤

将裁剪好的试样按编号顺序逐一在天平上称量,并细心测读和记录,读数精确到 0.01 g。

4.结果整理

(1)按下式计算每块试样的单位面积质量 $G(g/m^2)$:

$$G = \frac{m}{A}$$

式中:m——试样质量(g);

　　　A——试样面积(m^2)。

（2）保留小数一位，按前述方法计算单位面积质量的平均值、标准差及变异系数。

三、厚度测定

测厚仪测定土工织物厚度。

1）目的和适用范围

本试验方法适用于测定土工合成材料在一定压力下的厚度。土工织物在规定的压力下，正反两面之间的距离称为厚度。常规厚度是指在 2 kPa 压力下的试样厚度。

2）仪器和仪具

厚度试验仪由下列部件及用具组成，如图 2-7 所示。目前，新型测厚仪具有数显读数功能。

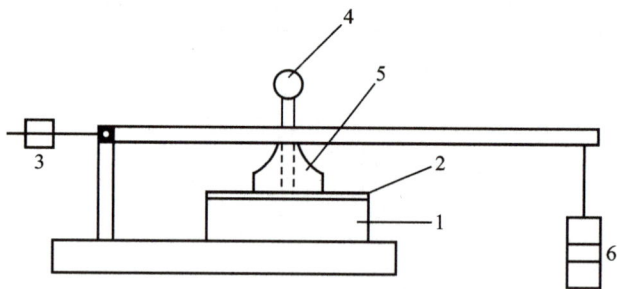

1—基准板；2—试样；3—平衡锤；4—指示表；5—压块；6—砝码。

图 2-7　厚度试验仪图

（1）基准板。

其面积要大于 2 倍的压块面积。

（2）压块。

采用表面光滑、面积为 25 cm^2 的圆形压块，重力为 5 N、50 N 和 500 N 不等。其中，测常规厚度的压块重力为 5 N，放在试样上时，其自重对试样施加的压力为 2 kPa±0.01 kPa。

（3）百分表。

用以量测基准板至压脚间的垂直距离，表的最小分度值为 0.01 mm。

（4）秒表。

最小分度值为 0.1 s。

3）试样制备

（1）试样数量不得少于 10 块，对试样进行编号。

（2）试样面积不小于基准板的面积。

4）试验步骤

（1）擦净基准板和压块，检查压脚轴是否灵活，调整百分表至零读数。

（2）提起压块，将试样自然平放在基准板与压块之间。轻轻放下压块，稳压 30 s 后记录百分表读数，精确至 0.01 mm。

（3）土工合成材料的厚度一般指在 2 kPa 压力下的厚度测定值。如需测定厚度随压力的变化，尚需进行（4）、（5）步骤。

（4）增加砝码对试样施加 20 kPa±0.1 kPa 的压力，稳压 30 s 后读数。

（5）增加砝码对试样施加 200 kPa±1 kPa 的压力，稳压 30 s 后读数。除去压力，取出试样。

（6）重复上述步骤，测试完 10 块试样即可。

5）结果整理

（1）分别计算每种压力下 10 块试样厚度的算术平均值，以 mm 为单位。

（2）计算每种压力下厚度的标准差 σ 及变异系数 C_v。

（3）在未明确规定压力时，采用 2 kPa 压力下的试样厚度平均值作为土工合成材料试样的厚度。

（4）以压力的对数为横坐标、厚度的平均值为纵坐标，绘制厚度与压力的关系曲线图。

四、宽条拉伸试验

土工合成材料的拉伸强度和最大负荷下伸长率是各项工程设计中最基本的技术指标，拉伸性能的好坏，可以通过拉伸试验进行测试。测定土工织物拉伸性能的试验方法有宽条法和窄条法。由于窄条试样在拉伸的过程中会产生明显的横向收缩（颈缩），使测得的拉伸强度和伸长率不能真实反映样品的实际情况；而采用宽条试样和较慢的拉伸速率，可以有效地降低横向收缩，使试验结果更加符合实际情况。

依据《公路工程土工合成材料试验规程》（JTG E50—2006），用拉伸试验测定土工织物及其相关产品的拉伸性能。根据隧道工程中土工布的应用环境，可采用调湿和浸湿状态下的拉伸试验。常用的试验指标有单位宽度下的最大负荷、最大负荷下的伸长率、特定伸长率下的拉伸力。伸长率是指试验中试样实际夹持长度（名义夹持长度与预负荷伸长之和）的增加与实际夹持长度的比值。

1. 仪器和材料

（1）拉伸试验机。具有等速拉伸功能，拉伸速率可以设定，并能测读拉伸过程中试样的拉力和伸长量，平面拉伸试验装置示意图如图 2-8 所示。

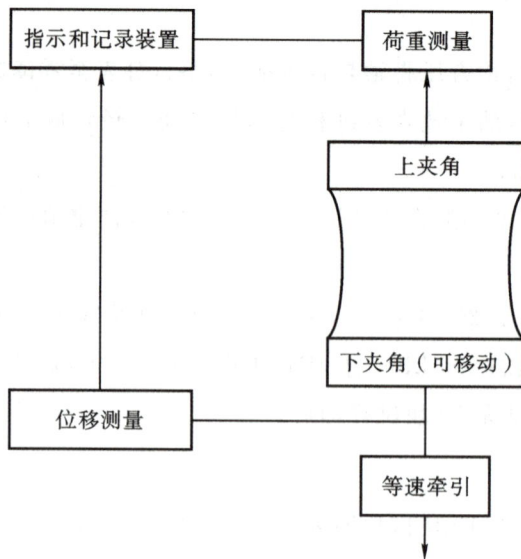

图 2－8　平面拉伸试验装置示意图

（2）夹具。一对夹持试样的夹具,其钳口面要有一定的约束作用,并能防止试样在钳口处滑移和损伤。钳口宽度至少与试样同宽。

（3）伸长计。伸长计是测量和记录装置,能够测量试样上两个标记点之间的距离,对试样无任何损伤和滑移,并能反映标记点的真实动程。伸长计包括力学、光学或电子形式的伸长计。伸长计的精度应不超过±1 mm。

（4）蒸馏水,用于浸湿试样。

（5）非离子润湿剂,用于浸湿试样。

2.试样制备

1）试样数量

分别以土工合成材料纵向和横向作为试样长边,剪取试样各至少 5 块。

2）试样尺寸

（1）无纺类土工织物试样宽度为 200 mm±1 mm（不包括边缘）,试样应有足够长度以保证夹具净间距 100 mm。实际长度视夹具而定,必须有足够的长度使试样伸出夹具。

（2）对于有纺土工织物,裁剪试样宽度为 220 mm,再在两边拆去大约相同数量的纤维,使试样宽度达到 200 mm±1 mm 的名义试样宽度。

（3）当除测干态强度外,还要求测定湿态强度时,裁剪标准长度两倍的长度,然后截为等长度的 2 块试样。

（4）对湿态试样,要求从水中取出到上机拉伸的时间间隔不大于 10 min。

3)取样方法

取样原则同厚度测试。当针织土工织物的裁剪方法可能影响织物结构时,可以采用热切割方法取样,但是需要在试验报告中说明。

3. 试样调湿和状态调节

(1)对于土工织物,试样一般应置于温度为 20 ℃±2 ℃的蒸馏水中,浸润时间应足以使试样全湿或至少浸润 24 h。为了使试样完全湿润,可以在水中加入不超过 0.05％的非离子型湿润剂。

(2)对于塑料土工合成材料,在温度为 23 ℃±2 ℃的环境下,进行状态调节的时间不得少于 4 h。

(3)如果确认试样不受环境影响,则可不进行调湿和状态调节,但应在报告中注明试验时的温度和湿度。

4. 试验步骤

(1)调整两夹具的初始间距为 100 mm±3 mm。两个夹具中要求其中一个的支点能自由旋转或为万向接头,保证两个夹具平行并在一个平面内。

(2)选择拉力机的满量程范围,使试样的最大断裂力在满量程的 30％～90％,设定拉伸速率为名义夹持长度的(20％±1％)/min。名义夹持长度是指在试样的受力方向上,标记的两个参考点间的初始距离,一般为 60 mm,记为 L_0。

(3)将试样对中放入夹具内,为方便对中,可在试样上画垂直于拉伸方向的两条相距 100 mm 的平行线作为标志线。对湿试样,应在从水中取出后 3 min 内进行试验。

(4)测读试样的名义夹持长度 L_0。

(5)试验预张拉:对于已夹持好的试样,预张拉力相当于最大负荷的 1％。记录因预张拉试样产生的夹持长度的增加值 L_0'。

(6)安装伸长计:在试样上相距 60 mm 处设定标记点(距试样中心 30 mm),安装伸长计。

(7)测定拉伸性能:开动试验机,以名义夹持长度(20％±1％)/min 的拉伸速率进行拉伸,同时启动记录装置,连续运转直到试样破坏时停机。对延伸率较大的试样,应拉伸至其拉力明显降低时方能停机。记录最大负荷,精确至满量程的 0.2％。记录最大负荷下的伸长量 ΔL,精确至 0.1 mm。

上述最大负荷、预负荷伸长量、最大负荷下的伸长量 ΔL 的含义如图 2-9 所示。

如果试样在距钳口 5 mm 范围内断裂,则该试验结果应剔除。纵、横向分别至少要有 5 个合格试样。当试样在钳口内打滑或大多数试样在钳口边缘断裂时,可采取下列改进措施:

①钳口内加衬垫。

②钳口内的试样加涂层。

③改进夹具钳口表面。

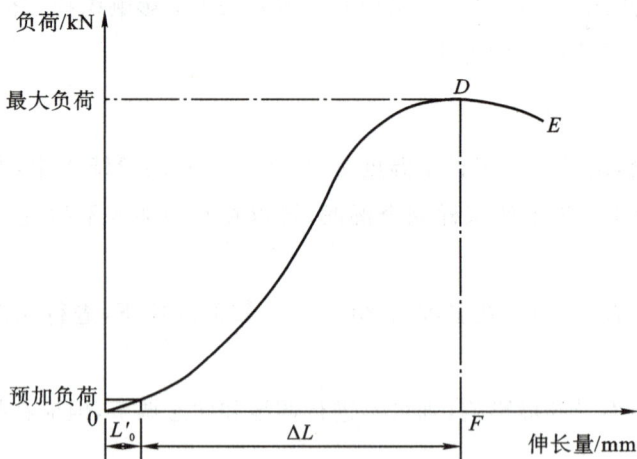

图 2-9　松式夹持试样的负荷-拉伸曲线

不论采取哪种措施均应在试验报告中说明。

(8)测定特定伸长率下的拉伸力。在拉伸过程中,测定特定伸长率下的拉伸力,记录精确到满量程的 0.2%。

5. 结果整理

1)拉伸强度

土工织物或小孔径土工网试样的拉伸强度可用下式 α_f 计算:

$$\alpha_f = F_f C$$

式中:α_f——拉伸强度(kN/m);

　　F_f——测读的最大负荷(kN);

　　C——按以下两种情况之一计算,对于非织造、高密织物或类似产品,$C = 1/B$,其中,B 为试样的名义宽度(m);对于稀松土工织物、土工网等松散结构材料,$C = N_m/N_s$,其中,N_m 为试样 1 m 宽度内的拉伸单元数,N_s 为试样宽度内的拉伸单元数。

2)最大负荷下的伸长率

$$\varepsilon = \frac{\Delta L}{L_0 - L'_0} \times 100\%$$

式中:ε——伸长率;

　　L_0——名义夹持长度(使用夹具时为 100 mm,使用伸长计时为 60 mm);

　　L'_0——负荷伸长量(mm)。

3)特定伸长率下的拉伸力

$$F_{n\%} = f_{n\%}C$$

式中：$F_{n\%}$——伸长率为 $n\%$ 时试样的每延米拉伸力(kN/m)；

　　　$f_{n\%}$——伸长率为 $n\%$ 时试样的测定负荷(kN)；

　　　C——计算同拉伸强度中的方法。

计算拉伸强度、最大负荷下伸长率和特定伸长率下拉伸力的平均值,并计算它们的标准差 σ 及变异系数 C_v。

五、撕破强力试验

土工织物在铺设和使用过程中,常常会有不同程度的破损。土工织物抵抗扩大破损裂口的能力可以用撕裂强度表示。试样在撕裂过程中抵抗扩大破损裂口的最大拉力,也称撕破强力。

依据《公路工程土工合成材料试验规程》(JTG E50—2006),采用梯形样品测定土工织物的梯形撕破强力。

1.仪器和仪具

(1)拉力机:同条带拉伸试验用的拉力机。

(2)夹具夹:持面尺寸(长×宽)为 50 mm×84 mm,宽度要求不小于 84 mm,宽度方向垂直于力的作用方向。要求夹具上下夹持面平行、光滑,夹紧时不损坏试样,同时要求试验中试样不发生打滑。

(3)梯形模板:用于剪样,需标有尺寸。

2.试样制备

(1)试样数量:经向和纬向(纵、横)各取 10 块试样。

(2)试样尺寸:试样为宽 76 mm、长 200 mm 的矩形试样,在矩形试样中部用梯形模板画一等腰梯形(夹持线),尺寸如图 2-10 所示。

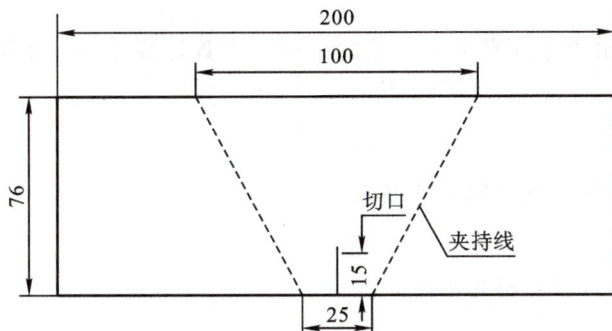

图 2-10　梯形试样平面图(尺寸单位:mm)

（3）取样方法应符合试样制备的一般原则，如前述试样制备的要求。

（4）有纺土工织物试样测定经向纤维的撕裂强度时，剪取试样长边应与经向纤维平行，使试样切缝切断及试验时拉断的为经向纤维。测定纬向撕裂强度时，剪取试样长边应与纬向纤维平行，使试样被切断及撕裂拉断的为纬向纤维。

（5）无纺土工织物试样测定经向的撕裂强度时，剪取试样长边应与织物经向平行，使切缝垂直于经向；测定纬向撕裂强度时，剪取试样长边应与织物纬向平行，使切缝垂直于纬向。

（6）在已画好的梯形试样短边 1/2 处剪一条垂直于短边的长 15 mm 的切缝。

（7）准备好试样，如进行湿态撕裂试验，要求同条带拉伸试验。

3. 试验步骤

（1）调整拉力机夹具的初始距离到 25 mm，设定拉力机满量程范围，使试样最大撕裂荷载在满量程的 30%～90% 范围内，设定拉伸速率为 100 mm/min±5 mm/min。

（2）将试样放入夹具内，沿梯形不平行的两腰边缘（夹持线）夹住试样。梯形的短边平整绷紧垂直，其余呈起皱叠合状，夹紧夹具。

（3）开动拉力机，以拉伸速率 100 mm/min 拉伸试样，并记录拉伸过程中的撕裂力，直至试样破坏时停机。撕裂力可能有几个峰值和谷值，也可能单一上升而只有一个最大值，如图 2-11 所示，取最大值作为撕破强力，单位为 N。

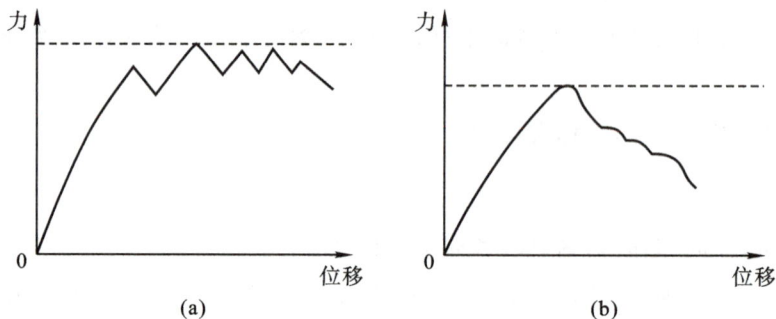

图 2-11　撕裂过程曲线

（4）当夹具内有打滑现象或有 1/4 以上的试样在夹具边缘 5 mm 范围内发生断裂时，夹具可做如下处理：

①夹具内加垫片。

②与夹具接触部分的织物用固化胶加固。

③修改夹具面。

采用任何处理均要在试验报告中说明。

4. 结果整理

（1）分别计算纵向和横向撕破强力的平均值 $\overline{T_t}$，作为试验值，精确至 0.1 N。

(2)计算纵向和横向撕破强力的标准差和变异系数,变异系数精确至 0.1%。

六、CBR 顶破强力试验

在隧道工程中,土工织物直接与初期支护内表面接触,在二次衬砌施作之后,土工布一般要受到径向挤压力。对于采用锚喷支护为初期支护的结构,其内表面往往凹凸不平,导致土工织物常被置于不均匀受压状态。其中最不利的一种状态为处于紧绷状态的土工合成材料受到法向集中力的作用。按接触面的受力特征和破坏形式可分为顶破、刺破和穿透几种受力状态。

顶破强力用于反映土工织物抵抗垂直织物平面的法向压力的能力。在顶破强力试验中,顶杆顶压试样直至破裂的过程中测得的最大顶压力称为顶破强力。与刺破强力试验相比,顶破强力试验试样压力作用面积相对较大,材料呈双向受力状态。

顶破强力试验的常用方法有 CBR 顶破试验和圆球顶破试验。两者的差异主要在于:前者用圆柱形顶压杆顶压,后者用圆球顶压;两者的夹具环直径不同。《公路工程土工合成材料试验规程》(JTG E50—2006)推荐采用 CBR 方法。下面介绍顶破试验中常用的 CBR 顶破强力试验,测定土工织物的顶破强力、顶破位移和变形率。

当 CBR 仪的圆柱顶杆均匀垂直顶压于土工合成材料平面时,测定的土工合成材料所能够承受的最大顶压力,称为顶破强力。顶破位移是指在试验过程中,从顶压杆顶端开始与试样表面接触时起,直至达到顶破强力时,顶压杆顶进的距离。变形率是指环形夹具内侧距顶压杆边缘之间试样的长度变化百分率。

1. 仪器设备

(1)试验机:具有等速加荷功能,加荷速率可以设定,能测读拉伸过程中土工合成材料的拉力和伸长量,记录应力-应变曲线。量力环(测力计)安装在加荷框架上,量力环下部装有 50 mm 的圆柱体压杆,量力环中的百分表用于测定量力环变形以计算顶压力(图 2-12)。一般试验仪的最大压力约为 50 kN,行程为 100 mm。

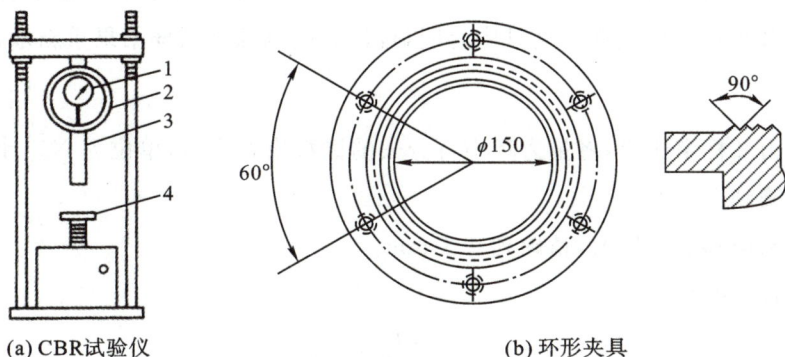

(a)CBR 试验仪　　　　　　　(b)环形夹具

1—百分表;2—量力计;3—圆柱顶杆;4—托盘。

图 2-12　CBR 试验仪及环形夹持设备(尺寸单位:mm)

(2)顶破夹具:夹具夹持环底座高度须大于 100 mm,环形夹具内径为 150 mm,试验仪上的夹具中心必须在圆柱顶压杆的轴线上。

(3)顶压杆:直径 50 mm、高度 100 mm 的圆柱体,顶端边缘倒成半径为 2.5 mm 的圆弧。

2. 试样制备

(1)试样数量:每组试验裁取直径 300 mm 的圆形试样 5 块。

(2)试样制备:在每块试样离外圈 50 mm 处均等开 6 条 8 mm 宽的槽,如图 2 - 13 所示。

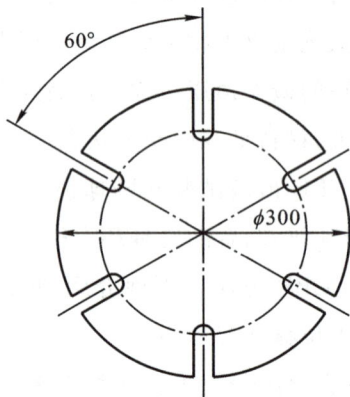

图 2 - 13 CBR 试验仪环形样品(尺寸单位:mm)

(3)试样调湿和状态调节同拉伸试验。

3. 试验步骤

(1)试样放入环形夹具内,试样在自然状态下拧紧夹具。

(2)将夹持好试样的夹具对中放在加荷系统的托盘上。调整高度,使试样与顶杆刚好接触。设定试验机满量程,使试样最大顶破强力在满量程的 $30\%\sim90\%$,设定顶压杆的下降速率为 $60\ \text{mm/min}\pm5\ \text{mm/min}$。

(3)启动试验机,直至试样被完全顶破为止。观察记录顶破情况,记录顶破强力(N)和顶破位移值(mm)。如果试验中试样在夹具中有明显滑动,则剔除该试样结果重新取样补做。

4. 结果整理

(1)根据量力环标定曲线,将量力环中百分表的读数换算为力,单位为 N。计算试样的顶破强力平均值,精确到 0.1 N。

(2)计算顶破位移的平均值,精确到 0.1 mm。

(3)按下式计算变形率 ε:

$$\varepsilon = \frac{L_1 - L_0}{L_0} \times 100\%$$

$$L_1 = \sqrt{h^2 + L_0^2}$$

式中：L_0——试验前夹具内侧至顶压杆顶端边缘的距离（mm）；

L_1——试验后夹具内侧至顶压杆顶端边缘的距离（mm）；

h——压顶杆位移（mm）。

各参数的含义如图 2-14 所示。

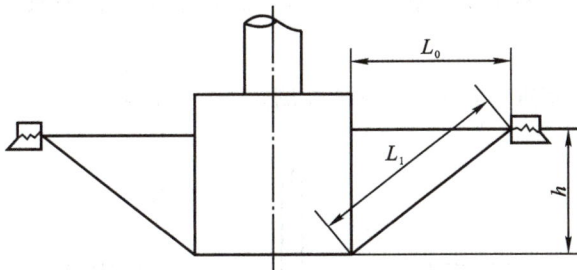

图 2-14　CBR 顶破试验参数示意（尺寸单位：mm）

（4）如需要，计算 5 块试样顶破强力平均值的变异系数。

七、刺破强力试验

刺破强力用于反映土工织物抵抗如有棱角的石子、支护用钢构件端头等小面积集中荷载的能力。试验方法与圆球顶破试验相似，只是以金属杆代替圆球。

刺破强力试验用一刚性顶杆以规定的速率垂直顶向土工合成材料平面，测试试样被刺破时的最大力。

1. 仪器设备

（1）试验机：具有等速加荷功能，能测读拉伸过程中土工合成材料的拉力和伸长量，记录应力—应变曲线。试验仪行程大于 100 mm，加荷速率能达到 300 mm/min±10 mm/min。

（2）环形夹具：内径为 44.5 mm±0.025 mm，底座高度大于顶杆长度，有较高的支撑力，稳定性好。

（3）平头顶杆：钢质实心杆，直径为 8 mm±0.01 mm，顶端平头，边缘倒角为 0.5 mm×45°。

2. 试样准备

（1）取样方法：取样原则同顶破强力试验。

（2）试样数量：每组试验取圆形试样 10 块。

（3）试样制备：试样直径不小于 100 mm，根据夹具的结构在对应的螺栓位置处开孔。

3. 试验步骤

（1）将试样放入环形夹具内，使试样在自然状态下放平，拧紧夹具。

（2）将夹持好试样的夹具对中放在加荷系统的托盘上，使平头顶杆对中，如图 2-15 所示。

（3）设定试验机满量程，使试样最大刺破强力在满量程的 30%～90%，设定顶压杆的下降速率为 300 mm/min±10 mm/min。调整高度，使试样与顶杆刚好接触。

（4）调整连接在刚性顶杆上量力环的百分表读数至零。

（5）开机，记录顶杆顶压试样时的最大压力值。

（6）停机，取下试样，观察记录刺破情况。如果试验中试样在夹具中有明显滑动，则剔除该试样结果，重新补做。

（7）重复（1）～（6）步骤进行试验，每组试验测定 10 块试样。

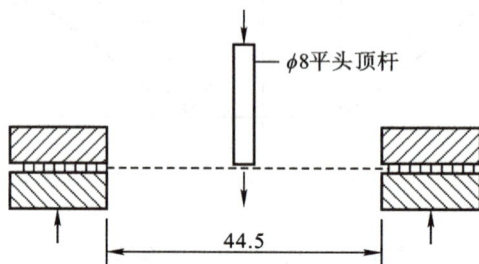

图 2-15　刺破试验示意(尺寸单位:mm)

4. 结果整理

（1）根据量力环标定曲线，将量力环中百分表的读数换算为力，单位为 N。计算试样的刺破强力平均值，保留三位有效数字。

（2）如需要，计算刺破强力平均值的变异系数，精确到 0.1%。

八、孔隙率确定

1. 孔隙率

土工织物的孔隙率是指其孔隙体积与总体积的比值，以 n 表示。它是无纺织物的主要物理性质之一。孔隙率的确定不需要直接进行试验，可通过下式计算求得：

$$n = (1 - \frac{m}{\rho\delta}) \times 100\%$$

式中：m——单位面积质量(g/m^2)；

　　　ρ——原材料密度(g/m^3)；

　　　δ——织物厚度(m)。

无纺织物的孔隙率随承受压力的变化而明显变化。不承压时，一般在 90% 以上；承压后，孔隙率明显降低。

2. 筛分法试验

土工布的有效孔径(EOS)或表观孔径(AOS)用于表示能有效通过的最大颗粒直径。目前，具体试验方法有两种:干筛法和湿筛法。干筛法相对较简便,但振筛时易产生静电,颗粒容易集结。湿筛法是根据 ISO 标准制订的,在理论上可消除静电的影响,但因喷水后产生表面张力,集结现象并不能完全消除。目前,国内应用仍以干筛法为主。干筛法需将颗粒分档(从 0.05～0.07 mm 至 0.35～0.4 mm,共分 9 档),逐档放于振筛上(以土工布作为筛布),得出一系列不同粒径的筛余率。当某一粒径的筛余率等于总量的 90% 或 95% 时,该粒径即为该土工布的表观孔径或有效孔径,用 Q_{90} 或 Q_{95} 表示,如 Q_{95} 表示土工织物中 95% 的孔径低于该值。依据《公路工程土工合成材料试验规程》(JTG E50—2006),标准颗粒材料可以为玻璃珠或天然砂,但是粒径分组应符合要求。

1)仪器和仪具

(1)标准分析筛:细筛一个,孔径为 2 mm,外径为 200 mm。

(2)振筛机:具有水平摇动和垂直(或拍击)装置的筛析仪器。横向振动频率为 220 次/min±10 次/min,回转半径为 12 mm±1 mm。垂向振动频率为 150 次/min±10 次/min,振幅为 10 mm±2 mm。

(3)天平:称量 200 g,感量 0.01 g。

(4)其他用品:秒表、剪刀、画笔、小毛刷等。

2)材料与试样

(1)试样数量:剪取试样数量为 5n 块,n 为选取的粒径组数。

(2)试样的准备:按前述土工试样的制备要求进行,试样调湿时,当试样在间隔至少 2 h 的连续称量中质量变化幅度不超过试样质量的 0.25% 时,认为已满足要求。

(3)标准颗粒材料的准备:将洗净烘干的颗粒材料用筛析法制成分级标准颗粒,可参照《公路土工试验规程》(JTG E40—2007)。

3)试验步骤

(1)将试样和标准颗粒同时放在标准大气下调湿平衡。

(2)将同组 5 块试样平整地放入能够支撑试样的、并不下凹的、孔径约为 2 mm 的细筛网上,并固定好。

(3)称量较细粒径规格的标准颗粒材料 50 g,均匀地撒在筛中的试样表面。

(4)将筛子上盖和下部底盘一起固定在摇筛机上筛析,开启振筛机,摇筛试样 10 min。

(5)停机后,用天平称量通过筛网进入接收盘中的颗粒,准确至 0.01 g。

(6)用刷子将筛筐上的表面颗粒清理干净,更换试样。

(7)采用同级标准颗粒材料,重复(1)～(4)步骤,共进行 5 次平行试验。

(8)另取一组分级标准颗粒材料按(1)～(6)步骤进行试验。需要取得不小于 3 组连续分级标准颗粒的过筛率,并要求试验点分布均匀,其中一组的筛余率在 95% 左右。

4)结果整理

(1)按下式计算某组标准颗粒的过筛率 B：

$$B = \frac{P}{T} \times 100\%$$

式中：T——每次试验时标准颗粒的质量(g)；

P——5 块试样同组粒径过筛量的平均值(g)。

(2)绘制孔径分布曲线。以分级标准颗粒粒径平均值为横坐标(对数坐标)、过筛率平均值为纵坐标绘制孔径分布曲线，即过筛率-粒径分布曲线(图 2-16)。该曲线可间接反映织物孔径的分布情况。

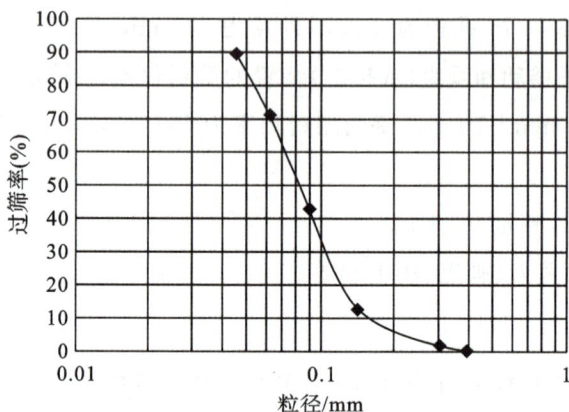

图 2-16 过筛率-粒径分布曲线示意

(3)有效孔径 Q_{90} 或 Q_{95} 的确定。在分布曲线上纵坐标为 $10\%(1-90\%)$ 的点所对应的横坐标，即为等效孔径 Q_{90}；曲线上纵坐标为 $5\%(1-95\%)$ 的点所对应的横坐标，即为等效孔径 Q_{95}，单位为 mm，取两位有效数字。

九、垂直渗透性能试验

依据《公路工程土工合成材料试验规程》(JTG E50—2006)，采用恒水头法测定土工织物的垂直渗透特性参数，包括流速指数、垂直渗透系数、透水率等。

流速指数是指试样两侧 50 mm 水头差下的流速(mm/s)，试验精确到 1 mm/s。垂直渗透系数是指单位水力梯度下垂直于土工织物平面的水的流速(mm/s)。透水率是指垂直于土工织物平面流动的水，在水位差等于 1 时的渗透流速(L/s)。

1. 目的及适用范围

本试验方法适用于各种具有透水性能的土工织物。试验目的为确定土工织物在法向水流作用下的透水特性。

2.仪器和仪具

(1)水平式恒水头渗透仪(图 2 – 17)。

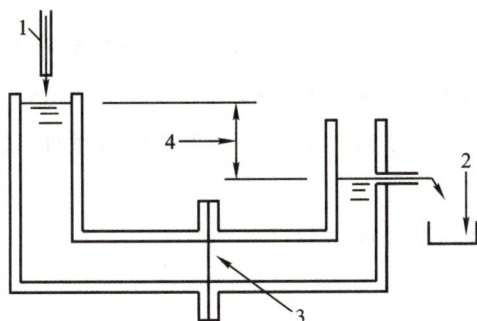

1—进水系统;2—出水收集;3—试样;4—水头差。

图 2 – 17 水平式恒水头渗透仪示意图

①渗透仪夹持器的最小直径为 50 mm,能使试样与夹持器周壁密封良好,没有渗漏。

②仪器能设定的最大水头差应不小于 70 mm,有溢流和水位调节装置,能够在试验期间保持试件两侧水头恒定,具备达到 250 mm 恒定水头的能力。

③测量系统的管路应避免直径的变化,以减少水头损失。

④有测量水头高度的装置,精确到 0.2 mm。

⑤试验用水应按相关规定对水质的要求,采用蒸馏水或经过过滤的清水,试验前必须用抽气法或煮沸法脱气,水中的溶解氧含量不得超过 10 mg/kg。溶解氧含量的测定在水入口处进行,溶解氧的测定仪器应符合有关规定。

⑥水温控制在 18~22 ℃。

(2)其他设备和用品:温度计(精度为 0.2 ℃)、秒表(精度为 0.1 s)、量筒(精度为 10 mL)。

3.试样制备

取不少于 5 块试样,尺寸大小与试验仪器相适应。

4.试验步骤

(1)将试样浸泡在含湿润剂(0.1%体积分数的烷基苯磺酸钠)的水中至少 12 h,至饱和,并驱走气泡。

(2)将饱和的试样装入渗透仪的夹持器内,安装时防止空气进入。有条件的可在水下装样,并使所有的接触点不漏水。

(3)向渗透仪注水,直到试样两侧达到 50 mm 的水头差。关掉供水,如果试样两侧的水头在 5 min 内不能平衡,查找是否有未排除干净的空气,如果有则重新排气,并在试验报告中注明。

(4)调整水流,使水头差达到 70 mm±5 mm,记录此值,精确到 1 mm。待水头稳定至少 30 s 后,在规定的时间周期内,用量杯收集通过仪器的渗透水量,体积精确到 10 mL。收集渗透水量到达 1000 mL 的时间至少为 30 s。如果使用流量计,流量计至少应有能测出水头差 70 mm 时的流速的能力,实际流速由最小时间间隔 15 s 的 3 个连续读数的平均值得出。

(5)分别用最大水头差 0.8、0.6、0.4、0.2 倍的水头差,重复(4)的程序,从最高流速开始,到最低流速结束,并记录相应的渗透水量和时间。如果使用流量计,适用同样的原则。

(6)记录水温,精确到 0.2 ℃。

(7)对剩下的试样重复(2)~(6)的步骤。

5. 结果计算

1)流速指数

(1)按下式计算标准温度(20 ℃)下的流速 V_{20}:

$$V_{20} = \frac{VR_T}{At}(\text{mm/s})$$

式中:V——渗透水的体积(m);

$\quad R_T$——T ℃水温时的水温修正系数;

$\quad A$——试样过水面积(m);

$\quad t$——达到体积 V 的时间。

(2)计算每块试样在不同水头差下的流速 V_{20}。

使用计算法或作图法,用水头差 h 对流速 V_{20} 通过原点作曲线。在同一图中绘制 5 个试样的水头差 h 对流速 V_{20} 的 5 条曲线。

(3)通过计算法或作图法,求出 5 个试样 50 mm 水头差的流速值,并给出平均值、最大值、最小值。平均值作为该样品的流速指数,精确到 1 mm/s。

2)垂直渗透系数

按下式计算实际水温下的垂直渗透系数 k:

$$k = \frac{v}{i} = \frac{v\delta}{\Delta h}$$

式中:k——实际水温下的垂直渗透系数(mm/s);

$\quad v$——垂直土工织物平面水的流动深度(mm/s);

$\quad i$——土工织物上下两侧的水力梯度;

$\quad \delta$——土工织物试样的厚度(mm);

$\quad \Delta h$——土工织物试样施加的水头差(mm)。

20 ℃温度下的垂直渗透系数 k_{20} 按下式计算:

$$k_{20} = kR_T$$

式中:R_T——T ℃水温时的水温修正系数。

3)透水率

标准温度(20 ℃)下的透水率 θ_{20} 按下式计算:

$$\theta_{20} = \frac{k_{20}}{\delta} = \frac{v_{20}}{\Delta h}$$

式中:θ_{20}——标准温度(20 ℃)下试样的透水率(s^{-1});

k_{20}——水温 20 ℃下的垂直渗透系数(mm/s);

v_{20}——温度 20 ℃下垂直土工织物平面水的流动速度(mm/s);

δ——土工织物试样的厚度(mm);

Δh——土工织物试样施加的水头差(mm)。

6.报告

(1)土工织物在标准温度(20 ℃)下的渗透系数,也可同时给出透水率。

(2)如果进行了不同压力下的渗透试验,给出渗透系数与压力的变化曲线。

(3)对试验中发生的可能影响试验结果的情况做出必要的说明。

值得指出的是,上述试验是基于渗透试验服从达西定律进行的。而达西定律仅适用于层流状态,实际上当水力坡降大于某一数值后,流态将由层流转变为紊流,达西定律将不再适用。土工织物的渗透系数一般在 $8 \times 10^{-4} \sim 5 \times 10^{-1}$ cm/s 范围内,而无纺土工布的渗透系数一般在 $4 \times 10^{-3} \sim 5 \times 10^{-1}$ cm/s 范围内。土工织物的厚度随法向压力的变化而变化,其测量误差将影响水力梯度及渗透系数的精度,在应用时需要注意。

课后习题

一、单项选择题

1. 隧道用土工织物试样调湿与饱和的温度、湿度条件为(　　　)。

　A. 温度为 20 ℃±2 ℃,相对湿度为 65%±5%

　B. 温度为 20 ℃±2 ℃,相对湿度为 75%±5%

　C. 温度为 23 ℃±2 ℃,相对湿度为 65%±5%

　D. 温度为 23 ℃±2 ℃,相对湿度为 75%±5%

2. 隧道用土工织物拉伸强度试验,预张拉力为最大负荷的(　　　)。

　A. 1%　　　　　　B. 2%　　　　　　C. 5%　　　　　　D. 10%

3. 土工合成材料常规厚度是在(　　　)压力下的厚度测定值。

　A. 2.0 kPa　　　　B. 20 kPa　　　　C. 200 kPa　　　　D. 2.0 MPa

4. 用梯形法测定无纺土工织物的纬向撕裂强度时,剪取试样长边应与织物纬向(　　),使切缝与纬向(　　)。

　　A. 平行,平行　　　　B. 平行,垂直　　　　C. 垂直,垂直　　　　D. 垂直,平行

二、判断题

1. 土工布撕裂强度能够反映土工织物抵抗垂直织物平面法向压力的能力。　　　　(　　)

2. 隧道用塑料土工合成材料,应在温度 23 ℃±2 ℃的环境下进行状态调节,时间不得少于 4 h。　　　　(　　)

3. 用梯形法测定无纺土工织物的经向撕裂强度时,剪取试样长边应与织物经向垂直,使切缝平行于经向。　　　　(　　)

4. 隧道防水卷材低温弯折性能试验,若有一个试件不符合标准规定,则应判定其不合格。

　　　　(　　)

5. 石油沥青油毡属于高分子防水卷材。　　　　(　　)

6. 顶破强力试验的常用方法有 CBR 顶破试验和圆球顶破试验。二者的差异主要在于前者用圆柱形顶压杆顶压,后者用圆球顶压,同时二者的夹具环直径不同。　　　　(　　)

7. 采用穿孔仪进行隧道防水卷材抗穿孔试验,重锤自由落下,撞击位于试样表面的冲头,将试样取出后若无明显穿孔,则可评定为不渗水。(　　)

三、多项选择题

1. 隧道用土工布撕破强力试验用到的仪器设备包括(　　)。

　　A. 拉力机　　　　B. 夹具夹　　　　C. 伸长计　　　　D. 梯形模板

2. 土工布物理特性检测项目有(　　)。

　　A. 厚度　　　　B. 单位面积质量　　　　C. 抗拉强度　　　　D. 延伸率

3. 下列关于隧道用土工布检测试样制备的描述,正确的包括(　　)。

　　A. 试样不应含有灰尘、折痕、损伤部分和可见疵点

　　B. 每项试验的试样应从样品长度与宽度方向上指定抽取,但距样品边缘至少 100 mm

　　C. 为同一试验剪取 2 个以上的试样时,应在同一纵向或横向位置上剪取

　　D. 剪取试样时,应先制订剪裁计划,对每项试验所用的全部试样予以编号

4. 下列属于隧道常用防水卷材技术指标的有(　　)。

　　A. 断裂拉伸强度　　　　B. 撕裂强度　　　　C. 孔隙率　　　　D. 低温弯折性

四、综合题

关于隧道用防水卷材的试验检测,请回答下列问题。

(1)合成高分子防水卷材验收批量为(　　)m²。

　　A. 1000　　　　B. 5000　　　　C. 10 000　　　　D. 20 000

（2）合成高分子防水卷材试样截取前的状态调整标准环境为（　　）。

A. 温度 20 ℃±2 ℃
B. 温度 23 ℃±2 ℃
C. 相对湿度 60%±15%
D. 相对湿度 65%±5%

（3）关于防水卷材拉伸性能试验，表述正确的是（　　）。

A. 拉伸性能试验在标准环境下进行

B. 试验机的拉伸速度为 250 mm/min±50 mm/min

C. 用测厚仪测量标距区内标线及中间 3 点的厚度，取平均值作为试样厚度 d

D. 若试样断裂在标距外，则该批试件为不合格

（4）试样拉伸试验结果如下表所示，则断裂伸长率为（　　）。

横向试样	试样断裂瞬间标距线间的长度/mm	纵向试样	试样断裂瞬间标距线间的长度/mm
1	76	1	77
2	81	2	79
3	79	3	83
4	73	4	85
5	83	5	76

注：试样标距线间初始有效长度为 25.8 mm。

A. 断裂伸长率为横向 311%，纵向 310%
B. 断裂伸长率为横向 212%，纵向 210%
C. 断裂伸长率为 311%
D. 断裂伸长率为 211%

（5）关于防水卷材性能检测结果评判，下列描述正确的是（　　）。

A. 若尺寸允许偏差不合格，则应在该批产品中随机另抽 2 卷重新检验

B. 对于拉伸性能试验，同一方向试件的算术平均值分别达到标准规定，则判为合格

C. 对于不透水性试验，若有一个试件不符合标准规定，则判为不合格

D. 各项理化性能检测结果若仅有一项不符合标准规定，允许在该批次产品中随机另取一卷进行单项复测

项目 **3**

隧道辅助工程试验检测

项目 描述

本项目主要介绍隧道超前支护施工质量检测方法及注浆材料性能检测方法。

学习 目标

(1)**素质目标**:培养安全责任意识、社会责任意识,树立正确的世界观、人生观、价值观。

(2)**知识目标**:掌握不同超前预支护方法的特点及适用条件;掌握隧道涌水处理措施;掌握注浆材料性能试验方法。

(3)**能力目标**:能独立完成①超前管棚、超前小导管、超前锚杆施工质量检测;②超前预注浆效果检查。

案例 导入

通过查找未做超前支护或支护质量检测不细致导致隧道坍塌的案例,懂得在做超前支护施工质量检测的时候,施工人员的工作态度关乎人的生命,这就要求施工人员必须足够敬业。

通过了解青藏铁路新关角山隧道施工过程中采用的超前支护方法,以及其他隧道工程中超前支护案例,意识到隧道工程已在我国城市现代化和区域连接交通网络建设过程中做出了不可替代的贡献,成为保障社会经济发展不可或缺的重要基础设施,反映了我国广大劳动人民吃苦耐劳、勇于奉献、奋斗不息的伟大精神。

▶ **任务 3.1　隧道辅助工程认知**

隧道通过浅埋、严重偏压、岩溶流泥地段、砂土层、砂卵(砾)石层、回填土、软弱破碎地层、断层破碎带等自稳性差的地段,以及大面积淋水或涌水地段时,由于开挖后围岩的自稳时间短于完成支护所需的时间,或初期支护的强度不能满足围岩较长时间的稳定要求,容易导致开挖面失稳,隧道冒顶坍塌。在这些围岩条件下,需要在隧道开挖前或开挖中采取一定辅助施工措施,对围岩进行预支护或预加固处理以增强隧道围岩稳定,确保安全掘进。

常用的辅助工程措施包括围岩稳定措施和涌水处理措施,围岩稳定措施又可以分为围岩预加固措施和围岩支护措施。

▶ 任务 3.2　围岩稳定措施认知

围岩稳定措施包括超前管棚、超前小导管、超前锚杆、超前玻璃纤维锚杆、超前钻孔预注浆、超前水平旋喷桩、围岩径向注浆、地表砂浆锚杆、地表注浆、护拱、临时支撑等。围岩稳定措施及其适用条件见表 3-1。

表 3-1　围岩稳定措施及其适用条件

序号	围岩稳定措施	适用条件
1	超前管棚	围岩及掌子面自稳能力弱、开挖后拱部易出现塌方的地段,富水断层破碎带,塌方处理段,浅埋段,地面有其他荷载作用的地段,地面沉降有较高控制要求的地段,地质较差的隧道洞口段,岩堆、(塌方)堆积体、回填土地、层砂土质地层地段
2	超前小导管	围岩自稳时间很短的砂土层、砂卵(砾)石层、薄层水平层状岩层、富水断层破碎带,开挖后拱顶围岩可能剥落或局部坍塌地段,浅埋段,溶洞填充段
3	超前锚杆	薄层水平层状岩层、开挖数小时内拱顶围岩可能剥落或局部坍塌的地段
4	超前玻璃纤维锚杆	软弱地层采用大断面隧道开挖、浅埋地段严格控制地面沉降的隧道
5	超前钻孔预注浆	软弱围岩及富水断层破碎带、堆积土地层,隧道开挖可能引起掌子面突泥、流坍地段,进行隧道堵水及隧道周边或全断面预加固
6	超前水平旋喷桩	饱和软土、淤泥质黏土、黏性土、粉土、砂性土地段
7	围岩径向注浆	围岩稳定性时间长、变形较大的地段
8	地表砂浆锚杆	地层松散、稳定性差的浅埋段,洞口地段和某些偏压地段
9	地表注浆	围岩稳定性较差、开挖过程中可能引起塌方的浅埋段及洞口地段
10	护拱	仰坡稳定性差的洞口段,顶部坍方段,严重偏压的半明半暗隧道
11	临时支撑	隧道施工变形较大、施工工序转换较复杂或紧急抢险时

围岩稳定措施应结合围岩条件、隧道施工方法、进度要求、施工机械、工期、造价等因素选用不同的措施,可选用一种或多种方法。

一、超前管棚

超前管棚(也称超前大管棚)是指在隧道开挖前,沿隧道开挖轮廓线外顺隧道轴线方向打设多根钢管(导管),排列形成钢管棚。管棚可分为先采用水平钻机打孔,再安设钢管的普通管棚和打孔安设钢管一次完成的自进式管棚。

超前管棚是在隧道开挖前施作的,其对掌子面前方拱顶围岩已形成纵向支护,隧道开挖过程中在钢架支撑的共同作用下具有强大的支护能力,对阻止围岩下沉、防止掌子面拱顶塌方和维护掌子面稳定等有显著效果。

管棚钢管沿隧道开挖轮廓线外 100～200 mm 外布设,需有一定外倾角以保证管棚钢管不侵入隧道开挖轮廓线内;钢管环向间距一般为 350～500 mm,一次支护的长度一般为 10～45 m。管棚与后续超前支护间应有不小于 3 m 的水平搭接长度;管棚钢管宜选用热轧无缝钢管,外径一般为 80～180 mm,钢管内需插有钢筋笼或钢筋束,并注满强度等级不小于 M10 的水泥砂浆,以加强管棚的抗弯折性能。管棚钢管上可钻注浆孔,注浆孔孔径宜为 10～16 mm,间距宜为 200～300 mm,呈梅花形布置。管棚钢管外露端应支承在预先浇筑的混凝土套拱上,套拱内一般应预埋钢管制成的导向管,以保证管棚钢管准确就位和钻孔导向。

二、超前小导管

超前小导管是指沿隧道开挖轮廓线环向设置,向纵向前方外倾 5°～12° 打设的密排无缝钢管。钢管直径一般为 42～50 mm,环向间距为 300～400 mm、钢管长度为 3～5 m;小导管纵向水平搭接长度不小于 1 m;小导管杆体钻有孔径为 6～8 mm 的注浆孔,注浆孔梅花形布置间距为 150～250 mm,可通过小导管向围岩体注水泥砂浆,强度等级不应小于 M10,杆体尾端 300 mm长度范围内不钻孔,以便于止浆封堵。小导管尾端应支承在钢架上,与钢架组成支护体系。

超前小导管具有管棚的作用,比超前锚杆的支护能力强,比管棚简单易行,灵活经济,但支护能力较管棚弱。

三、超前锚杆

超前锚杆是指沿隧道拱部开挖轮廓线布置,向纵向前方外倾 5°～20° 打设的密排砂浆锚杆,锚杆直径一般为 22～28 mm,环向间距宜为 300～400 mm,超前锚杆长度宜为 3～5 m,采用自进式锚杆时长度宜为 5～10 m,超前锚杆纵向两排之间应有 1 m 以上的水平搭接段。拱部超前锚杆用以支托拱上部临空的围岩,起插板作用,同时增强掌子面的稳定性。当松散破碎围岩钻孔成孔性差时,可采用自进式超前锚杆。超前锚杆充填砂浆多为早强砂浆,强度等级不应低于 M20。

超前锚杆布置与超前小导管相同,作用原理相同,但作用能力较超前小导管弱。

四、超前钻孔预注浆

超前钻孔预注浆是指在隧道掌子面采用水平钻机打孔,把具有充填和凝胶性能的浆液材料通过配套的注浆机具设备压入所需加固的地层,经过凝胶硬化作用后充填和堵塞地层中的缝隙,提高注浆区围岩密实性或减小渗水系数,能固结软弱和松散的岩体,使围岩强度和自稳能力得到提高,以达到封堵前方地下水及加固前方隧道周边或未开挖掌子面的目的。注浆钻孔孔径一般不小于 75 mm,注浆材料、注浆压力、注浆范围、注浆方式等具体参数应根据前方地质条件、工程要求等进行具体设计。

超前钻孔预注浆有前进式注浆、后退式注浆、全孔一次注浆、劈裂注浆等形式,可根据涌水量、水压大小及注浆孔的深度等多种因素合理选用。

五、超前水平旋喷桩

超前水平旋喷桩是旋喷桩加固地层工艺在隧道中的应用,它采用水平定向钻机打设预导孔,然后在回撤钻杆的同时,采用高压将配制好的水泥浆液通过钻杆喷射到土体中,使土体颗粒与水泥浆搅拌混合,胶结硬化,形成水平圆柱状水泥土固结体。根据不同工艺,旋喷桩直径有所不同:采用单管法施工,直径为 0.3～1 m;采用二重管法施工,直径为 0.6～1.4 m;采用三重管法施工,直径为 0.7～2 m。大型或重要的工程,旋喷桩直径还可通过现场试验确定。旋喷桩布孔间距或外倾角,根据现场地质条件和加固范围确定。周边加固时,外倾角一般为 3°～10°,环向间距以相邻孔浆液能互相搭接形成拱形结构为原则。旋喷桩一次施作长度一般为 10～20 m,每一循环的搭接长度不小于 2 m。在旋喷桩内还可插入型钢、钢筋笼、钢筋束或钢管,以增加旋喷桩的抗拉、抗弯强度。

六、超前玻璃纤维锚杆

玻璃纤维锚杆主要用于隧道前方未开挖掌子面的加固,以阻止软弱掌子面土体挤出、坍塌,也可用于对周边围岩进行预加固。玻璃纤维锚杆强度高、重量轻,抗拉强度高,由于玻璃纤维锚杆抗剪强度较低,施工机械可直接挖除,玻璃纤维锚杆对掌子面加固后,可实现对隧道全断面机械化开挖。

玻璃纤维锚杆有全螺纹实心锚杆和全螺纹中空锚杆,全螺纹实心锚杆直径为 18～32 mm;全螺纹中空锚杆直径为 18～60 mm。对掌子面区域进行加固的间距为 1～3 m;对隧道周边围岩区域进行加固的间距宜为 0.3～0.6 m。纵向加固长度一般为 10～30 m,每一循环搭接长度不小于 6 m。

七、地表砂浆锚杆

地表砂浆锚杆是在地面对地层加固的一种方法,从隧道上方地表向下设置的砂浆锚杆一般垂直向下设置,也可根据地形及主结构面的具体情况倾斜设置。锚杆一般采用 16～22 mm 螺纹钢筋,由单根或多根钢筋并焊组成,间距宜为 1～1.5 m,呈梅花形布置。锚杆长度一般深至距衬砌外缘 0.5 m,锚孔直径应大于杆体直径 30 mm,充填砂浆强度等级不低于 M20。

　　锚杆设置范围:纵向一般超出不良地质地段 5～10 m;横向为 1～2 倍隧道宽度。为保证达到预期加固效果,锚固砂浆在达到设计强度的 70%以上时,才能进行下方隧道的开挖

八、地表注浆

　　地表注浆也是在地面对地层加固的一种方法,从隧道上方地表向下打设注浆孔,进行围岩预注浆。注浆孔一般竖向设置,注浆孔径不小于 110 mm,注浆孔间距宜为单孔浆液扩散半径的 1.4～1.7 倍,按梅花形或矩形排列布孔,孔深低于隧道开挖底 1 m。地表注浆加固范围:纵向超出不良地质地段 5～10 m,横向为 1～2 倍隧道宽度。

九、护拱

　　护拱是设在明洞段、溶洞空腔段、较大超挖空腔段、塌方空腔段的衬砌外侧拱形结构物,其作用是改善衬砌结构空腔段的受力条件,提高拱背的防护能力,防止上方落石产生的冲击荷载危害。护拱可采用干砌片石或浆砌片石混凝土构筑,厚度一般不小于 1.0 m,或按设计要求设计设置。

十、临时支撑

　　临时支撑种类较多,包括在掌子面发生挤出、不能自稳或涌泥的地段,采用锚喷支护、沙袋封闭掌子面;分部开挖时的临时钢架支撑、临时仰拱;围岩变形较大、初期支护开裂严重、拆换拱圈衬砌地段的拱形钢架支承、扇形钢架支承、型钢斜撑、方木斜撑、型钢桁架支撑、木朵支撑;进行高压注浆时掌子面前方的临时止浆墙等。

▶ 任务 3.3　涌水处理措施认知

　　涌水处理措施包括超前围岩预注浆堵水、开挖后径向注浆堵水、超前钻孔排水、坑道排水(泄水洞排水)、井点降水等。涌水处理措施及其适用条件见表 3-2。

　　涌水处理措施应符合"预防为主、疏堵结合、注重保护环境"的原则

表 3-2　涌水处理措施及其适用条件

序号	涌水处理措施	适用条件
1	超前围岩预注浆堵水	地下水丰富且排水时挟带泥沙引起开挖面失稳,或排水后对其他用水(如灌溉用水、工业用水、生活用水)及生态环境影响较大,或斜、竖井施工时排水费用较注浆堵水高时
2	开挖后径向注浆堵水	已实施预注浆但开挖后仍涌(淋)水严重,且初期支护存在变异甚至破坏的涌水处理不彻底的地段

序号	辅助工程	适用条件
3	超前钻孔排水	开挖面前方有高压地下水或有充分补给源的涌水,且排放地下水不会影响围岩稳定及隧道周围环境条件
4	坑道排水(泄水洞排水)	开挖面前方有高压地下水或有充分补给源的涌水,且排放地下水不会影响围岩稳定及隧道周围环境条件
5	井点降水	均质砂土、亚黏土地段及浅埋地段

一、超前围岩预注浆堵水

超前围岩预注浆堵水是指以堵水为目的,对掌子面前方未开挖段的围岩进行注浆堵水的措施。可根据地质条件和工程目的,选用超前帷幕预注浆、超前周边预注浆、超前局部断面预注浆等方式。斜井、竖井施工时排水费用较高,在地下水量较大时,也可采用超前围岩预注浆堵水。

超前注浆圈厚度和注浆段长度根据掌子面前方围岩地质条件、地下水涌水量、地下水压力、止浆墙厚度、施工机械水平及经济合理性等因素确定。注浆圈厚度是指隧道开挖轮廓线至注浆外缘的距离,一般为 $3 \sim 6$ m;注浆段长度是指沿隧道纵向的注浆段长度,一次注浆长度一般为 $10 \sim 30$ m。注浆孔底中心间距以各孔浆液扩散范围相互重叠为原则,一般中心间距为 $1.5 \sim 3$ m,为浆液扩散半径的 $1.5 \sim 1.7$ 倍。

注浆量和浆液扩散半径通常很难准确确定,通常是根据地层孔隙、裂隙及连通性、注浆压力和浆液种类等在现场试验确定或按工程类比法选定。

二、径向注浆堵水

径向注浆堵水是以堵水为目的,在隧道开挖后对隧道周边暴露的股状水、裂隙水、大面积淋水等采用沿隧道径向对围岩进行注浆堵水的措施。根据围岩地质条件、涌水形态、涌水规模和防排水要求可选用全周边径向注浆、局部径向注浆和补充注浆等措施。

径向注浆堵水注浆圈厚度不宜超过开挖轮廓线以外 6 m,也不宜小于 2 m。

三、超前钻孔排水

超前钻孔排水是指利用超前钻孔,排出隧道前方高压地下水。高压地下水排出后,可以减小或消除高压水喷出(涌出)对隧道可能产生的危害,减少对支护和围岩稳定性的影响。

超前钻孔排水孔径一般不小于 76 mm、钻孔深度不宜小于 10 m,孔底位置超前掌子面 $1 \sim 2$ 个循环进尺,每断面钻孔数不少于 3 个,以保证达到排泄地下水的目的。

四、泄水洞排水

泄水洞排水是指利用平行于正洞的导坑排出对隧道施工及运营产生危害的地下水。泄水洞底高程应低于正洞底高程。根据地下水类型和水流方向,泄水洞可布置在不危及隧道围岩和结构稳定的隧道两侧或下方。有明显集中出水点或地下暗河的隧道,地形条件允许时,泄水洞也可以横向布设,以减小泄水洞长度及施工难度。泄水洞纵坡一般不小于0.5%,以保证自流排水。

五、井点降水

井点降水是指在隧道前方两侧或隧道口基坑周边预先埋设一定数量的滤水管(井),利用抽水设备,抽排隧道周边的地下水,使隧道在开挖过程中保持无水状态,其是施工期间为了减少和消除高地下水位对施工的影响而采取的降水措施。井点降水的类型:轻型井点、喷射井点、电渗井点、管井井点、深井井点等。应根据地层渗透系数、降水范围及降水深度等因素,选择井点类型、降水方法与设备,确定井点位置和数量。为确保降水后的实际工程效果,降水后水位线应低于隧底开挖线0.5～1 m。

▶ 任务 3.4　注浆材料性能试验

一、注浆材料分类及其主要性能

1.对注浆材料的要求

隧道注浆工程中采用的注浆材料,应符合以下要求:

(1)浆液应无毒无臭,对人体无害,不污染环境。

(2)浆液黏度低、流动性好,可注性强,凝结时间可按要求控制。

(3)浆液固化体稳定性好,能满足注浆工程的使用寿命要求。

(4)浆液应对注浆设备管路及混凝土结构物无腐蚀性,易于清洗。

常用的注浆材料有单液水泥浆、水泥—水玻璃双液浆、超细水泥浆、水溶性聚氨酯浆液、丙烯酸盐浆液等。注浆材料的选用,应根据注浆目的、用途、所在地质环境、地下水环境和造价综合考虑,配合比应经现场试验确定。

以加固围岩为目的的注浆宜采用强度高、耐久性好的单液浆;以堵水为目的的注浆宜采用凝固时间短、强度较高的双液浆或其他化学浆液。

采用水泥单液浆液时水灰比可采用0.8：1～2：1;采用水泥—水玻璃双液浆液时,应根据凝胶时间配制,一般水泥浆液的水灰比为0.8：1～1.5：1,水玻璃浓度为25～40波美度,水泥浆与水玻璃的体积比宜为 1∶1~1∶0.3。注浆过程中应根据浆液扩散情况、注浆量、注浆压力等参数调整注浆材料和配比。

注浆材料通常分为两大类，即水泥浆和化学浆。按浆液的分散体系划分，以颗粒直径 $0.1~\mu m$ 为界，大者为悬浊液，如水泥浆；小者为溶液，如化学浆。注浆材料的具体分类见表 3-3。

表 3-3　注浆材料分类

水泥浆	化学浆
普通水泥浆液	水玻璃类
超细水泥浆液	水溶性聚氨酯浆液
水泥-水玻璃双液浆（CS 液浆）	丙烯酸盐浆液
	脲醛树脂类
	铬木素类
	丙烯酰胺类
	聚氨酯类
	其他

2. 注浆材料的主要性能

1）黏度

黏度是表示浆液流动时，因分子间互相作用而产生的阻碍运动的内摩擦力。其单位为帕斯卡秒（Pa·s），工程上常用厘泊（CP）来计量，1 CP＝10 Pa·s。现场常以简易黏度计测定以，"s"为单位。一般情况下，黏度是指浆液配成时的初始黏度。黏度大小影响浆液扩散半径、注浆压力、流量等参数的确定。

浆液在固化过程中，黏度变化有两种类型，浆液黏度变化曲线如图 3-1 所示。

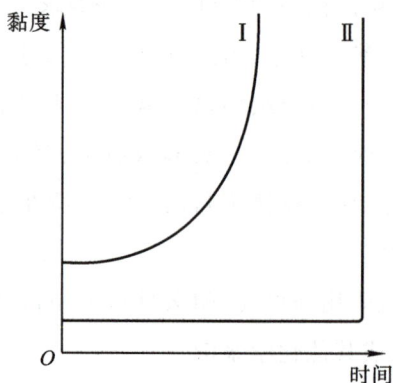

图 3-1　浆液黏度变化曲线

曲线Ⅰ是一般浆液材料的黏度变化曲线,如单液水泥浆、环氧树脂类、铬木素等,其黏度逐渐增加,最后固化。随着黏度增长,浆液扩散由易到难。

曲线Ⅱ表示凝胶前虽聚合反应开始,但黏度不变,到凝胶发生时,黏度突变,顷刻形成固体,有利于注浆,如丙烯酰胺类浆液。

2)渗透能力

渗透能力即渗透性,指浆液注入岩层的难易程度。对于悬浊液,渗透能力取决于颗粒大小;对于溶液,渗透能力则取决于黏度。

根据试验,砂性土孔隙直径必须大于浆液颗粒直径的 3 倍以上浆液才能注入,即

$$K = \frac{D}{d} \geqslant 3$$

式中:K——注入系数;

D——砂性土孔隙直径;

d——浆液颗粒直径。

据此,国内标准水泥粒径为 0.085 mm,只能注入 0.255 mm 的孔隙或粗砂中。凡水泥不能渗入的中、细、粉砂土地层,只能用化学浆液。

3)凝胶时间

凝胶时间是指参加反应的全部成分从混合时起,直到凝胶发生,浆液不再流动为止的一段时间。其测定方法:凝胶时间长的,用维卡仪测定;一般浆液,通常采用手持玻璃棒搅拌浆液,以手感觉不再流动或拉不出丝为止。

4)渗透系数

渗透系数是指浆液固化后结石体透水性的高低,或表示结石体抗渗性的强弱。

5)抗压强度

注浆材料自身抗压强度的大小决定了材料的使用范围,大者可用以加固地层,小者则仅能堵水。在松散砂层中,浆液与介质凝结体强度对于在流沙层中修建隧道或凿井至关重要。表3-4是几种注浆材料的主要性能指标。

表 3-4　注浆材料的主要性能指标

浆液体名称	黏度/(Pa·s)	可能注入的最小粒径/mm	凝胶时间	渗透系数/(cm/s)	岩石体抗压强度/MPa
纯水泥浆	15~140	1.1	12~24 h	$10^{-3} \sim 10^{-1}$	5.0~25.0
超细水泥浆液			4~10 h		32.0~83.0
水溶性聚氨酯浆液	100~300(20 ℃)		10~1800 s		<1.5

浆液体名称	黏度/(Pa·s)	可能注入的最小粒径/mm	凝胶时间	渗透系数/(cm/s)	岩石体抗压强度/MPa
丙烯酸盐浆液			3~5 min(常温下)		
水泥加添加剂			6~15 h		
水泥-水玻璃			几秒~几十分钟	10^{-3}~10^{-2}	5.0~20.0
水玻璃类	$(3$~$4)\times10^{-3}$	0.1	瞬间~十几分钟	10^{-2}	<3.0
铬木素类	$(3$~$4)\times10^{-3}$	0.03	十几秒~十几分钟	10^{-5}~10^{-3}	0.4~0.2
脲醛树脂类	$(5$~$6)\times10^{-3}$	0.06	十几秒~十几分钟	10^{-3}	2.0~8.0
丙烯酰胺类	1.2×10^{-3}	0.01	十几秒~十几分钟	10^{-6}~10^{-5}	0.4~0.6
聚氨酯类	几十~几百	0.03	十几秒~十几分钟	10^{-6}~10^{-4}	6.0~10.0

二、化学浆液黏度测定

1.原理

本试验方法的工作原理、试样制备、结果表示等部分参照《合成橡胶胶乳表观黏度的测定》(SH/T 1152—2014)的规定

2.仪器

(1)NDJ-79型旋转式黏度计。选择转速为 750 r/min,第二单元 2 号转子(因子为 10)。

(2)恒温水温控精度为 25 ℃+1 ℃

3.测定步骤

将试样注入测试器,直到它的高度达到锥形面下部边缘。将转筒浸入液体直到完全浸没为止,将测试器放在仪器支柱架上,并将转筒挂于仪器转轴钩上。启动电动机,转筒开始晃动直到完全对准中心为止。将测试器在托架上前后左右移动,以加快对准中心。指针稳定后方可读数。

▶ 任务 3.5　辅助工程施工质量检查

采用辅助施工措施对隧道不良地质地段的围岩进行加固,以确保隧道结构的稳定性和安全性。一方面要确定安全、经济、合理的施工措施,另一方面要确保施工质量,从而达到加固的效果。由于隧道施工固有的特点:水文地质情况复杂多变、施工场地狭小、环境差等,给施工带来了很大难度,特别是对于不良地质地段,由于辅助施工方法的技术要求高、难度大,对施工质量提出了更高的要求。因此,做好辅助施工措施的施工质量检查工作至关重要。

《公路工程质量检测评定标准 第一册 土建工程》(JTG F80/1—2017)对管棚、超前小导管、超前锚杆等实体工程提出了明确的检验评定标准,对于没有规定的其他辅助措施,建议参照其他实体工程的检验评定办法或设计要求,制订符合工程实际的检查办法与指标要求。本书提供了注浆效果检查的参考标准。

一、超前管棚

1. 基本要求

(1)管棚注浆浆液强度、配合比、注浆压力和注浆量应满足设计要求

(2)管棚套拱基底承载力应满足设计要求并符合施工技术规范规定。

(3)超前钢管的打入角度应满足设计要求并符合施工技术规范规定。

(4)两组管棚之间纵向水平搭接长度应不小于 3 m。

2. 实测项目

管棚实测项目检查方法和频率见表 3 - 5。

表 3 - 5　管棚实测项目及要求

项次	检查项目	规定值或允许偏差	检查方法和频率
1	长度(mm)	不小于设计值	尺量;检查10%
2	数量(根)	不小于设计值	目测;逐根清点
3	孔位(mm)	±50	尺量;每5环抽查5根
4	孔深(mm)	大于钢管长度设计值	尺量;每5环抽查5根

3. 外观鉴定

钢管尾端与钢架焊接应无假焊、漏焊。

二、超前小导管

1. 基本要求

(1)超前小导管注浆浆液强度、配合比、注浆压力和注浆量应满足设计要求,且浆液应充满钢管及周围的空隙。

(2)超前小导管的打入角度应满足设计要求并符合施工技术规范规定。

(3)两组小导管之间纵向水平搭接长度不小于 1 m。

2. 实测项目

超前小导管实测项目应符合表 3 - 6 的规定。

表 3-6   超前小导管实测项目及要求

项次	检查项目	规定值或允许偏差	检查方法和频率
1	长度(mm)	不小于设计值	尺量;检查 10%
2	数量(根)	不小于设计值	目测;逐根清点
3	孔位(mm)	±50	尺量;每 5 环抽查 5 根
4	孔深(mm)	大于钢管长度设计值	尺量;每 5 环抽查 5 根

3.实测项目

小导管尾端与钢架焊接应无假焊、漏焊。

三、超前锚杆

1.基本要求

(1)超前锚杆的打入角度应满足设计要求并符合施工技术规范规定。

(2)超前锚杆纵向两排之间搭接长度不小于 1 m。

(3)超前锚杆与钢架配合使用时,应从钢架的腹部穿过,尾端与钢架焊接。

(4)锚杆孔内灌注砂浆应饱满密实。

2.实测项目

超前锚杆实测项目应符合表 3-7 要求。

表 3-7   超前锚杆实测项目及要求

项次	检查项目	规定值或允许偏差	检查方法和频率
1	长度(mm)	不小于设计值	尺量;逐根检查
2	数量(根)	不小于设计值	目测;逐根清点
3	孔位(mm)	±50	尺量;每 5 环抽查 5 根
4	孔深(mm)	±50	尺量;每 5 环抽查 5 根
5	孔径(mm)	≥40	尺量;每 5 环抽查 5 根

3.外观鉴定

锚杆尾端与钢架焊接应无假焊、漏焊。

四、注浆效果检查

围岩注浆结束后应及时对注浆效果进行检查,检查方法通常有以下三种。

1.分析法

分析注浆记录,查看每个孔的注浆压力和注浆量是否达到设计要求,以及注浆过程中漏浆、跑浆是否严重,从而以浆液注入量估算浆液扩散半径,分析是否与设计相符。

2.检查孔法

用地质钻机按设计孔位和角度钻检查孔,提取岩芯进行鉴定。同时测定检查孔的吸水量(漏水量),单孔应小于 1 L/(min·m),全段应小于 20 L/(min·m)。

3.物探无损检测法

用地质雷达声波探测仪等物探仪器对注浆前后岩体声速、波速、振幅及衰减系数等进行无损探测,以判断注浆效果。

注浆效果如未达到设计要求,应补充钻孔再注浆。

课后习题

一、单项选择题

1. 采用超前小导管进行围岩稳定处治时,注浆孔一般呈(   )布置。

   A. 正方形　　　　　　B. 圆形　　　　　　C. 梅花形　　　　　　D. 不规则

2. 采用超前管棚进行围岩稳定处治时,纵向两组管棚间水平搭接长度应不小于(   )。

   A. 1 m　　　　　　　B. 2 m　　　　　　C. 2.5 m　　　　　　D. 3 m

3. 隧道超前锚杆的充填砂浆多为早强砂浆,其强度等级不应低于(   )。

   A. M7.5　　　　　　B. M10　　　　　　C. M15　　　　　　D. M20

4. 超前小导管施工质量检查中,孔位允许偏差为(   )。

   A. ±10 mm　　　　　B. ±20 mm　　　　　C. ±50 mm　　　　　D. ±100 mm

5. 采用超前钻孔预注浆进行围岩稳定处治时,注浆钻孔孔径一般不小于(   )。

   A. 50 mm　　　　　　B. 75 mm　　　　　C. 100 mm　　　　　D. 150 mm

6. 隧道注浆材料按浆液的分散体系分类,以颗粒直径为(   )为界,大者为悬浊液,如水泥浆;小者为溶液,如化学浆。

   A. 0.05 μm　　　　B. 0.10 μm　　　　C. 0.5 μm　　　　D. 1.0 pm

7. 化学浆液黏度测定的恒温水的温控要求为(   )。

   A. 20 ℃±1 ℃　　　B. 25 ℃±1 ℃　　　C. 20 ℃±2 ℃　　　D. 25 ℃±2 ℃

二、判断题

1. 隧道注浆材料的渗透能力取决于浆液颗粒大小。　　　　　　　　　　　　　　(   )

2. 超前小导管直径应按设计要求选用和加工,长度应满足设计要求,纵向搭接长度应不小

于 1 m。 （　　）

3. 超前锚杆进行隧道围岩稳定的作用原理与超前小导管相同,且其对围岩稳定作用的能力强于超前小导管。 （　　）

4. 超前管棚施工质量检查中孔位允许偏差为±50 mm。 （　　）

5. 隧道注浆应根据使用目的选择适宜的注浆材料,以堵水为目的的注浆宜采用强度较高、凝固时间短的双液浆或其他化学浆液。 （　　）

6. 注浆材料的渗透系数是指浆液固化后结石体透水性的高低,或表示结石体抗渗性的强弱。 （　　）

7. 围岩径向注浆适用于隧道开挖后围岩稳定时间短、变形较大的地段。 （　　）

三、多项选择题

1. 隧道施工应根据岩层及地质条件选择不同的围岩稳定措施,超前水平旋喷桩的适用条件为（　　）。

A. 饱和软土地段　　　B. 淤泥质黏土地段　　C. 黏性土地段

D. 粉土地段　　　　　E. 砂性土地段

2. 根据岩层及地质条件不同选择不同的辅助工程进行涌水处置,井点降水适用于（　　）。

A. 均质砂土　　　　　B. 亚黏土地段　　　　C. 浅埋地段

D. 地下水丰富且排水时夹带泥沙引起开挖面失稳

3. 以下隧道注浆材料中属于化学浆的是（　　）。

A. 水玻璃浆　　　　　　　　　　　B. 水泥-水玻璃双液浆

C. 聚氨酯类浆　　　　　　　　　　D. 丙烯酸盐浆

4. 下列属于隧道辅助工程施工质量检查内容的是（　　）。

A. 浆液注浆量　　　　　　　　　　B. 管棚搭接长度

C. 排水盲管平面位置　　　　　　　D. 超前锚杆砂浆灌注饱满度

5. 下列属于超前小导管实测项目的有（　　）。

A. 长度　　　　　B. 孔位　　　　　C. 孔深　　　　　D. 孔径

四、综合题

某隧道在施工过程中遇大面积淋水,需采用注浆堵水措施进行围岩加固,确保隧道安全掘进,请回答下列问题。

(1)隧道注浆工程采用的注浆材料,应满足（　　）等要求。

A. 浆液无毒无臭,对人体无害,不污染环境

B. 浆液黏度高

C. 浆液固化体稳定性好

D. 浆液对注浆设备、管道及混凝土结构物无腐蚀性

(2)注浆材料的主要性能指标有(　　)。

    A. 黏度　　　　　　　　B. 凝胶时间　　　　　C. 渗透系数　　　　　D. 抗拉强度

(3)黏度表示浆液流动时,因分子间相互作用而产生的阻碍运动的内摩擦力,黏度大小影响
(　　)等参数的确定。

    A. 浆液扩散半径　　　B. 注浆压力　　　　　C. 流量　　　　　　　D. 注浆凝胶时间

(4)为能使浆液注入,砂性土孔隙直径必须大于浆液颗粒直径的(　　)以上。

    A. 1倍　　　　　　　　B. 2倍　　　　　　　　C. 2.5倍　　　　　　D. 3倍

(5)注浆效果检查的方法有(　　)。

    A. 分析法　　　　　　　　　　　　　　　　B. 数理统计法

    C. 检查孔法　　　　　　　　　　　　　　　D. 物探无损检测法

超前管棚开挖　　　　隧道工程降水　　　　隧道超前预注浆　　　　隧道注浆材料性能检测

项目 4　洞身开挖质量检测

项目描述

本项目主要介绍隧道常用开挖方法及工序,如何利用激光断面仪进行开挖断面检测。

学习目标

(1)素质目标:通过介绍激光断面仪等前沿检测技术的发展历程,拓宽视野,培养创新思维及实践创新的工科精神。

(2)知识目标:掌握隧道常用开挖方法及工序;掌握隧道涌水处理措施;掌握隧道超欠挖测量方法、开挖质量评定的内容及标准。

(3)能力目标:能独立完成①隧道常用开挖方法工序图的绘制;②利用激光断面仪进行开挖断面检测,并能对开挖质量进行评定。

案例导入

党的二十大报告指出:"坚守中华文化立场,提炼展示中华文明的精神标识和文化精髓,加快构建中国话语和中国叙事体系,讲好中国故事、传播好中国声音,展现可信、可爱、可敬的中国形象"。了解中国隧道工程专家王梦恕院士与大瑶山隧道的故事,作为大瑶山隧道的重要负责人,王梦恕院士主持参与了大瑶山隧道关键技术的开发、研究和应用,实现了大断面、大型机械化快速施工,大瑶山隧道首次采用新奥法的施工理念,改变了我国近百年的隧道设计施工方法。隧道建设过程中,以王梦恕院士为代表的老一辈科技工作者与施工人员同吃住,共同克服技术难题,充分展现其不畏艰险、勇于攻坚克难的个人品质。通过学习隧道工程专家的事迹,认识到隧道前辈勇攀高峰、敢为人先的创新精神,并培养自身的实践创新能力,让科学家精神在新时代薪火相传。

▶ 任务 4.1　隧道超欠挖认知

隧道开挖是控制隧道施工工期和造价的关键工序。超欠挖是隧道开挖过程中的普遍现象。

超挖不仅会增加出渣量、衬砌工程量和额外增加回填工程量,导致工程造价上升,同时,局部的过度超挖会引起应力集中,影响围岩稳定性;而欠挖,因侵占了结构空间,直接影响了支护结构厚度,带来工程质量问题,产生安全隐患。欠挖处理费工、费时,影响工期,且欠挖处理时开挖轮廓不易控制、容易引起更大超挖。因此,必须保证开挖质量,为围岩的稳定和支护创造良好条件。

隧道开挖质量的评定主要是超欠挖控制。超欠挖的好坏需通过对开挖断面大量实测数据的统计分析,做出正确的评价。其实质是准确地测出隧道实际开挖轮廓线,并与设计轮廓线纳入同一坐标体系中比较,从而十分清楚地获悉超挖或欠挖的大小和部位,及时指导下一步的施工。

▶ 任务 4.2 隧道开挖方法认知

隧道开挖方法的选择应根据围岩级别、隧道长度、断面大小、支护结构、工期要求、机械设备的配置及出渣条件等综合确定。用钻爆法开挖时,主要开挖方法有全断面法、台阶法、弧形导坑留核心土法、双侧壁导坑法、中隔壁法及交叉中隔壁法等,见表4-1。

(1)全断面法可用于Ⅰ～Ⅲ级围岩两车道及以下跨度的隧道开挖。Ⅰ～Ⅱ级围岩三车道隧道也可采用全断面法开挖。

(2)台阶法可用于Ⅲ～Ⅳ级围岩两车道及以下跨度的隧道。Ⅴ级围岩两车道及以下跨度的隧道在采用了有效的预加固措施后,也可采用短台阶法或超短台阶法开挖。

(3)弧形导坑留核心土法可用于Ⅳ～Ⅴ级围岩两车道及以下跨度的隧道、Ⅲ～Ⅳ级围岩二车道隧道或一般土质隧道。

(4)中隔壁法(CD法)或交叉中隔壁法(CRD法)适用于Ⅴ～Ⅵ级围岩、浅埋、大跨、地表沉降需严格控制的情况。

(5)双侧壁导坑法适用于Ⅴ～Ⅵ级围岩、浅埋、大跨及地表下沉量要求严格的情况。

表4-1 隧道主要开挖方法及开挖、支护顺序图

开挖方法	横断面示意	纵断面示意	施工顺序说明
全断面法			1—全断面开挖; 2—初期支护; 3—全断面二次衬砌

开挖方法	横断面示意	纵断面示意	施工顺序说明
台阶法			1—上台阶开挖； 2—上台阶初期支护； 3—下台阶开挖； 4—下台阶初期支护； 5—二次衬砌
环形导坑留核心土法			1—上环形导坑开挖； 2—拱部初期支护； 3—核心土开挖； 4—下台阶中部开挖； 5—下台阶侧壁开挖； 6—下台阶初期支护； 7—仰拱浇筑； 8—全断面二次衬砌
双侧壁导坑法			1—左侧上台阶开挖； 2—左侧上台阶初期支护； 3—左侧下台阶开挖； 4—左侧下台阶初期支护； 5—右侧上台阶开挖； 6—右侧上台阶初期支护； 7—右侧下台阶开挖； 8—右侧下台阶初期支护； 9—核心土上台阶开挖； 10—拱部初期支护； 11—核心土中台阶开挖； 12—核心土下台阶开挖； 13—仰拱初期支护； 14—全断面二次衬砌
中隔壁法CD法			1—左侧上部开挖； 2—左侧上部初期支护； 3—左侧中部开挖； 4—左侧中部初期支护； 5—左侧下部开挖； 6—左侧下部初期支护； 7—右侧上部开挖； 8—右侧上部初期支护； 9—右侧中部开挖； 10—右侧中部初期支护； 11—右侧下部开挖； 12—右侧下部初期支护； 13—仰拱衬砌浇筑； 14—全断面二次衬砌

开挖方法	横断面示意	纵断面示意	施工顺序说明
交叉中隔壁法（CRD 法）			1—左侧上部开挖； 2—左侧上部初期支护； 3—左侧中部开挖； 4—左侧中部初期支护； 5—左侧下部开挖； 6—左侧下部初期支护； 7—右侧上部开挖； 8—右侧上部初期支护； 9—右侧中部开挖； 10—右侧中部初期支护； 11—右侧下部开挖； 12—右侧下部初期支护； 13—仰拱衬砌浇筑； 14—全断面二次衬砌

▶ 任务 4.3　开挖质量标准

一、基本要求

(1)开挖断面尺寸应符合设计要求。

(2)应严格控制欠挖。拱脚、墙脚以上 1 m 范围内严禁欠挖。当石质坚硬完整且岩石抗压强度大于 30 MPa，并确认不影响衬砌结构稳定和强度时，允许岩石个别凸出部分（每 1 m 内不大于 0.1 m²）侵入断面，锚喷支护时，欠挖值不得大于 30 mm，混凝土衬砌时，欠挖值不大于 50 mm。

(3)应尽量减少超挖，隧道允许超挖值规定见表 4-2。

(4)隧道开挖轮廓应按设计要求预留变形量，预留变形量大小宜根据监控量测信息进行调整。

(5)仰拱超挖部分必须回填密实。

表 4-2　隧道允许超挖值

项次	检查项目		规定值或允许偏差/mm	检测方法和频率
1	拱部超挖	Ⅰ级围岩（硬岩）	平均 100,最大 200	全站仪或激光断面仪检测：每 20 m 检查 1 个断面，每个断面自拱顶起每 2 m 测 1 点
2		Ⅱ、Ⅲ、Ⅳ级围岩（中硬岩、软岩）	平均 150,最大 250	
3		Ⅴ、Ⅵ级围岩（破碎岩、土）	平均 100,最大 150	
4	边墙超挖	每侧	+100,0	
5		全宽	+200,0	
6	仰拱、隧底超挖		平均 100,最大 250	全站仪或水准仪:每 20 m 检查 3 处

注:①超挖测量以爆破设计开挖线为基准线。

②最大超挖值为最大超挖处至设计爆破开挖轮廓切线的垂直距离。

③表列数值不包括测量贯通误差、施工误差。

④平均超挖值 $=\dfrac{超挖面积}{爆破设计开挖断面周长(不包括隧底)}$

⑤目测疑似超挖断面指检测范围内目测有可疑超欠挖的断面,检测断面可布置在该断面位置,超欠挖范围较大时,可加密检测断面。

二、爆破效果要求

用钻爆法开挖隧道其爆破效果应符合下列规定:

(1)开挖轮廓圆顺,开挖面平整。

(2)周边炮痕(炮眼痕迹)保存率可按下式计算,炮痕保存率应满足表 4-3 的规定。

$$周边炮痕保存率\ \xi = (\dfrac{残留有痕迹的炮眼数}{周边眼总数}) \times 100\%$$

式中:周边眼——均匀布置在开挖轮廓线周边的炮眼,不包括底板周边眼。

(3)两茬炮衔接时,出现的台阶形误差不得大于 150 mm。对于炮眼深度大于 3 m 的情况,可根据实际情况另行确定。

表 4-3　炮痕保存率标准

围岩条件	炮痕保存率
硬岩	≥80%
中硬岩	≥70%
软岩	≥50%

注:松散软岩很难残留炮痕,主要以满足平整、圆顺即可认定为合格。

三、开挖断面检测方法

隧道开挖断面检测目前最常用的方法为极坐标法,其代表设备为隧道激光断面仪。断面仪法精度高、速度快、效率高,是一种非接触式测量方法。另外也可采用以内模为参照物的直接测量法、使用激光束的方法和使用投影机的方法,见表 4-4。

表 4-4　隧道开挖断面检测方法

测量方法及采用的测量仪		测定方法概要
直接测量开挖断面方法	以内模为参照物的直接测量法	以内模为参照物,用钢尺直接测量超欠挖
	使用激光束的方法	利用激光射线在开挖面上定出基点,并由该点实测开挖断面
	使用投影机的方法	利用投影机将基点或隧道基本形状投影在开挖面上,然后据此实测开挖断面

测量方法及采用的测量仪		测定方法概要
非接触观察法	极坐标法(断面仪法)	以某物理方向(如水平方向)为起算方向,按一定间距(角度或距离)依次测定仪器旋转中心与实际开挖轮廓线交点之间的矢径(距离)及该矢径与水平方向的夹角,将这些矢径端点依次相连即可获得实际开挖的轮廓线

▶ 任务 4.4　激光断面仪检测开挖断面

一、测量原理

激光断面仪的测量方法为极坐标法。如图 4-1 所示,以某物理方向(如水平方向)为起算方向按一定间距(角度或距离)依次测定仪器旋转中心与实际开挖轮廓线交点之间的矢径(距离)及该矢径与水平方向的夹角,将这些矢径端点依次相连即可获得实际开挖的轮廓线。通过洞内的施工控制导线可以获得断面仪的定点定向数据,在计算软件的帮助下,自动完成实际开挖轮廓线与设计开挖轮廓线的空间三维匹配,最后形成如图 4-2 所示的输出图形,并可输出各测点与相应设计开挖轮廓线之间的超欠挖值(距离、面积)。如果沿隧道轴向按一定间隔测量多个检测断面,还可得出实际开挖方量、超挖方量、欠挖方量。用断面仪测量实际开挖轮廓线的优点在于不需要合作目标(反射棱镜)。

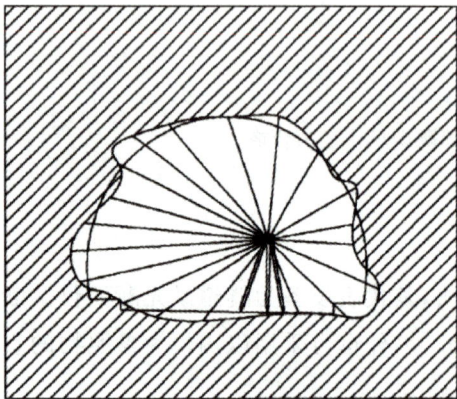

图 4-1　断面仪测量原理

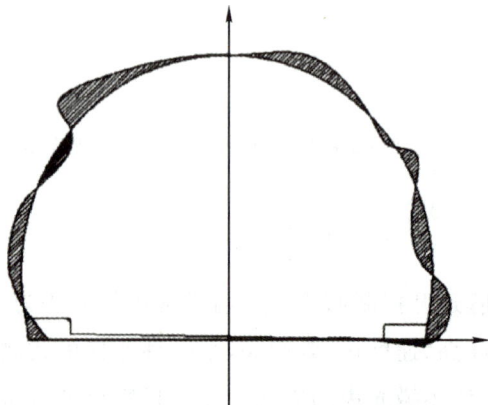

图 4-2　断面仪输出效果图形

用断面仪测量开挖轮廓线,断面仪可以放置在隧道内的任意位置,扫描断面的过程(测量记录)可以自动完成。所测的每点均由断面仪发出的一束十分醒目的单色可见红色激光指示,而且可以由人工随时加以干预。如果在断面仪自动扫描断面的测量过程中,发现轮廓线上的某特征点漏测了,还可以随时用断面仪配置的手持式控制器发出一个停止命令(按一个键),然后用控制键操纵断面仪测距头返回欲测的特征点,完成该点的测量后继续扫描。除此以外,在自动测量过程中测点的间距还可以根据断面轮廓线的实际凸凹形状,随时动态地加以修正。如果事先在控制器中输入了设计断面形状、隧道轴线、平面、纵面设计参数(可以在室内输入),以及断面仪实测时的定向参数(实测时输入),则在完成某一开挖断面的实际测量后可以立即在控制器的屏幕上显示如图4-2所示的图形。在控制器上操纵断面仪测距头旋转指向激光所指示的断面轮廓线上的某点,就对应于控制器上图形显示的光标点,并可实时显示该点的超欠挖数值。

如果想获取最后的输出成果,则将断面仪控制器中的数据传输到普通计算机中,运行断面仪配套的后处理软件则可从打印机、绘图机上自动获得成果。

目前在隧道施工中,激光断面仪不仅可应用于开挖断面检测,也在初期支护(喷射混凝土衬砌)、二次衬砌断面轮廓检测中广泛应用。

二、测量仪器

激光断面仪是把现代激光测距和计算机技术相结合开发出来的硬件、软件一体化的隧道断面测量仪器。我国自20世纪90年代初引进瑞士Amberg公司生产的断面仪(有Profiler2000、Profiler3000、Profiler4000等型号),其中Profiler4000型可以利用后方交会的方法来确定断面仪的坐标和方位。然而,在隧道中用后方交会法来确定断面仪的测站坐标很不方便,有时很难操作。另外,专用断面仪价格十分昂贵。因此,为了对断面仪进行定位,还需要用经纬仪或全站仪进行测量。为此,国内外测量仪器厂商经过科研攻关,开发出了众多隧道断面检测仪器系统。下面以国内开发生产的BJSD系列激光隧道多功能断面检测仪为例进行简要介绍。

1.仪器组成及特点

1)仪器组成

断面仪由检测主机测量控制器(掌上电脑)、三脚架、软件等部分组成。

2)仪器特点

(1)检测精度高,测量数据记录简洁,自动记录存储空间大。

(2)无须交流供电,使用充电电池供电,携带方便,符合现场使用条件。

(3)现场无须携带笔记本掌上电脑,操作方便,软件功能强大,全中文界面,支持多种操作系统。

(4)断面仪可现场显现被测断面图形。

2.主要技术指标

(1)检测半径:1~45 m。

(2)检测点数:自动检测一般为35个点/断面。

(3)测距精度:优于±1 mm。

(4)测角精度:优于0.01°。

(5)方位角范围:30°~330°(仪器测头垂直向下为0°),连续测量60°~300°。

(6)手动测头转动方位角范围:0°～350°。

(7)定位测量方式:具有垂直向下激光定心标志、测距功能。

3. 测量方式

隧道断面检测仪需全站仪配合,其测量方式有以下几种:

(1)手动检测方法。由操作者控制移动检测指示光标随意进行测量和记录。

(2)定点检测法。可设置起止角度及测量点数等参数,仪器将按照所定参数自动测量并记录。

(3)自动量测法。仪器依照内部设定的间隔,自动检测并记录数据。

三、检测方法

1. 检测前的准备

(1)根据检测任务要求确定检测断面及单个断面检测点数。一般情况下,开挖检测断面为每20 m一个、初期支护检测断面为每10 m一个,二次衬砌检测断面为每20 m一个。

(2)采用隧道激光断面仪对隧道开挖断面检测前应先采用经纬仪或全站仪按一定间距放出测量断面中线测点(放置断面仪的点)及该测点实际高程和对应法向点(与测量点连线且在垂直于隧道轴线的横断面上的点),并记录该点的桩号、实际高程和与中线偏位值。

(3)放点要求。使用隧道激光断面仪进行断面检测具有任意点检测的优势。检测时,虽然无固定检测位置的要求,但为了便于后期数据处理,一般要求:

①条件允许情况下检测点应放在隧道轴线上(保证等角自动测量时各测点间距相等)。

②现场条件受限不能在隧道轴线放置检测点时可以偏离隧道轴线放置检测点,但是应记录下实际高程和与隧道轴线偏位值,并适当加密检测点(避免被检断面远离检测点一侧的测点间距过大)。

③直线隧道且检测点距离较短情况下可以用相邻测量断面的轴线检测点来确定测量断面与隧道轴线垂直的方向,但是曲线隧道和偏离隧道轴线放点的情况下,须事先放出法向点。

2. 隧道断面检测步骤

(1)将隧道激光断面仪置于所需检测断面的测量点上,安装并调整好仪器,使仪器水平,且垂直归零后光点在测量点上。

(2)利用该检测点的法向点或者相邻检测点(在直线段均为中线测点的情况下),确定断面仪主机方向,并保证所检测的断面在垂直隧道轴线的断面内,且统一按特定旋转顺序检测。

(3)退出仪器手动调试界面,进入主界面,选择"测量断面"。

(4)在"测量断面"中选择等角自动测量并输入所测量断面的桩号,设置好所量测断面的起始和终止测量角度及所需量测的点数等参数,最后点"测量",仪器自动开始检测,检测时注意观察掌上电脑上所显示的检测断面曲线。如发现异常测点及时进行现场观察,以便确定是否为障碍物遮挡引起的。

(5)测量结束在提示栏中显示检测完成的信息时即可退出,数据自动保存在掌上电脑中(部分新型断面仪在测量结束后需要把新测的断面保存在已有或者新建的断面组文件内),然后进行下一个断面检测。检测断面数据带回室内进行处理以减少在隧道内的时间,减少对施工的影响。

3. 检测数据处理

现场检测完成后回到室内将掌上电脑的测量数据传输到计算机上,采用该仪器提供的台式机后处理软件对数据进行处理。处理步骤一般如下:

(1)编辑标准断面。熟悉设计资料中的标准断面,根据检测断面测点选择情况、标准断面情况及各个断面的超高旋转等因素编制标准断面。

(2)打开标准断面。逐个导入测量曲线(部分新型断面仪导入断面组文件)。

(3)断面数据处理。

①确定水平调整参数,根据测量点的中点偏位和标准断面原点的位置,确定水平偏位调整值 X(测点在标准断面原点右侧为正值,左侧为负值)。

②确定高差调整值,根据测点实际高程 H_1 和标准断面原点设计高程 H_2 确定高差调整值 Δh。

$$\Delta h = H_2 - H_1$$

③计算最终仪器高度值,用测量时的仪器高度值 Z_1 和高差调整值 Δh 计算标准断面仪器高度 Z,即完成断面数据处理流程。

$$Z = Z_1 - \Delta h = Z_1 - (H_2 - H_1)$$

(4)完善断面标记。输入相关测量信息(如测量时间、测量单位和测量人等)和检查断面桩号,如发现检测现场输入断面有误,在断面输出前重新编辑桩号。

(5)输入断面结果。根据检测要求和实际需要输出断面处理结果。最后根据处理的标准曲线和实测曲线对比图像及输出的附表说明判断隧道断面是否侵入标准断面(初期支护或者二次衬砌)的设计限界,在哪些部位存在侵限和侵限值大小。为了便于后期使用,在最后的结果中应标注障碍物等引起的假侵限部位。

以上为隧道激光断面仪检测隧道的一种方法,但不是唯一方法。

课后习题

一、单项选择题

1. 采用钻爆法开挖隧道,硬岩的炮眼痕迹保存率不得低于(　　　)。

　　A. 90%　　　　　B. 80%　　　　　C. 70%　　　　　D. 50%

2. 隧道开挖断面检测方法中,属于非接触量测的方法是(　　)。

　　A. 以内模为参照物直接测量法　　　　B. 使用激光束的方法

　　C. 极坐标法　　　　　　　　　　　　D. 使用投影机的方法

3. 用激光断面仪或带有断面检测功能的全站仪对隧道拱部和边墙进行超欠挖检测,每(　　)检查一个断面。

　　A. 5 m　　　　　　B. 10 m　　　　　　C. 20 m　　　　　　D. 50 m

4. 某隧道施工时,开挖部位为Ⅲ级围岩,则拱部超挖的允许偏差为(　　)。

　　A. 平均值 100 mm,最大值 200 mm　　　B. 平均值 100 mm,最大值 150 mm

　　C. 平均值 150 mm,最大值 200 mm　　　D. 平均值 150 mm,最大值 250 mm

5. 激光断面仪方位角为 0°时,是指仪器的测头指向(　　)。

　　A. 水平向左　　　B. 铅垂向上　　　C. 水平向右　　　D. 铅垂向下

6. 隧道采用台阶法开挖时,台阶开挖高度宜为(　　)m。

　　A. 1~2　　　　　　B. 2~3　　　　　　C. 2.5~3.5　　　　　D. ≤3.5

7. 激光断面仪进行隧道断面检测,其基本原理是(　　)。

　　A. 小角度法　　　B. 直角坐标法　　　C. 极坐标法　　　D. 后方交会法

二、判断题

1. 开挖轮廓应预留支撑沉落量及变形量,并根据量测反馈信息及时调整。　　　　　(　　)

2. 隧道开挖应严格控制欠挖,但当石质坚硬完整且岩石抗压强度大于 20 MPa 并确认不影响衬砌结构稳定和强度时,岩石个别部分允许凸入衬砌断面。　　　　　　　　　(　　)

3. 隧道激光断面仪是检测开挖质量的常用设备,它利用激光射线在开挖面上定出基点,并通过该基点测量开挖轮廓线。　　　　　　　　　　　　　　　　　　　　　　(　　)

4. 隧道开挖的断面尺寸应满足设计要求,并严格控制欠挖,拱脚、墙脚以上 0.5 m 范围内严禁欠挖。　　　　　　　　　　　　　　　　　　　　　　　　　　　　　　　(　　)

5. 由于采用激光断面仪进行隧道断面检测时,多采用等角自动检测,为了使测点之间距离大致相等,应尽量在隧道中点附近设置测站。　　　　　　　　　　　　　　　　(　　)

6. 采用激光束测量开挖断面是一种非接触的测量方法,因而精度高、速度快、效率高。(　　)

7. 隧道开挖爆破作业应在上一循环喷射混凝土终凝 1 h 后进行。　　　　　　　　(　　)

8. 明洞两侧回填高度差不应大于 500 mm。　　　　　　　　　　　　　　　　(　　)

9. 连拱隧道爆破开挖时,可以利用中导洞为临空面。　　　　　　　　　　　　(　　)

三、多项选择题

1. 对隧道开挖质量的基本要求是(　　)。

　　A. 开挖断面尺寸符合设计要求　　　　B. 严格控制欠挖

　　C. 尽量减少超挖　　　　　　　　　　D. 隧道开挖轮廓应按设计要求预留变形量

E. 仰拱超挖部分必须回填密实

2. 采用钻爆法进行隧道开挖时,开挖方法包括( )等。

A. 全断面法 B. 台阶法 C. 双侧壁导坑法 D. 破碎机法

3. 关于隧道激光断面仪操作、应用的相关表述,正确的有( )。

A. 条件许可时仪器应布置在隧道轴线上 B. 被测断面须与隧道轴线垂直

C. 二次衬砌检测断面通常为每50 m一个 D. 初期支护检测断面通常为每10 m一个

4. 隧道开挖时,通常Ⅴ级围岩、浅埋、大跨度隧道的开挖可采用( )开挖。

A. 全断面法 B. 中隔壁法 C. 台阶法 D. 双侧壁导坑法

5. 采用激光断面仪测量隧道开挖断面,可以获得的成果有( )。

A. 隧道的设计开挖轮廓线 B. 隧道的实际开挖轮廓线

C. 隧道的实际开挖量 D. 隧道的超挖量

E. 隧道的欠挖量

6. 采用钻爆法开挖隧道时,其爆破效果应符合下列规定( )。

A. 开挖轮廓圆顺,开挖面平整

B. 炮眼深度不大于3 m,两茬炮衔接时,出现的台阶形误差不得大于150 mm

C. 硬岩的周边眼炮痕保存率应不低于70%

D. 软岩的周边眼炮痕保存率应不低于50%

7. 当公路隧道跨度大且对地表沉降有严格要求时,通常采用的开挖方法有( )。

A. 全断面法 B. 中隔壁法 C. 交叉中隔壁法 D. 双侧壁导坑法

大断面隧道施工　　隧道竖井施工　　隧道开挖方法-动画　　隧道开挖方法-微课

隧道施工全过程　　隧道净空断面检测-视频　　隧道净空断面检测-动画

锚喷衬砌施工质量检测

项目 描述

本项目主要介绍隧道锚喷衬砌施工质量基本要求及相应的检测方法。

学习 目标

(1)素质目标:通过了解我国隧道初期支护的一些重大突破案例,提高自身的主人翁意识,增强爱国主义情怀;通过不断实践和创新,发明新技术、新材料、新工艺。

(2)知识目标:掌握隧道工程锚杆、喷射混凝土、钢筋网、钢架的施工质量基本要求;掌握隧道工程锚杆、喷射混凝土、钢筋网、钢架的施工质量检测方法。

(3)能力目标:能独立完成①锚杆抗拔力测试;②锚杆锚固长度和密实度检测;③喷射混凝土抗压强度试验;④锚杆、喷射混凝土、钢筋网、钢架的施工质量检测;⑤锚喷衬砌断面尺寸检测。

案例 导入

在学习隧道锚喷衬砌施工质量基本要求时,注重培养自身的规范意识。据有关统计,每年有三分之一的隧道工程事故是在施工中没有遵循相关规范引起的。在工程建设的过程中,树立规范意识是工程质量的保证。规范施工需严格遵循隧道施工技术的相关规范。从立项到勘测设计,从勘测设计到施工,再到施工质量检测,最后到运营阶段,不同类型的隧道和不同阶段的施工工作,都有相应的隧道工程施工相关规范。通过相关工程施工事故案例的学习,感受不规范施工的严重后果,从内心树立起严格的规范意识。

▶ 任务 5.1　隧道锚喷衬砌认知

隧道衬砌的主要形式有锚喷衬砌、整体式衬砌、复合式衬砌。

锚喷衬砌是喷射混凝土支护、锚杆支护、喷射混凝土+锚杆支护、喷射混凝土+锚杆+钢筋网支护、喷射混凝土+锚杆+钢筋网+钢架支护的统称,是一种加固围岩、控制围岩变形,能充分利用和发挥围岩自承能力的衬砌形式,具有支护及时、柔性、紧贴围岩、与围岩共同工作等特点。施工过程中,要求初期支护在隧道开挖后及时施作,以控制围岩变形、防止围岩坍塌、发挥围岩结构作用。锚喷支护施工灵活经济,目前在隧道工程中应用广泛。

整体式衬砌包括砌体衬砌和模注混凝土衬砌,可以单独采用,早期隧道多采用这种衬砌。

在复合式衬砌中,第一层衬砌采用锚喷衬砌,通常称为初期支护;第二层衬砌采用拱墙整体浇筑的模注混凝土衬砌,也称二次衬砌。

锚杆支护是预先在围岩钻好的锚孔内插入一定长度的锚杆体(通常多用钢筋),并采用机械方法或用锚固剂黏结的方法将锚杆体与围岩锚固在一起形成的锚杆支护结构。锚杆支护利用锚杆的悬吊作用、组合拱作用、挤压作用将围岩中被节理裂隙切割的岩块串为一体,并填补缝隙,起到改善围岩的力学性能、约束围岩内部和周边变形、调整围岩的受力状态,实现加固围岩和维护围岩稳定的作用。保证锚杆对围岩的支护作用的前提是将锚杆体与围岩锚固在一起,与围岩连成整体,对永久性锚杆要保证锚杆孔内全长注浆饱满和锚杆有效锚固深度,避免锚杆松弛和锈蚀。

喷射混凝土支护是用高压将掺有速凝剂的混凝土拌合料通过混凝土喷射机直接喷射到隧道开挖壁面上形成的喷射混凝土支护结构。喷射混凝土支护具有不需模板、施作速度快、早期强度高、高密实度好、与围岩紧密黏结不留空隙等突出优点,隧道开挖后及时施作喷射混凝土支护,可以起到封闭岩面、防止围岩风化松动、填充坑凹及裂隙、维护和提高围岩的整体性、帮助围岩发挥自身结构能力、调整围岩应力分布、防止应力集中、控制围岩变形、防止掉块、防止坍塌的作用。

喷射混凝土的施工工艺有三种:干喷、潮喷和湿喷。潮喷工艺与干喷工艺相近,在干喷的拌合料中适量加水即为潮喷,隧道施工中要求采用湿喷工艺,不允许采用干喷。

为了提高喷射混凝土的抗剪强度和抗弯强度,提高喷射混凝土的抗冲切能力、抗弯曲能力,提高喷射混凝土的整体性,减少喷射混凝土的收缩裂纹,可在喷射混凝土层中设钢筋网,或在喷射混凝土混合料中加入钢纤维、化学纤维。

钢架支护(即钢拱架支护),由于钢架自身刚度较大可提高喷射混凝土层的刚度和强度,安装后即可发挥一定支撑能力。钢架包括钢筋格栅钢架和型钢钢架。格栅钢架是由钢筋焊接加工而成的。型钢钢架是由型钢加工成型的,根据采用的型钢种类又分为工字钢钢架、U形型钢钢架和H形型钢钢架,工程中多采用工字钢钢架。钢架主要用于自稳时间短、初期变形大或对地表下沉量有严格限制的地层中,是控制围岩变形与松弛、提高喷锚衬砌支护能力、维持围岩稳定的有效措施。

锚喷衬砌施工质量检测主要包括锚杆施工质量检查、喷射混凝土的质量检验、钢筋网施工质量检测、钢架施工质量检测、内净空断面质量检测等。

◉ 任务 5.2　锚杆施工质量检查

一、锚杆加工质量检查

锚杆的种类主要包括砂浆锚杆、药卷锚杆、中空注浆锚杆、自钻式锚杆、组合中空锚杆、树脂锚杆、楔缝式端头锚固式锚杆、管缝式锚杆等。常用的几种全长黏结锚杆杆体构造见图 5-1。每一种锚杆在使用安装前都必须对其材质规格和加工质量进行检查,以免不合格的锚杆材料用于隧道支护。

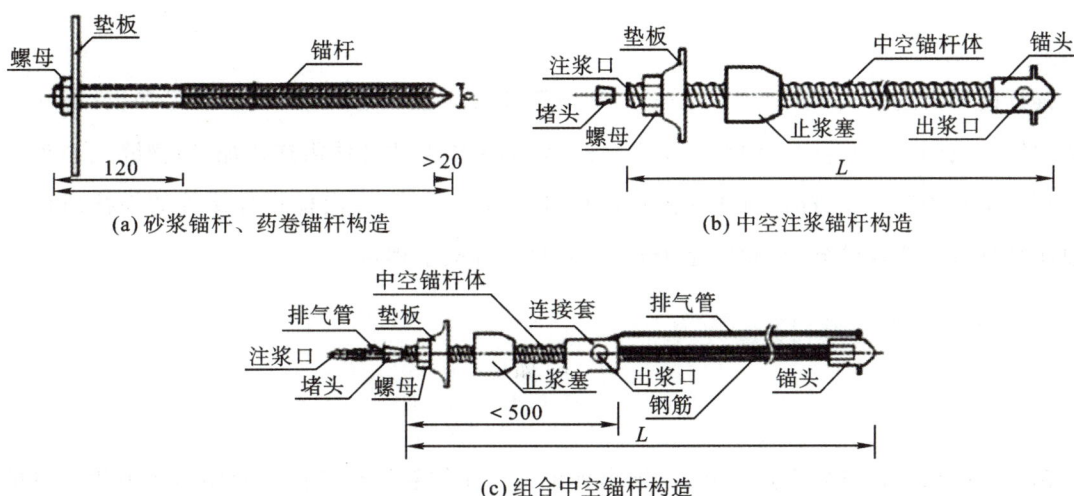

(a) 砂浆锚杆、药卷锚杆构造　　(b) 中空注浆锚杆构造

(c) 组合中空锚杆构造

图 5-1　全长黏结锚杆杆体构造图(尺寸单位:mm)

1.锚杆杆体材料力学性能检测

1)抗拉强度

锚杆在工作时主要承受拉力,检查材质时应首先检测其抗拉强度。检查方法:从原材料中或成品锚杆上截取试样,在拉力试验机上做拉伸试验,测试材料抗拉强度和力学特性,确定其是否满足工程要求。

2)延展性

锚杆是在隧道围岩发生变形后发挥作用的,这就要求锚杆材质具有一定的延展性,过脆可能导致锚杆中途断裂失效,所以需对材料的延展性进行试验,对于杆体材料为钢材的锚杆,其断后伸长率 A 不应小于 16%。

3）弹性

对管缝式锚杆的要求是原材料具有一定的弹性，使锚杆安装后管壁和孔壁紧密接触。检查时，可采用现场弯折或锤击，观察其塑性变形情况。

2. 杆体规格

锚杆杆体的直径必须与设计相符，中空锚杆还应检查管壁厚度，可用卡尺或直尺测量，杆体直径和壁厚允许偏差小于或等于4%。此外，还应注意观察杆体直径是否均匀一致，有无削弱钢筋截面的伤痕，若有，则应弃之不用。

3. 锚杆长度

锚杆杆体长度应不小于设计值，用直尺测量。

4. 加工质量

锚杆都需要进行一定的加工。锚杆外露端需要加工丝口，用以戴螺母固定垫板；锚杆前端需要加锚头或削尖；组合中空锚杆连接套、螺纹钢筋和中空锚杆体需连接加工；楔缝式端头锚杆锚固端需特殊加工。检查时，首先应测量锚杆各部分的尺寸，其次检查焊接件的焊接质量。对于攻丝部分应检查丝纹质量，观察是否有偏心现象，并戴上螺母。

二、锚杆安装质量检查

1. 锚杆孔位

钻孔前应根据设计要求定出孔位，做出标记。可用钢卷尺检测锚杆的环向间距和纵向排距孔位，允许偏差为±150 mm但需控制累积误差，以保证锚杆设计密度。控制方法：任意5～10 m范围内的锚孔数量不少于设计值。检查数为锚杆数的10%。

2. 锚杆方向

锚杆打设方向应根据围岩情况，尽量与围岩壁面或岩层主要结构面垂直。采用气腿式风动凿岩机钻孔时，边墙锚杆打设方向能满足要求，而拱部锚杆打设方向不易做到与开挖面垂直，容易出现偏差。锚杆打设方向过于偏斜会使锚杆实际有效锚固深度降低，造成浪费材料，达不到设计效果。锚杆打设方向检查主要采用目测，也可采用地质罗盘检测。

3. 钻孔深度

锚杆孔钻孔深度是保证锚杆锚固质量的前提，孔深不足则锚固深度不够。锚杆钻孔深度不小于锚杆设计长度孔深，允许偏差为±50 mm。钻孔深度可用带有刻度的塑料管或木棍等插孔量测，检查数为锚杆数的10%。砂浆锚杆锚固图见图5-2。

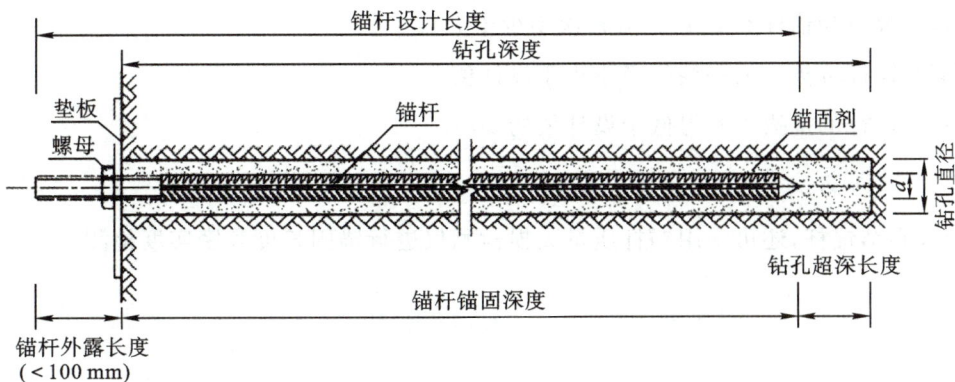

图 5 - 2 砂浆锚杆锚固图

4. 孔径

对于以砂浆作为锚固剂的锚杆,孔径过小会减小锚杆杆体包裹砂浆层的厚度,影响锚杆的锚固力及其耐久性,因此,锚孔钻径大于杆体直径 15 mm 才符合要求。

对于其他形式锚杆,孔内有锚杆连接件、特殊锚头,为便于安装,孔径可以更大一些,以满足安装工艺要求。

孔径检查采用直尺和游标卡尺测量,检查数为锚杆总数的 10%。

5. 锚杆锚固剂(砂浆)强度检测

锚固剂(砂浆)强度是锚杆质量的重要保证。砂浆强度检测,首先是在现场取样,每次锚杆安装应至少取一组试件,在标准养护条件下,试件 28d 的抗压强度不低于设计强度,设计没有特别要求时砂浆强度等级应不小于 M20。

6. 垫板

锚杆垫板对发挥锚杆锚周作用十分重要,锚杆垫板要求与岩面紧贴,不能出现吊空(垫板没有贴到围岩)、翘边、螺母没有压住垫板的现象。垫板长宽尺寸偏差不大于 5 mm,厚度大于设计值。检查数为锚杆数的 10%。

7. 锚杆数量

锚杆数量是锚杆设计参数的重要指标。锚杆安装数量检测可直接在现场肉眼点数,或通过全息扫描拍照点数。方法是任意取 5~10 m 地段,统计该范围内锚杆数量,实际数量不得少于设计数量。检查数为锚杆总数的 10%。

8. 锚杆抗拔力

锚杆抗拔力是指锚杆锚固后能够承受的最大抗拔力。它是锚杆材料性能、加工工艺及锚固施工质量的综合反映,是锚杆质量检测的一项基本内容,锚杆抗拔力的检测标准如下:

（1）检测数量为锚杆数的1‰，且每次不少于3根。

（2）同组锚杆抗拔力的平均值应不小于设计值。

（3）单根锚杆的抗拔力不得低于设计值的90％。

9.锚杆锚固长度和砂浆注满度检测

对全长黏结锚杆，还可采用锚杆质量无损检测仪进行锚固长度和密实度检测。

▶ 任务 5.3　锚杆抗拔力测试

一、测试仪器

锚杆抗拔力常用锚杆拉拔计来测试。锚杆拉拔计主要由手动泵、空心千斤顶、高压油管、传力板、压力表构成。在隧道内，由于锚杆与岩面不完全垂直，还需配备楔形调节垫块。如需测试锚杆抗拔位移，可增加行程计量装置（如千分表）。

二、测试方法

（1）现场随机抽测的锚杆，由于锚杆外露端长度不够，需对受检锚杆端头做加长处理，以便测试千斤顶安装。可采用连接套筒接长，连接抗拉强度应能承受100％杆体极限抗拉力。专为试验埋设的锚杆外露长度应加长，试验锚杆可由监理或设计指定埋设。

（2）用砂浆将试验锚杆口部抹平，或用楔形调节垫块调整，使千斤顶作用方向与锚杆方向一致。

（3）套上空心千斤顶，加上传力板，通过锚杆尾端丝口用螺母将千斤顶和传力板固定在一起（图5-3）。

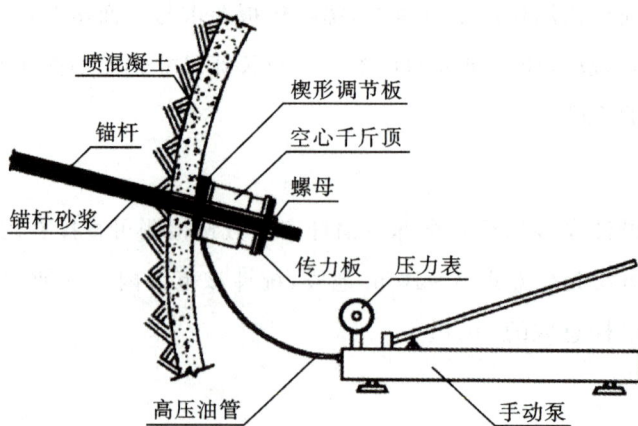

图 5-3　锚杆拉拔测试图

（4）通过手动油压泵加压，从压力表读取读数，根据活塞面积换算锚杆承受的抗拔力。

三、注意事项

（1）砂浆锚杆应在锚固砂浆强度达到100%后进行。

（2）被测试锚杆，应将锚杆垫板取下。

（3）安装拉拔设备时，应使千斤顶与锚杆同心，避免偏心受拉。

（4）锚杆抗拔力试验应逐级加载，每级应匀速加载，速率一般不大于10 kN/min，稍作停顿并观测记录其变形数值和破坏情况。

（5）拉拔力达到设计要求的抗拉值即可停止加载，一般不做破坏性试验。如有特殊需要，先测取锚杆的最大抗拉力再进行破坏性试验。

（6）锚杆抗拔力测试不应少于同类型锚杆总数的1%，并不得少于3根。

（7）千斤顶应固定牢靠，并有必要的安全保护措施。应特别注意的是，试验时，操作人员要避开锚杆的轴线延长线方向，应在被测锚杆的侧边并尽可能远离锚杆。读取读数时应停止加压。

从理论上讲在硬岩岩体中只要锚固的水泥砂浆长度大于杆体直径的40倍，即使拉拔至钢筋颈缩，锚杆也不会丧失锚固力。也就是说，锚杆抗拔力检测不能检测出锚杆砂浆的密实度和锚杆锚固长度，锚杆的安设质量仅根据锚杆的抗拔力来检验是不全面的。

◉ 任务 5.4　锚杆锚固长度和密实度检测

我国公路隧道支护中使用较多的锚杆为全长黏结锚杆，包括普通砂浆锚杆、药卷锚杆、中空注浆锚杆、组合中空锚杆等。普通砂浆锚杆施工中若钻孔呈水平或向下倾斜，则锚杆孔内的砂浆密实度容易得到保证；若钻孔上仰，特别是垂直向上，则锚杆孔内砂浆很难注满。对长度大于3.0 m的药卷锚杆，也难以保证孔内砂浆饱满。

锚杆锚固密实度（或称砂浆注满度、灌浆饱满度、注浆密实度）不好将严重影响锚杆的有效锚固长度，影响锚杆的长期使用寿命。所以，应增加锚杆锚固密实度检测。

一、锚杆锚固密实度检测原理

锚固密实度检测主要采用声波反射法原理进行。在锚杆杆体外端发射一个声波脉冲，它沿杆体钢筋以管道波形式传播，到达钢筋底端后，声波发生反射，并在杆体外端被接收。如果锚杆周围的砂浆密实，且砂浆又与周围岩体黏结紧密，则声波在传播过程中会从钢筋通过水泥砂浆向岩体扩散，能量损失很大。因此，在杆体外端测得的反射波振幅很小，甚至可能测不到；如果锚杆没有被砂浆握裹，仅是一根空杆，则声波仅在钢筋中传播，能量损失不大，接收到的反射波振幅则较大。如果砂浆握裹不密实，中间有空洞或缺失，则得到的反射波振幅的大小会介于前两者之间。因此，可以根据杆体外端接收到的声波反射波振幅大小判定锚杆锚固的密实度。

二、检测仪器

锚杆锚固密实度检测主要采用基于上述原理开发的锚杆质量无损检测仪。最初的锚杆无损检测仪器大多是在基桩低应变检测仪器的基础上开发出来的，然后在传感器、激振频率响应等方面充分考虑了锚杆的实际情况，进行了改进和提高。目前，国产锚杆质量无损检测仪品种较多，检测速度和精度已得到大幅提高，除可进行锚杆砂浆锚固密实度检测外，还可检测锚杆长度。

三、检测方法

进行锚杆锚固密实度检测前，宜进行室内和现场模拟试验，并以试验检测结果修正现场实测的计算参数，以提高检测可靠度。

室内标准锚杆模拟的锚杆孔宜采用内径不大于 90 mm 的 PVC 或 PE 管，其长度应比被模拟锚杆长度长 1 m 以上。锚杆应采用与所检测工程锚杆相同的类型，其长度应涵盖设计锚杆长度范围，锚杆外露段长度与工程锚杆设计相同，外露端头应加工平整。标准锚杆宜包含所检测工程锚杆的等级和主要缺陷类型。胶黏材料宜与所检测工程锚杆相同，设计缺陷可用橡胶管等模拟。

现场模拟试验制作标准锚杆的试验场地应选在与被检测工程锚杆围岩条件类似的围岩段，且不应影响主体工程施工，并便于钻孔取芯。标准锚杆的施工工艺参数应与被检测工程锚杆相同。

试验用标准锚杆的注浆材料应选用与工程锚杆相同的注浆材料和配合比，注浆完成后自然养护。

每种规格的锚杆应设计 1 组试验锚杆。每组试验锚杆应包括完全锚固密实（密实度100％）、中部锚固不密实（密实度 90％、75％、50％）、孔底锚固密实而孔口段锚固不密实（密实度 90％、75％、50％）孔口锚固段密实而孔底锚固不密实（密实度 90％、75％、50％）等模型。

对标准锚杆的检测宜在 3d、7d、14d、28d 龄期时分别进行。现场标准锚杆检测完成后，若条件许可，还应采用钻孔取芯等有效手段进行检验。

对标准锚杆试验结果应编写试验报告，报告应明确试验仪器、仪器设置的最佳参数、检测精度和检测有效范围，并应提供杆体波速、杆系波速、杆系能量修正系数及标准锚杆检测图谱。

对待检锚杆锚固密实度的检测应在锚杆锚固 7d 以后进行。检测前，应根据模拟试验结果对检测仪器设备进行检查调试，并清除待检锚杆外露端周边浮浆，分离待检锚杆外露端与喷层，对被测锚杆的外露自由段长度和孔口段锚固情况进行测量与记录。检测时，周边不得有机械振动和电焊作业等对检测有明显干扰的施工作业。

被检测锚杆应随机抽样,抽样率应符合相关规范要求,并应重点检测隧道拱部及地质条件较差段的锚杆。

当实测信号复杂、波形不规则,无法对锚固质量进行评价,或对检测结果有争议时,宜采用其他方法进行验证。

四、锚固质量评定

根据锚杆质量无损检测仪提供的波形特征、时域信号特征、幅频信号特征,可进行锚固密实度评判,见表5-1。

表5-1　锚固密实度评判标准

质量等级	密实度	质量等级	密实度
A	≥90%	C	70%~80%
B	80%~90%	D	<70%

单根锚杆锚固质量无损检测分级评价见表5-2,且锚杆长度合格标准为满足设计要求。

表5-2　单根锚杆锚固质量无损检测分级评价

锚固质量等级	评价标准
Ⅰ	密实度为A级,且长度合格
Ⅱ	密实度为B级,且长度合格
Ⅲ	密实度为C级,且长度合格
Ⅳ	密实度为D级,且长度合格

▶ 任务5.5　喷射混凝土质量检测

一、质量检测内容

喷射混凝土的质量检验内容不仅包括检测喷射混凝土强度、喷射混凝土初喷、喷射混凝土厚度、外观及表面平整度、喷射混凝土支护背后空洞等,还包括施工过程中喷射混凝土的回弹及粉尘检测。

1.喷混凝土强度

喷射混凝土抗压强度是喷射混凝土的主要性能指标,喷射混凝土强度包括抗压强度、抗拉强度、抗剪强度、疲劳强度、黏结强度等,由于这些指标之间存在着一定的内在联系,在一般试验检测中只检测喷射混凝土的抗压强度,并由此推测混凝土的其他强度。

2. 初喷

隧道开挖暴露后需立即对开挖面进行初喷,这是保持围岩稳定和施工作业安全很重要的施工环节,应对喷射混凝土初喷环节进行检测。初喷厚度应不小于 40 mm,初喷范围包括开挖轮廓岩面、超挖面、塌方岩面。

3. 喷射混凝土厚度

喷射混凝土厚度是指混凝土喷层表面与围岩受喷面的距离,是初喷厚度和复喷厚度的总体厚度。喷射混凝土厚度是发挥喷射混凝土支护作用的重要保障。喷射混凝土总体厚度应满足设计要求。

4. 喷射混凝土外观及平整度

喷射混凝土支护外观上应无漏喷、鼓包、开裂、钢筋网(或金属网)外露等现象,喷射混凝土表面要求整体平整圆顺,不应出现尖角和明显坑凹。

5. 喷射混凝土背后空洞

喷射混凝土施工时,必须确保其直接喷射到围岩壁面上,与围岩密贴接触,以形成组合结构,如图 5 - 4 所示。

然而,实际工程中,特别是在设有钢架支护的地段,由于超挖、掉块和塌方的原因,隧道实际开挖断面形状与事先加工好的钢架支护形状相差较大,容易导致钢架喷射混凝土层与围岩脱离,从而形成空洞(图 5 - 5)。当喷射混凝土衬砌与围岩之间存在空洞时,喷射混凝土层局部会形成孤立的薄壳结构,这会显著降低其承载能力和稳定性;同时,由于喷射混凝土衬砌未能有效约束围岩,围岩会失去喷射混凝土结构的支护作用,可能进一步松弛,甚至导致塌方。此外,围岩压力的增大,可能导致衬砌开裂,影响隧道的使用安全。因此,喷射混凝土背后不允许存在空洞和不密实现象。

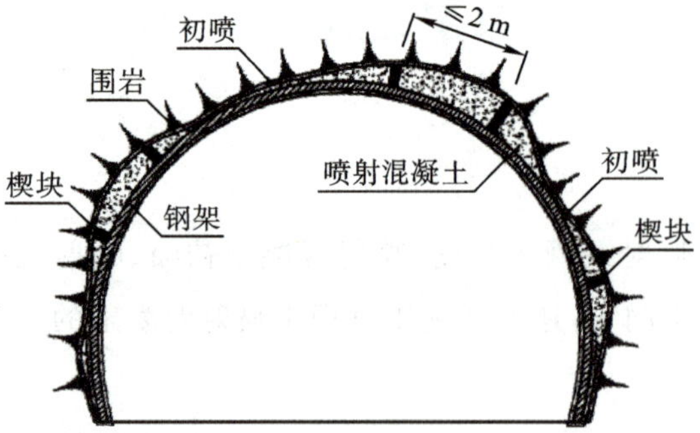

图 5 - 4 喷射混凝土与围岩密贴

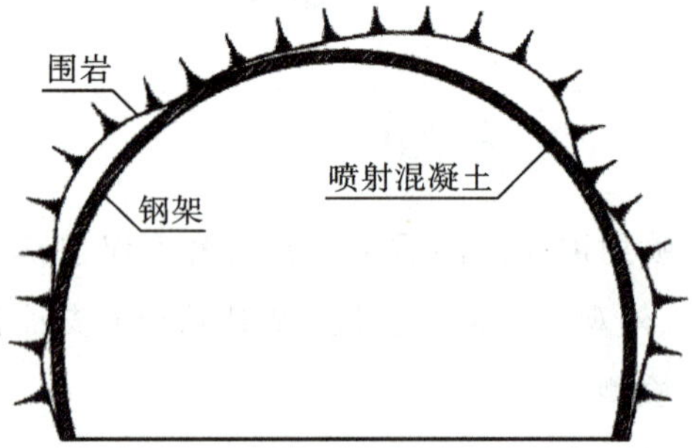

图 5 - 5 喷射混凝土与围岩脱离

6. 喷射混凝土回弹率

喷射混凝土施工过程中部分喷射混凝土混合料由隧道岩壁跌落到底板的现象称为喷射混

凝土的回弹,回弹下来的喷射混凝土混合料体积与喷射混凝土总体积之比,称为喷射混凝土的回弹率。

二、影响喷射混凝土质量的因素

1.影响喷射混凝土强度的因素

1)原材料

喷射混凝土原材料主要包括水泥、砂、碎石、速凝剂等。

对水泥的强度、安定性、凝结时间进行抽样检查,不合格者不得进入施工现场。

为保证喷射混凝土强度,减少粉尘和混凝土硬化后的收缩,需控制混凝土混合料搅拌时水泥的飞扬损失,以及砂的细度模数、含水率、含泥量及骨料级配、最大粒径等质量指标必须符合相关规定。

喷射混凝土用水必须是无杂质的洁净水,污水、pH 值小于 4 的酸性水均不得使用。

为加快喷射混凝土的凝结硬化,提高其早期强度,减少喷射混凝土施工时因回弹和重力而引起的混凝土脱落,增大一次喷射混凝土厚度和缩短分层喷射的间隔时间,一般需在喷射混凝土中加入速凝剂。速凝剂对于不同品种的水泥,其作用效果也不相同。因此,在使用前应做速凝剂与水泥的相容性试验及水泥净浆凝结效果试验。所采用的速凝剂应保证初凝时间不大于 3 min,终凝时间不大于 12 min。

2)施工作业

在原材料合格的前提下,应按设计和试验调整配合比,准确称量并进行搅拌。喷射混凝土前,必须先冲洗岩面;喷射中,要控制好水灰比、喷射距离和喷射风压,分层喷射;喷射后,注意洒水养护。

2.影响喷射混凝土厚度的因素

1)爆破效果

光面爆破效果差,隧道断面成型不好,容易导致超挖处喷射混凝土层过厚,而欠挖处喷射混凝土层又过薄。有钢架地段,超挖过大时可能存在喷射混凝土背后不密实空洞。

2)回弹率

回弹率过高会造成原材料的极大浪费、施工作业时间延长、增大施工成本,并且使施工现场空气中粉尘含量过高,造成施工环境不达标。

3)喷射参数

喷射混凝土的风压、水压、喷头与喷面的距离、喷射角度、喷射料的粒径等,不仅影响喷射混凝土的强度,而且还影响对喷层厚度的控制。

4)施工控制措施

喷射混凝土前没有采取诸如埋设厚度标志桩等控制厚度的措施,容易造成厚度不足。喷射作业完成后没有及时检测也是喷射混凝土厚度质量失控的一个重要原因。

三、质量检测方法

1. 喷射混凝土抗压强度试验

1)检查试件的制作方法

检查试件的制作方法有喷大板切割法、凿方切割法、喷模法、钻芯法,用于检验喷射混凝土抗压强度的试块,应在喷射现场随机制取。

(1)喷大板切割法。

在施工的同时,将混凝土喷射在 450 mm×350 mm×120 mm(可制成 6 块)或 450 mm×200 mm×120 mm(可制成 3 块)的模型内,在现场养护 28d 后,用切割机切掉周边,加工成 100 mm×100 mm×100 mm 的立方体试块,再进行试验。用标准试验方法测得极限抗压强度,并乘以 0.95 的系数进行修正。

(2)凿方切割法。

在已经喷好的喷射混凝土结构物上,养护 14d 后用凿岩机打密排钻孔,取出长约 350 mm、宽约 150 mm 的混凝土块,用切割机切掉周边,加工成 100 mm×100 mm×100 mm 的立方体试块。在现场养护 28d 后进行试验。用标准试验方法测得极限抗压强度,并乘以 0.95 的系数。

(3)喷模法(预留试块法)。

在喷射混凝土施工时,将 150 mm×150 mm×150 mm 的标准试模放在施工现场。待喷枪喷射稳定后,将混凝土喷入模内,喷满后将试模内混凝土表面抹平。在现场养护 28 d 后在压力机上进行试验(精确到 0.1 MPa)。

(4)钻芯法。

在已经喷好的喷射混凝土结构物上,养护 28d 后直接钻取直径为 50～150 mm、长径比大于 1.0 的芯样,用切割机加工成两端平行的圆柱体试块,在压力机上进行试验(精确到 0.1 MPa)。

2)现场检测方法

(1)拔出法。

拔出法分为预埋和后装两种方法,各有优缺点。对喷射混凝土而言,适合采用后装法。在实际结构物上钻孔、切槽,安装拉拔件及装置,然后将其拔出。拉拔件锚深一般为 25 mm,过深不宜拔出,过浅则不能反映混凝土的内部情况。

(2)射钉法。

射钉法又称温莎探针法,是用射钉装置将探针打入混凝土内,根据探针打入深度推测混凝土强度的方法,但需要建立混凝土强度相关公式。

3)检查试件的制取组数

试件 3 件为 1 组,两车道每 10 延米,至少在拱部和边墙各取一组试件。其他工程,每喷射 50~100 m 混合料或小于 50 m 混合料的独立工程,不得少于 1 组。材料或配合比变更时,应重新制取试件。

4)喷射混凝土抗压强度的合格标准

(1)同批试件组数 $n \geqslant 10$ 时,试件抗压强度平均值不低于设计值,且任意一组试件抗压强度不低于 0.85 倍的设计值。

(2)同批试件组数 $n < 10$ 时,试件抗压强度平均值不低于 1.05 倍的设计值,且任意一组试件抗压强度不低于 0.9 倍的设计值。

(3)实测项目中,喷射混凝土抗压强度评为不合格时,相应分项工程为不合格。检查不合格时,应查明原因并采取措施,可采用补喷增加喷层厚度予以补强,或凿除重喷。

2. 喷射混凝土厚度检测

1)检查方法和数量

(1)喷射混凝土厚度可用凿孔法或地质雷达法等方法检查。

凿孔检查宜在混凝土喷射后 8 h 以内进行,可用电钻、风钻钻孔检查,发现厚度不够时可及时补喷。如喷射混凝土与围岩黏结紧密,颜色相近而不易分辨时,可用酚酞试液涂抹孔壁,碱性混凝土即呈现红色。

(2)检查断面数量。凿孔检查时,每 10 m 检查一个断面,每个断面从拱顶中线起每隔 3 m 凿孔检查一个点。

2)合格标准

全部检查点喷射混凝土厚度须同时满足如下 3 个条件:

(1)平均厚度≥设计厚度。

(2)60%检查点的厚度≥设计厚度。

(3)最小厚度≥0.6 设计厚度。

3. 喷射混凝土表面平整度检测

1)喷射混凝土表面平整度要求

(1)喷射混凝土基面平整度应满足:

$$\frac{D}{L} \leqslant \frac{1}{6}$$

式中:L——喷射混凝土相邻两凸面间的距离;

D——喷射混凝土相邻两凸面间下凹的深度(图 5-6)。

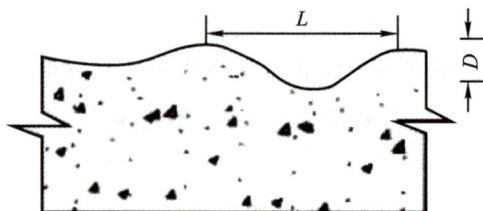

图 5-6 喷射混凝土设基面检测

(2)隧道断面变化、厚度变化或转折处的阴角为 $R \geqslant 5$ cm 的圆弧。

(3)基面不得有钢筋、凸出的构件等尖锐突出物。

2)喷射混凝土表面平整度检测方法

平整度用 1 m 直尺检测,直尺靠在凸出顶端,肉眼观察明显凹凸位置。

4. 喷射混凝土与围岩黏结强度试验

1)试验方法

(1)成型试验法。

在模型内放置体积为 100 mm×100 mm×50 mm,且表面粗糙度近似于实际情况的岩块,用喷射混凝土掩埋。在混凝土达到一定强度后,加工成 100 mm×100 mm×100 mm 的立方体试块,在标准条件下养护至 28d,用劈裂法进行试验。

(2)直接拉拔法。

在围岩表面预先设置带有丝扣和加力板的拉杆,用喷射混凝土将加力板埋入围岩中,喷层厚度约 100 mm,试件面积约为 300 mm×300 mm(周围多余的部分应予清除)。经 28d 养护,进行拉拔试验。

2)黏结强度合格标准

喷射混凝土与岩石的黏结强度合格标准:Ⅰ、Ⅱ级围岩不应低于 0.8 MPa,Ⅲ级围岩不应低于 0.5 MPa。黏结强度低于 0.5 MPa 的软岩、破碎围岩、土石围岩、黄土围岩等不做黏结强度检测。

5. 喷射混凝土支护背后空洞检测

1)检查方法和数量

(1)目前喷射混凝土支护背后空洞检测最常用和有效的方法是地质雷达法、凿孔检验法。凿孔检验法直观可靠,检查时在喷射混凝土支护表面钻孔,用手电、内窥镜、直尺伸入钻孔内检查。

（2）检查断面数量。凿孔检查时，每 10 m 检查一个断面，每个断面从拱顶中线起每隔 3 m 凿孔检查一个点。

2）合格标准

喷射混凝土支护背部应无空洞、无回填杂物。发现空洞和不密实区即为不合格，必须进行注浆填充密实。

6. 喷射混凝土回弹率检查

根据规定，回弹率应予以控制，拱部不应大于 25%，边墙不应大于 15%。应尽量采用经过验证的新技术来减少回弹率。回弹物不得重新用作喷射混凝土材料。回弹率的测定方法：按标准操作喷射一定面积的混凝土，在长 3 m 的侧壁或拱部喷 10 cm 厚的喷层，用铺在地面上的彩条塑料布或钢板收集回弹物，称重后换算为体积，其与全部喷射混凝土体积的比值即为回弹率。

7. 其他试验

当有特殊要求时，应做喷射混凝土的抗拉强度、弹性模量等指标试验。

▶ 任务 5.6　钢筋网施工质量检测

一、原材料检查

钢筋进场时必须对其质量进行全面检查。按批抽取试件做屈服强度、抗拉强度、伸长率和冷弯等试验，性能指标规格应符合设计及规范要求。钢筋使用前应先进行调直，并将钢筋表面的油渍、铁锈、泥灰等污物清除干净。

二、铺设质量检查

1）材料

钢筋网钢筋规格应符合设计要求，使用前应先进行调直，并清除锈蚀和油渍，钢筋网环向钢筋每节长度不宜小于 2.0 m。

2）铺设

钢筋网应在初喷混凝土后再进行施工。钢筋网钢筋应随初喷面的凹凸起伏进行铺设，与初喷混凝土表面之间的间隙应不大于 30 mm，并与先期施工的锚杆或专为固定钢筋网所用的短锚杆或其他固定装置绑扎或焊接。采用双层钢筋网时，第二层钢筋网应在第一层钢筋网被喷射混凝土全部覆盖后进行铺设。

3）钢筋网格及钢筋搭接

钢筋网格尺寸应符合设计要求，网格尺寸允许偏差为 ±10 mm，每 100 m 检查 3 个网格，钢筋网搭接长度不应小于 50 mm,并不小于一个网格长边尺寸,钢筋网每一交点和搭接段应进行绑扎或焊接。

4)保护层厚度

喷射混凝土保护层厚度不应小于 20 mm,喷射混凝土完成后即可检测。 检测时,沿隧道纵向每 10 延米范围内的检查点不少于 5 个,分别在边墙、拱腰、拱顶凿孔检查。

▶ 任务 5.7 钢架施工质量检测

一、钢架的形式

目前我国公路隧道施工中常用的钢架有格栅钢架和型钢钢架。 其中型钢钢架根据型材种类的不同又分为工字钢架、U 形型钢钢架和 H 形型钢钢架。 为了便于施工,每榀钢架需分成若干节段制作,现场拼装。 节段之间除 U 形型钢钢架外均应采用钢板和螺栓连接。 必要时进行焊接,U 形型钢钢架需用加工专用的卡具,将两节段型钢套接在一起,形成整幅钢架。

1. 格栅钢架

格栅钢架是目前工程上最常用的钢架之一。 它是由两种或两种以上直径的钢筋按设计组合排列焊接加工而成的桁架式钢架。 钢架截面有矩形和三角形两种,主筋弯曲成与设计要求相同的形状与尺寸,辅筋做波形弯折后焊接在主筋上,并设置环形箍筋。 主筋材料采用 HRB400、HRB500,钢筋直径一般为 18～25 mm,辅筋可采用 HPB300 钢。 格栅钢架的特点是质量轻,具有一定刚度,与喷射混凝土结合紧密,整体性好,形成钢筋混凝土结构,能充分发挥材料性能作用。

2. 型钢钢架

用于加工钢架的型钢有 H 形型钢、工字钢和 U 形型钢。 一般可在施工现场或工厂用弯曲机冷弯加工成形。 型钢钢架的特点是加工方便、强度高、支撑能力较强,但质量较大、与喷射混凝土结合较差、整体性较差、喷射混凝土与钢架之间容易渗水。 U 形型钢钢架节段间采用嵌套连接,具有可收缩性,能适应围岩较大变形。

二、施工质量检测

钢架一般用在围岩条件较差地段和围岩可能出现坍塌失稳冒顶地段。 钢架支护一旦安装就位,就具有一定支护能力,能大大提高初期支护的支护能力。 因此,必须重视钢架的加工与安装质量检测,确保施工安全。

1. 规格

型钢钢架的型钢型号规格和格栅钢架的钢筋规格应符合设计要求。

2.加工质量检测

1)加工尺寸

钢架加工尺寸和形状应符合设计要求,应与隧道的开挖断面相适应。加工尺寸小于设计尺寸,将导致初期支护侵入二次衬砌结构,影响二次衬砌结构厚度。同时,加工尺寸精度将影响安装质量,降低钢架的支护效果。不同规格的首榀钢架加工完成后应在平整地面上试拼。周边拼装允许偏差为±30 mm,平面翘曲应小于 20 mm。

格栅钢架需检测钢架截面尺寸(宽×高),被检测的格栅钢架每节段检测的两个截面尺寸应不小于设计要求。

连接钢板的宽度和厚度误差应≤±5 mm;钻孔直径和孔位误差应≤±3 mm。

2)焊接

钢架加工时采用焊接,焊接质量对钢架的结构作用产生直接影响,包括钢架与连接板的焊接、格栅钢架与钢筋结点的焊接。为了保证焊接结构的完整性、可靠性,除了对焊接技术和焊接工艺有要求外,还需对各焊接点进行检测。所有钢筋结点必须采用双面对称焊接,焊接长度应大于 20 mm,可通过肉眼检测、敲击听声音等方式检测是否有假焊、漏焊、焊缝气泡、焊缝裂纹,检查焊缝长度是否符合要求。格栅钢架与连接钢板的焊接应采用 U 形钢筋连接焊,见图 5-7。

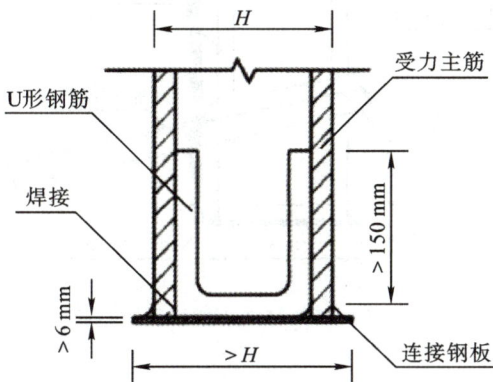

图 5-7 格栅钢架与连接钢板的焊接

3)强度和刚度

钢架必须具备足够的强度和刚度,必要时应对钢架的强度和刚度进行抽检,将一定数量的钢架样品放到试验台上进行加载试验。

3.安装质量检测

1)安装尺寸

钢架间距是支护设计的重要参数,检测时,在现场用钢卷尺测量,相邻钢架之间距离误差不应超过±50 mm。同时,在同一设计参数地段,钢架榀数不小于设计值。

2)倾斜度

钢架安装后的竖直面应垂直于隧道中线,竖向不倾斜、平面不错位,扭曲上下左右允许偏差为±50 mm,钢架在隧道纵面上的倾斜度小于2°。可用坡度规、全站仪或经纬仪检测。

3)钢架节段之间的连接

钢架节段之间的连接要求用钢板通过螺栓连接(如同法兰连接),要求上下两钢板对齐、吻合,螺栓孔对正螺栓拧紧,使上下两块连接钢板贴紧,并进行焊接,可通过肉眼抽检。

4)钢架固定

相邻两钢架之间应设纵向连接固定,通常采用 HRB400 钢筋连接,也可采用短节型钢连接。连接件应与钢架焊接,采用双面焊接,每处焊缝长度不应小于 40 mm。钢架固定可通过肉眼观察、敲击听声音、卷尺测量等方法抽检。

5)钢架与锁脚锚杆固定

钢架与锁脚锚杆固定应连接牢固、传力明确可靠,可增设 U 形钢筋连接焊接,见图 5-8。

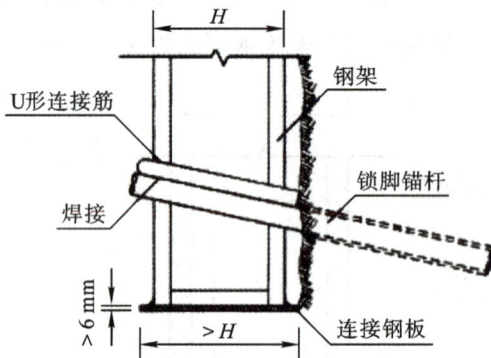

图 5-8　钢架与锁脚锚杆固定连接

6)钢架楔块

钢架应尽量靠近围岩,当钢架与围岩的间隙过大时应用楔块固定,两楔块之间、楔块和钢架与围岩接触点之间的距离不宜大于 2 m。

7)保护层厚度

钢架与围岩之间的混凝土保护层厚度不应小于 40 mm,临空一侧的混凝土保护层厚度不应小于 20 mm。凿孔检测时,每榀从拱顶中线向两侧每 3 m 凿孔检查一个点;地质雷达检测时,从拱顶中线起每隔 3 m 各布置一条纵向检测线,进行多榀钢架连续检测。

▶ 任务 5.8　喷锚衬砌断面尺寸检测

喷锚衬砌断面检测,是指喷锚衬砌完成后的内净空断面检测。

对只设喷锚衬砌的隧道,应检测喷锚衬砌是否有侵入设计内轮廓线的情况;对采用复合式衬砌的隧道,应在防水板铺设前检测喷锚衬砌(初期支护)是否侵入二次衬砌结构。

一、检测方法

目前最常用的方法为极坐标法,其代表设备为隧道激光断面仪和全站仪。此外,还有以模筑混凝土衬砌内模为参照物的直接测量法。

1.激光断面仪检测法

仪器以某物理方向(如水平方向)为起算方向,按一定间距(角度或距离)依次测定仪器旋转中心与实际开挖轮廓线交点之间的矢径(距离)及该矢径与水平方向的夹角。通过将这些矢径端点依次相连,即可获得实际开挖的轮廓线。同时,隧道激光断面仪还可以将测量结果与设计断面进行对比,计算超欠挖值、面积等参数,为工程施工和质量控制提供数据支持。

2.直接测量法

以二次模筑混凝土衬砌内模为参照物的直接测量法:在二次衬砌模板台车就位后,在模板台车端头沿台车内模以不大于 2.0 m 的间距布置测点,在测点位置沿内模法线方向用直尺直接量取模板距初期支护表面的距离,如图 5-9 所示。量测数据不应小于模筑衬砌结构设计厚度。

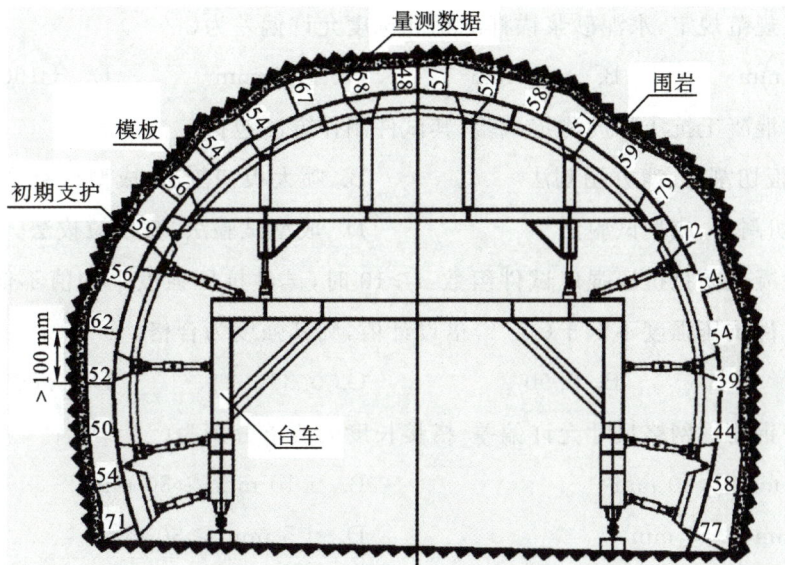

图 5-9　直接测量初期支护内净空尺寸

二、检测频率

断面较大的主洞隧道紧急停车带等宜每 10 m 检测一个断面,但每个衬砌段应检测不少于 1 个断面,断面较小的横通道、风道等宜每 5～8 m 检测一个断面。发现有侵入二次模筑混凝土衬砌界线部位需对其进行处治,同时在有侵入衬砌界线现象的断面前后进行加密测量

课后习题

一、单项选择题

1. 在检查隧道锚杆安装尺寸时,钻孔直径应满足(   )。
   A. >杆体直径+15 mm   B. >杆体直径+10 mm
   C. ≥杆体直径+15 mm   D. ≥杆体直径+10 mm

2. 锚杆杆体长度必须与设计相符,用直尺测量,锚杆长度不得小于设计长度的(   )。
   A. 90%   B. 95%   C. 100%   D. 105%

3. 隧道施工的喷射混凝土应由两侧拱脚向上对称喷射,并将钢架覆盖,钢架临空一侧的喷射混凝土保护层厚度不应小于(   )。
   A. 10 mm   B. 20 mm   C. 40 mm   D. 50 mm

4. 砂浆锚杆的灌浆强度应不低于(   )。
   A. 设计值的80%   B. 设计值的90%   C. 设计值的95%   D. 设计值的100%

5. 隧道施工规范规定,水泥砂浆锚杆的钻孔深度允许偏差为(   )。
   A. ±10 mm   B. ±20 mm   C. ±50 mm   D. ±100 mm

6. 隧道喷射混凝土抗压强度测定试验,其试件制作方法包括(   )等。
   A. 喷大板切割法、凿方切割法   B. 喷大板切割法、成型试验法
   C. 凿方切割法、成型试验法   D. 成型试验法、直接拉拔法

7. 当喷射混凝土同批抗压强度试件组数 $n \geq 10$ 时,试件抗压强度平均值不低于设计值,任意一组试件抗压强度不低于(   )倍设计值,则其强度为合格。
   A. 1.05   B. 0.90   C. 0.85   D. 0.80

8. 初期支护钢筋网网格尺寸允许偏差、搭接长度的要求分别为(   )。
   A. ±10 mm、≥50 mm   B. ±10 mm、≥30 mm
   C. ±5 mm、≥50 mm   D. ±5 mm、≥30 mm

9. 在隧道复合式衬砌中,第一层喷锚衬砌通常称为(   )。
   A. 初期支护   B. 临时支护   C. 二次支护   D. 二次衬砌

10. 喷射混凝土回弹率应予以控制,其中拱部和边墙应分别不大于( )。

    A. 25%、15%   B. 20%、15%   C. 20%、10%   D. 10%、5%

11. ( )目前尚无有效的无损检测手段。

    A. 锚杆锚固质量   B. 锚杆锚固密实度

    C. 锚杆抗拔力   D. 钢支撑数量

二、判断题

1. 锚杆材质需具有一定的延展性,对于杆体材料为钢材的锚杆,其断后伸长率不应小于16%。   ( )

2. 在实际工程中,容易出现钢架喷射混凝土层与围岩脱离现象,形成空洞,因此实际操作中允许出现少量空洞和不密实现象。   ( )

3. 喷大板切割法检测隧道喷射混凝土抗压强度,应切割制取 150 mm×150 mm×150 mm 的立方体试件,在标准条件下养护至 28d,采用标准试验方法测得的极限抗压强度作为其检测结果。   ( )

4. 隧道喷射混凝土回弹率是指施工过程中,由隧道岩壁跌落到地面的回弹物与全部喷射混凝土的质量之比。   ( )

5. 钢架安装基底高程不足时,不得用石块、碎石砌垫,应设置钢板或采用强度等级不低于 C20 的混凝土垫块。   ( )

6. 采用凿孔法检查喷射混凝土喷层与围岩的接触状况时,应每 10 m 检查 1 个断面,每个断面从拱顶中线起每 5 m 测 1 点。   ( )

7. 喷射混凝土的施工工艺有干喷、潮喷和湿喷,隧道施工中宜采用湿喷工艺。   ( )

8. 锚杆拔力合格指标:28d 拔力平均值≥设计值、最小拔力≥0.9 倍设计值。   ( )

9. 喷射混凝土强度包括抗压强度、抗拉强度、抗剪强度、疲劳强度、黏结强度等指标。在一般试验检测中,可通过检测喷射混凝土的抗压强度判断混凝土的其他强度。   ( )

10. 喷射混凝土分层作业时,后一层喷射混凝土应在前一层喷射混凝土终凝前进行。   ( )

三、多项选择题

1. 锚杆实测项目的内容包括( )。

    A. 锚杆位置   B. 锚杆数量   C. 钻孔深度   D. 孔径

    E. 锚杆拔力

2. 影响喷射混凝土厚度的因素主要有( )。

    A. 爆破效果   B. 回弹率   C. 施工管理   D. 喷射参数

3. 《公路工程质量检验评定标准 第一册 土建工程》(JTG F80/1—2017)规定,隧道喷射混凝土的关键实测项目包括( )。

A. 混凝土强度　　　　　　　　　　　B. 回弹率

C. 喷层厚度　　　　　　　　　　　　D. 喷层与围岩接触状况

4. 初期支护钢筋网的实测项目为( )。

A. 钢筋抗拉强度　　B. 网格尺寸　　C. 保护层厚度　　D. 搭接长度

5. 钢架的实测项目为( )。

A. 榀数　　　　　　B. 间距　　　　C. 保护层厚度　　D. 倾斜度

E. 拼装偏差

6. 喷锚衬砌断面尺寸检测可采用( )。

A. 全站仪　　　　　B. 激光束　　　C. 激光断面仪　　D. 投影机

7. 以下属于锚喷支护类型的有( )。

A. 喷射混凝土支护

B. 喷射混凝土＋锚杆支护＋钢筋网＋钢架支护

C. 喷射混凝土＋锚杆支护

D. 喷射混凝土＋锚杆支护＋钢筋网支护

四、综合题

某两车道隧道开挖后采用喷射混凝土支护,某检测单位对该隧道初期支护的质量进行检测,请回答下列问题。

(1)关于隧道锚杆拉拔力测试,以下叙述错误的有( )。

A. 砂浆锚杆应在锚固砂浆强度达到90%以上时进行

B. 应逐级加载,在达到设计拉拔力的120%时停止加载

C. 锚杆拉拔力测试不应少于同类锚杆总数的5%,且不少于3根

D. 应使千斤顶与锚杆同心,避免偏心受拉

(2)关于喷射混凝土试件制取的相关表述,正确的包括( )。

A. 在板件上喷射混凝土,切割制取边长为 100 mm 的立方体试件,在标准条件下养护 28d

B. 在板件上喷射混凝土,切割制取边长为 150 mm 的立方体试件,在标准条件下养护 28d

C. 每 20 延米在拱部、边墙各取 1 组(3 个)试件

D. 每 10 延米在拱部、边墙各取 1 组(3 个)试件

(3)对两批喷射混凝土试件采用标准试验方法测得 28d 极限抗压强度如下表所示,第 1 批有 12 组试件,第 2 批有 9 组试件,设计强度均为 25 MPa。检查结论正确的是( )。

喷射混凝土强度检测结果

试件组	第1批强度/MPa	第2批强度/MPa
1	29.2	29.5
2	28.6	26.8
3	30.3	34.2
4	29.7	29.6
5	29.2	33.5
6	29.0	30.9
7	31.7	30.2
8	32.6	22.6
9	33.1	26.6
10	22.6	—
11	29.6	—
12	24.8	—

A. 第1批合格,第2批合格　　　　　B. 第1批不合格,第2批合格

C. 第1批合格,第2批不合格　　　　D. 第1批不合格,第2批不合格

(4)依据《公路工程质量检验评定标准 第一册 土建工程》(JTGF80/1—2017),对喷射混凝土厚度进行检测,下列表述符合规范要求的包括(　　　)。

A. 平均厚度≥设计厚度　　　　　　B. 60%的测点厚度≥设计厚度

C. 80%的测点厚度≥设计厚度　　　D. 最小厚度≥0.6倍设计厚度

(5)对喷射混凝土喷层与围岩的接触状况进行检测,可采用的方法为(　　　)。

A. 超声法　　　　B. 地质雷达法　　　　C. 凿孔法　　　　D. 射线法

锚杆抗拔力测试　　　锚杆无损检测　　　喷射混凝土抗压强度　　　喷射混凝土抗压强度-微课

隧道防排水试验检测

项目描述

本项目主要介绍隧道防排水施工质量检测及隧道二衬混凝土抗渗试验。

学习目标

(1) **素质目标**：培养质量安全、绿色环保意识，理解、领悟、认同并践行隧道检测工程师的责任与使命。

(2) **知识目标**：掌握隧道工程防排水原材料、构件、制品取样基本要求；熟练掌握隧道工程防排水原材料、构件、制品检测方法；能够独立处理隧道工程防排水原材料、构件、制品检测数据。

(3) **能力目标**：能独立完成隧道质量评定案例，检测过程规范、试验数据分析处理准确无误。

案例导入

在隧道建设过程中曾经出现了一些问题，如高速公路的一些短隧道及地方公路隧道存在不同程度的病害或质量问题，而特长隧道引道工程也出现了一些地质病害等问题。隧道建设产生的一系列工程环境效应和问题在我国铁路、公路隧道建设史上屡见不鲜。例如，我国已建成运营的大瑶山双线铁路隧道曾因隧道涌水（$Q_{max}=50\ 000\ \text{m}^3/\text{天}$）诱发了 200 多个塌洞和陷坑，导致泉水断流，农作物枯萎和减产，造成了严重的工程环境问题。广（安）临（水）高速公路华蓥山隧道工程穿越岩溶水发育的石灰岩地层，在建设过程中，大量涌（排）地下水引起地表水源枯竭等严重环境问题。同时，隧址区岩溶地下水的高度不确定性和含水介质的非均质各向异性，使得部分隧道防排水系统失效，产生了严重的隧道渗漏水问题，甚至开始危及行车安全。在隧道竣工运营几年后就不得不采取大规模渗漏水整治措施进行补救。当前，隧道工程的环境效应和相应的控制对策已引起国内外隧道工程界的高度关注。然而，迄今为止，隧道工程建设过程中及建成运营后出现的工程环境负效应等问题依然严峻。工程建设单位必须加强对隧道工程施工质量的监控，通过把控隧道施工过程中的几个关键点，提升隧道施工质量，为城市交通管网的优化贡献一份力量。

任务 6.1　隧道防排水认知

隧道开挖改变了地下水径流途径,隧道可能成为地下水新的排泄通道,一旦地下水渗入隧道,将增大隧道的施工难度,影响施工质量。另一方面,隧道渗漏水的长期作用会影响隧道结构的耐久性,降低隧道内各种设施的使用效率和寿命,给隧道的运营条件带来不良影响。因此,在隧道衬砌结构设计中,均设计了完善的防排水系统,以防止和减少地下水对隧道的危害。良好的防水与排水措施,是保证隧道衬砌结构耐久性和行车舒适性的关键所在。

隧道防排水工作应遵循"防、排、截、堵相结合,因地制宜,综合治理"的原则。隧道防排水设计应对地下水进行妥善处理,确保洞内外形成一个完整畅通的防排水系统。

此外,隧道防排水工程在实施过程中,应注意保护自然环境。当隧道内渗漏水引起地表水减少,影响居民生产、生活用水时,应及时对围岩采取堵水措施,有效减少地下水的渗漏。

任务 6.2　混凝土抗渗性试验

一、防水混凝土的种类

防水混凝土以水泥、砂、石子为基本原料,并可根据需要掺入外加剂、高分子聚合物等材料,通过调整配合比,减小混凝土内部孔隙率,增加各原材料界面间的密实性,或使混凝土产生补偿收缩作用,从而使混凝土具有一定抗裂、防渗能力。防水混凝土是指抗渗等级大于 0.6 MPa 的不透水性混凝土,即其自身抗渗性能高于 0.6 MPa 的混凝土。

防水混凝土一般可分为普通水泥防水混凝土、外加剂防水混凝土和膨胀水泥防水混凝土。隧道工程常用防水混凝土的种类及其特性如表 6-1 所示。

表 6-1　隧道工程常用防水混凝土的种类及其特性

种类		抗渗压力	主要技术要求	适用范围
普通防水混凝土		>3.0 MPa	水灰比为 0.5～0.6;坍落度为 30～50 mm;水泥用量 ≥320 kg/m³;粗集料粒径≤40 mm	一般地下防水工程
防水混凝土外加剂类型	引气型	>2.2 MPa	含气量为 3%～6%;水泥用量为 250～300 kg/m³	抗冻性能要求高
	减水型	>2.2 MPa	加气型减水剂,可以为缓解、促凝和普通型的减水剂	含筋率高或薄壁结构
	三乙醇胺	>3.8 MPa	可单独掺用三乙醇胺,也可以与氯化钠,亚硝酸钠配合	要求早强及抗渗性能好
	氯化铁	>3.8 MPa	液体中氯化铁含量≥0.4 kg/L,掺量一般为水泥质量的 3%	水中结构
	明矾石膨胀剂	>3.8 MPa	必须掺入 42.5 级以上的普通矿渣、火山灰和粉煤灰水泥,不得单独代替水泥,外掺量为水泥质量的 20%	有后浇缝

二、隧道工程防水混凝土的一般要求

(1)隧道模注混凝土衬砌应满足抗渗要求,混凝土的抗渗等级一般不小于P8。

(2)当衬砌处于侵蚀性地下水环境时,混凝土的耐侵蚀系数不应小于0.8。

混凝土的耐侵蚀系数按下式计算:

$$混凝土的耐侵蚀系数 = \frac{在侵蚀性水中养护6个月的混凝土试块抗折强度}{在饮用水中养护6个月的混凝土试块抗折强度}$$

(3)当受冻融作用时,不宜采用火山灰质硅酸盐水泥和粉煤灰硅酸盐水泥。

(4)隧道工程防水混凝土的水泥用量不得少于320 kg/m³,水泥强度等级不低于42.5,水灰比不大于0.50。当掺入活性细粉时,水泥用量不得少于280 kg/m³。

(5)防水混凝土结构应满足:

①裂缝宽度应不大于0.2 mm,并不贯通。

②迎水面主钢筋保护层厚度不应小于50 mm。

③衬砌厚度不应小于30 cm。

(6)试件的抗渗等级应比设计要求高0.2 MPa。

(7)当采用防水混凝土时,应对衬砌的各种缝隙采取有效的防水措施,以使衬砌获得整体防水效果。

(7)防水混凝土的实际坍落度与要求坍落度之间的偏差一般不得超过要求值的30%。

三、混凝土抗渗性试验

1.目的和适用范围

主要用于检测混凝土硬化后的防水性能,以测定其抗渗等级。

防水混凝土的抗渗等级可分为三种:

①设计抗渗等级。它是根据地下工程的埋深及水力梯度(最大作用水头与建筑物最小壁厚之比)综合考虑而确定的,由勘测设计确定。

②试验抗渗等级。它用于确定防水混凝土施工配合比。

③检验抗渗等级。它是对防水混凝土抗渗试块进行抗渗试验所测定的抗渗等级。检验抗渗等级不得低于设计抗渗等级。

混凝土抗渗性试验应遵照《混凝土长期性能和耐久性能试验方法标准》(GB/T 50082—2024)执行,试验方法有渗水高度法与逐级加压法两种,下面以逐级加压法为例进行介绍。

2.试件制备

(1)试件每组6个,试件试作时,混凝土拌和物应分两层装入试模内,每层的装料厚度大致相等,如采用人工插捣成型时,插捣应按螺旋方向从边缘向中心均匀进行。在插捣底层时,混凝土捣棒应达到试模底部,插捣上层时,捣棒应贯穿上层后插入下层 20～30 mm。插捣时捣棒应保持垂直不得倾斜,然后用抹刀沿试模内壁插拔数次。插捣后应用橡皮锤轻轻敲击试模四周直至插捣棒留下的空洞消失。

《公路隧道施工技术规范》(JTG/T 3660—2020),对于采用防水混凝土的衬砌,每 200 m 需要做 1 组(6 个)抗渗试件。

(2)试件形状为圆台体:上底直径为 175 mm,下底直径为 185 mm,高为 150 mm。

(3)试件成型后 24 h 拆模,用钢丝刷刷净两端面水泥浆膜,标准养护龄期为 28 d。

3.仪器设备

(1)混凝土渗透仪,应符合行业标准的规定,使水压按规定稳定作用在试件上。常用的有 TH4－HP－4.0 型自动调压混凝土抗渗仪、HS－4 型混凝土抗渗仪、ZKS 微机控制高精度抗渗仪、HS－40 型混凝土抗渗仪(图 6-1)等。抗渗仪施加水的压力范围为 0.1～2 MPa。

(2)成型试模。上口直径为 175 mm、下口直径为 185 mm、高度为 150 mm,或上、下直径与高度均为 150 mm。

(3)螺旋加压器、烘箱、电炉、浅盘,铁锅、钢丝刷等。

(4)密封材料,如石蜡,内掺约 2%的松香。

图 6-1　HS-40 型混凝土抗渗仪

4.试验步骤

1)密封与安装

试件到期前一天,将试件从养护室取出,擦干表面,用钢丝刷刷净两端面。待表面干燥后,在试件侧面滚涂一层熔化的内加少量松香的石蜡,然后用螺旋加压器将试件压入经过烘箱或电炉预热过的试模中,使试件和试模底平齐,待试模变冷后解除压力。试模的预热温度,应以石蜡接触试模即缓慢熔化,但不流淌为准。

试件密封也可以采用其他更可靠的密封方式。

2)试验

水压从 0.1 MPa 开始,每隔 8 h 增加水压 0.1 MPa,并随时注意观察试件端面渗水情况。当 6 个试件中有 3 个试件表面发现渗水,记下此时的水压力,即可停止试验。

当加压至设计抗渗等级规定压力,经 8 h 后第三个试件仍不渗水,表明混凝土已满足设计要求,可停止试验。

如在试验过程中,水从试件周边渗出,则说明密封不好,要重新密封。

5.试验结果计算

混凝土的抗渗等级用每组 6 个试件中有 4 个未发现有渗水现象时的最大水压力表示。抗渗等级按下式计算:

$$P = 10H - 1$$

式中,P——混凝土抗渗等级;

H——6 个试件中有 3 个试件渗水时的水压力,MPa。

▶ 任务 6.3 防水层试验检测

一、防水层材料基本要求

防水卷材及无纺布的材料品种、规格、性能必须符合设计要求和有关标准,材质均匀、无破损。

二、防水卷材施工工艺

1.防水层铺设的基面要求

(1)隧道开挖并进行初期支护后,喷射混凝土基面可能存在粗糙,局部凹凸不平,甚至锚杆头外露的现象,影响防水层铺设,并可能损伤防水层。因此,在防水卷材铺设前,应对喷射混凝土基面进行检测。喷射混凝土要求表面平顺,无凹凸不平现象,基面平整度应该满足施工规范要求。

(2)铺设基面不得有锚杆露头和钢筋断头外露现象。

(3)在防水施工前,如拱墙有渗流、涌水现象,应使用不透水薄膜隔离、铺设排水管,将水隔离,引至边墙脚。

(4)明洞衬砌拱背混凝土应平整,如有不平整现象,可用砂浆抹平。

2. 防水层铺设

防水卷材的铺设宜采用无钉热合铺设法,见图 6-2。

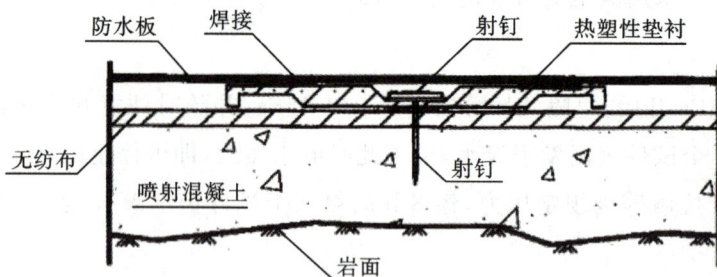

图 6-2　无钉热合铺设法示意图

无钉热合铺设法是指先将能与防水卷材热溶黏合的垫衬用机械方法固定在喷射混凝土基面上,然后用"热合"方法将防水卷材粘贴在固定垫衬上,保证防水卷材无机械损伤。

(1)防水卷材垫衬的施工,在隧道拱顶喷射混凝土表面上标出隧道纵向中心线,先用射钉枪将塑料垫片沿隧道拱顶中线固定一排,间距 500 mm,然后向两侧按梅花形固定塑料垫片,拱部间距为 500～700 mm,侧墙间距为 100～120 mm。固定塑料垫衬的同时将无纺布固定在喷射混凝土基面上。

(2)防水卷材的铺设,先将防水卷材裁断,裁剪长度要考虑搭接,并有一定富余,找出裁下的防水卷材中线,使防水卷材中线与隧道中线重合,从拱顶开始向两侧下垂铺设,边铺边与垫片热熔焊接。铺挂时松弛适当(松弛系数为 1.1～1.2),以保证防水层在浇筑衬砌混凝土时与初期支护表面密贴,不产生弦绷和褶皱现象。

在铺设防水卷材时,应为下一环预留不少于 50 cm 的搭接余量。

3. 防水卷材的焊接

1)自动爬焊机焊接

相邻两块防水卷材接缝一般采用自动爬焊机双缝焊接,如图 6-3 所示。其工艺及质量要求如下:

(1)焊接前,应在小块塑料片上试温。

(2)焊接温度应控制在 200～270 ℃,焊接爬行速度宜控制在 0.1～0.15 m/min 范围内。焊接速度太快则焊缝不牢固,太慢则易焊穿、烤焦。焊接过程中要根据焊缝的热熔情况随时调节温度,直至焊缝熔接达到最佳效果,两条焊缝同时完成,每条焊缝的有效焊接宽度不应小于 12.5 mm。

(3)每次焊接过程尽可能一次完成,尽量减少间断和停机次数,如有间断或停机,应及时对其进行修补。

2)交叉焊缝焊接

防水卷材的纵向焊缝与横向焊缝叠合时,需先将焊好的焊缝边缘部位剪平约10 cm,再进行另一条焊缝的焊接。然后用热风枪将两条焊缝的重叠部位焊接,并滚压密实。

3)薄型的防水卷材焊接

用塑料热合机焊接材质较薄的防水卷材时,可采用反弯法进行施工,即首先将两层膜折起平焊接,然后将其弯向一侧点焊在卷材上,避免180°剥离。

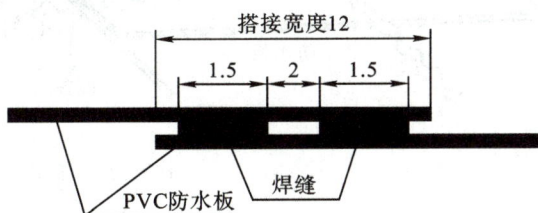

图6-3 防水卷材焊接过程示意图

4)防水卷材与固定垫片的焊接

EVA(乙烯-乙酸乙烯共聚物)或LDPE(低密度聚乙烯)防水卷材在与固定垫片用压焊器进行热合时,压焊时间一般为10 s。

5)防水卷材缺陷修补焊接

(1)焊缝若有漏焊、假焊,应采用热溶滚压焊接进行补焊。

(2)防水卷材出现破损、烤焦、焊穿及固定点外露等须立即修补,修补片材料与防水板相同,修补片尺寸要求大于破坏边缘70 mm。修补片宜裁剪成圆角,不宜裁剪成正方形、长方形、三角形等有尖角的形状。

三、防水层质量检查

1.外观检查

检查方式:肉眼观察。

(1)防水层表面平顺,无褶皱、无气泡、无破损,与洞壁密贴,松弛适度,无紧绷现象。

(2)焊接应无脱焊、漏焊、假焊、焊焦、焊穿,粘接应无脱粘、漏粘。

(3)明洞防水层施工前,明洞混凝土外部应平整圆顺,不得有钢筋露出和其他尖锐物。

2.充气检查

1)检查方法

采用双缝焊接的焊缝可用充气法检查防水板焊缝,检查方法如图6-4所示。将5号注射针与压力表相接,用打气筒充气,当压力表达到 0.25 MPa 时,保持 15 min,压力下降在 10% 以内,焊缝质量合格。如压力下降超过 10%,证明焊缝有假焊、漏焊。将肥皂水涂在焊接缝上,找出产生气泡的地方重新补焊,直到不漏气为止。

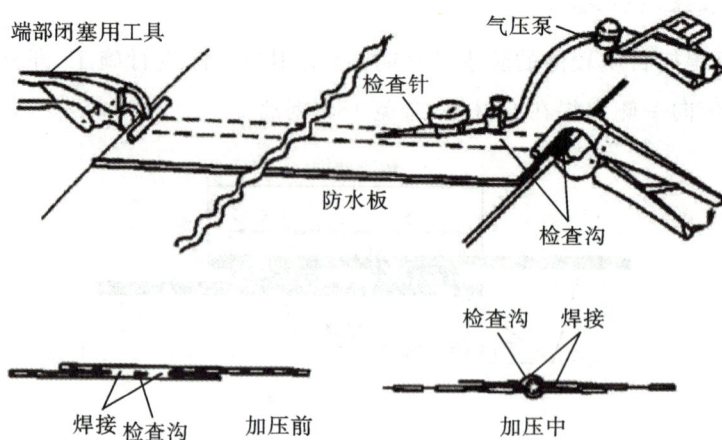

图 6-4　双焊缝充气检查示意图

2)检查数量

每条焊缝均应做充气检查。

3)焊缝强度检查

焊缝拉伸强度不得小于防水板强度的 70%,焊缝抗剥离强度不小于 70 N/cm。

3. 复合式衬砌防水层检查

复合式衬砌防水层检查项目见表 6-2。

表 6-2　复合式衬砌防水层实测项目及要求

项次	检查项目		规定值或允许偏差	检查方法和频率
1	焊接长度/mm		≥100	尺量:每 5 环搭接抽查 3 处
2	缝宽/mm	焊接	焊缝宽≥10	尺量:每 5 环搭接抽查 3 处
		粘接	粘缝宽≥50	
3	固定点间距/m		满足设计	尺量:每 20 m 检查 3 处
4	焊缝密实性		压力下降在 10% 以内	充气法:压力达到 1.25 MPa 时停止充气,保持 15 min;每 20 m 检查 1 处焊缝

4. 明洞防水层检查

明洞防水层实测项目见表 6-3。

表 6 - 3　明洞防水层实测项目及要求

项次	检查项目		规定值或允许偏差	检查方法和频率
1	焊接长度/mm		≥100	尺量:每环搭接抽查 3 点
2	卷材向隧道暗洞延伸长度/mm		≥500	尺量:测 3 点
3	卷材向基底的横向延伸长度/mm		≥500	尺量:测 3 点
4	缝宽/mm	焊接	焊缝宽≥10	尺量:每衬砌台车抽查 1 环,每环搭接测 5 点
		粘接	粘缝宽≥50	
5	焊缝密实性		压力下降在 10% 以内	充气法:压力达到 1.25 MPa 时停止充气,保持 15 min;每 10 m 检查 1 处焊缝。

四、施工缝止水带施工工艺与检查方法

1. 止水带类型

止水带按材质可分为橡胶止水带、塑料止水带、金属止水带等。按用途可分为变形缝用止水带、施工缝用止水带、有特殊耐老化要求的接缝用止水带等。按设置位置可分为中埋式止水带、背贴式止水带。按形状可分为平板型止水带、变形型止水带等,品种很多。此外,一些新式的止水带,如可排水止水带、可注浆止水带等在工程实践中也取得了良好效果。

中埋式止水带因构造简单,施工简便及质量可靠,在隧道中使用较为普遍。背贴式塑料止水带一般与防水板组合使用(图 6 - 5)。

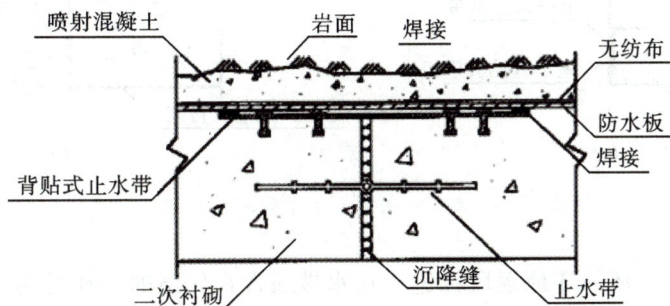

图 6 - 5　背贴式止水带与防水板布置示意图

止水带的物理力学性能应满足《地下工程防水技术规范》(GB 50108—2008)及设计文件的相关要求。

2. 止水带检查内容

(1)止水带材料规格、品种、形状、尺寸必须符合设计要求和有关标准[如《高分子防水材料

第 2 部分:止水带》(GB/T 18173.2—2014)]规定。

（2）止水带与衬砌端头模板应正交。

止水带实测项目见表 6-4。

表 6-4 止水带实测项目及要求

项次	检查项目	规定值或允许偏差	检查方法和频率
1	纵向偏离/mm	±50	尺量:每衬砌台车检查 1 环,每环测 3 点
2	偏离衬砌中线/mm	≤30	尺量:每衬砌台车检查 1 环,每环测 3 点
3	固定点间距/mm	±50	尺量:每衬砌台车、每环止水带检查 3 点

注:(1)纵向偏离指止水带横向中线在隧道纵向方向上与施工缝的偏位。
　　(2)偏离衬砌中线指止水带安设位置与衬砌截面中线的偏位,仅对中埋式止水带检测此项。

3. 止水带外观鉴定要求

（1）止水带应无松脱、扭曲。

（2）止水带连接接缝应无裂口、脱胶。

4. 中埋式止水带施工检查

中埋式止水带的施工质量检查主要是预埋位置检查和止水带接头粘结检查。现以图 6-6 为例予以说明。

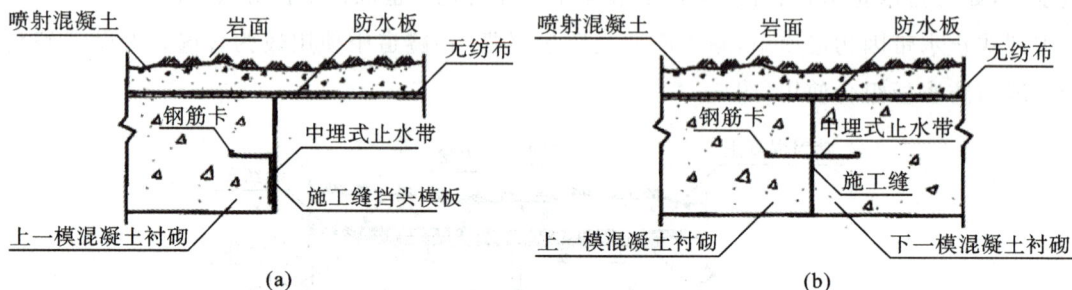

图 6-6 中埋式止水带安装示意图

二次衬砌浇筑是一环一环地逐段推进。止水带通常在先浇的一环衬砌端头由挡头板固定。止水带出现转角时应做成圆弧形,橡胶止水带转角半径不小于 200 mm,钢边止水带转角半径不小于 300 mm。

（1）止水带安装的横向位置。止水带预埋于设计衬砌厚度的 1/2 处,用钢卷尺量测内模到止水带的距离,偏差不应超过 30 mm。

（2）止水带安装的纵向位置。止水带以施工缝或伸缩缝为中心两边对称,即埋在相邻两衬砌环节内的宽度是相等的。用钢卷尺检查,要求止水带偏离中心不能超过 5 cm。

（3）止水带应与衬砌端头模板正交。浇筑混凝土前应用角尺检查，否则会降低止水带在两边埋入混凝土的有效长度，并有可能影响混凝土密实性。

（4）根据止水带材质和止水部位可采用不同的接头方法。每环中的接头不宜多于1处，且不得设在结构转角处。对于橡胶止水带，其接头形式应采用搭接或复合接；对于塑料止水带，其接头形式应采用搭接或对接。止水带的搭接宽度可取 10 cm，冷粘或焊接的缝宽不小于 5 cm。

（5）止水带每隔 0.3～0.5 m 预埋钢筋卡，在浇筑下一模衬砌混凝土时将露出的另一半止水带卡紧固定，使止水带垂直施工缝浇筑在混凝土内。

▶ 任务6.4 排水系统试验检测

一、排水系统组成

排水系统包括排水盲管、横向导水管、路侧边沟、深埋水沟，防寒泄水洞等。

排水盲管又称排水盲沟，包括环（竖）向排水盲管、纵向排水盲管、横向排水盲管。排水盲管属渗水盲管，地下水可以进入管内也能从管内渗出。环（竖）向排水盲管、纵向排水盲管布置在隧道衬砌背后；横向排水盲管布置在路面结构层以下，可以起到防止和疏导衬砌背后及路面下积水，减少静水压力的作用，如图 6-7 所示。排水盲管主要以合成纤维、塑料、钢丝弹簧等为原料，经不同的方法制成，种类较多。

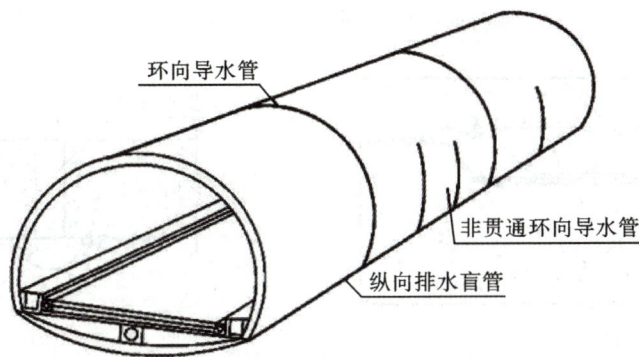

图 6-7 隧道排水系统

横向导水管不同于排水盲管，它是一种连接衬砌背后纵向盲管与深埋水沟或边沟的封闭管道，其主要作用是将衬砌背后的地下水直接排入深埋水沟或边沟，确保管内水不会渗出。通常，横向导水管采用塑料圆管制成，管壁不打孔。在某些情况下，当需要将水引排至路侧边沟时，横向导水管可能只在衬砌边墙内预埋，或者在衬砌浇筑完成后打孔（这些孔在功能上被称为泄水孔），以实现水流的顺畅导出。

路侧边沟主要用于排出运营期间的隧道内污水,包括隧道清洁用水、消防用水、车轮带入的雨水、衬砌结构的局部渗水等。

深埋水沟一般设置在隧道中部路面结构下方,又称中心(排)水沟,也有的设置在隧道路面两侧下方。为了便于施工及运营期间对深埋水沟排水状况的检查、疏通,深埋水沟每隔一段距离还要设检查井。

防寒泄水洞仅在严寒地区的富水隧道设置,一般设置于隧道的正下方,以排出隧道围岩中的地下水,减小隧道周边地下水聚集。

二、环向盲管、竖向盲管

1. 环(竖)向排水盲管作用

环(竖)向排水盲管的主要作用是将隧道衬砌背后渗水引排到隧道边墙脚的纵向排水盲管,通过横向导水管或泄水孔排出,减少衬砌背后积水。

2. 环(竖)向排水盲管安设

在无纺布与防水板铺设前,按设计要求的间距,将环向、竖向排水管布设在喷射混凝土表面,用铆钉或膨胀螺钉、铁丝、塑料片、无妨布片等固定。渗漏水较多时,根据渗漏水量及渗漏水部位增加环向、竖向排水盲管。环向、竖向排水盲管多采用打孔透水塑料管、圆形弹簧排水管(图6-8(a))、半圆形弹簧排水管(图6-8(b)),有的也采用排水板。

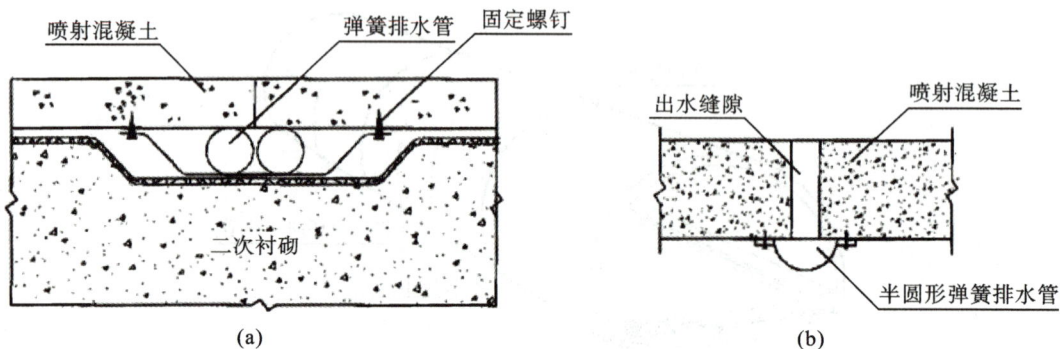

(a)   (b)

图6-8　环(竖)向排水盲管安装示意图

3. 环(竖)向排水盲管安装检查

检查方法:目测检查、直尺或卡尺(钢尺)测量。

环(竖)向排水盲管布置在防水层与初期支护间,首先应检查其布设间距是否符合设计要求。局部涌水量大时应增加盲管。盲管尽量与岩壁或初期支护紧贴,与初期支护的最大间距不得大于5 cm。环向盲管的底部与墙脚纵向排水管通过三通接头连接,接头要牢固。

三、纵向排水盲管

1.纵向排水盲管作用

纵向排水盲管设置于隧道模筑混凝土衬砌两侧墙脚背后,其作用一是收集环(竖)向排水盲管排至边墙脚的水,二是收集被防水卷材阻挡经无纺布导流或受自重影响淌流至边墙脚的水。最后将衬砌背后汇入边墙脚的地下水通过横向导水管、泄水孔引入深埋水沟或路侧边沟。

2.纵向排水盲管的基本要求

(1)具有较高的透水性能。

(2)具有一定的强度,在混凝土浇筑过程中,不能被混凝土混合料压瘪。

(3)纵向排水盲管布设高度和坡度应符合设计要求。

(4)安设位置不能侵占模筑混凝土衬砌空间。

(5)需用无纺布将盲管包裹,防止泥沙和混凝土浇筑时浆液进入,堵塞盲管。

(6)连续铺设,不得断开。

3.纵向排水盲管检查

1)检测方法

肉眼观测,使用直尺或钢尺测量,使用水准仪、坡度尺检测等。

2)外观检查

(1)纵向排水盲管材质及规格检查。塑料制品若保存不当,极易发生老化,可目测管材的色泽和管身的形状;轻轻敲击,观察管体是否变脆;用卡尺或钢尺量管径与管壁,检查其是否与设计要求相符。

(2)管身透水孔检查。纵向排水盲管壁必须有一定规格和数量的透水孔,用直尺检查钻孔直径和孔间距。

(3)检查纵向排水盲管是否被无纺布包裹严密。

3)安装检查

(1)坡度检查。

纵向排水盲管易出现管身高低起伏的现象,造成纵向排水不畅。因此,施工中一定要为纵向盲管做好基础,坡度与设计路线纵坡一致,用坡度尺检查。

(2)平面位置检查。

纵向排水盲管平面上常出现忽内忽外的现象,严重时会侵占模筑混凝土衬砌空间,造成衬砌结构厚度不足。这种情况通常是由边墙脚欠挖造成的,必须进行欠挖处理,再铺设。纵向排水管安设示意图见图6-9。

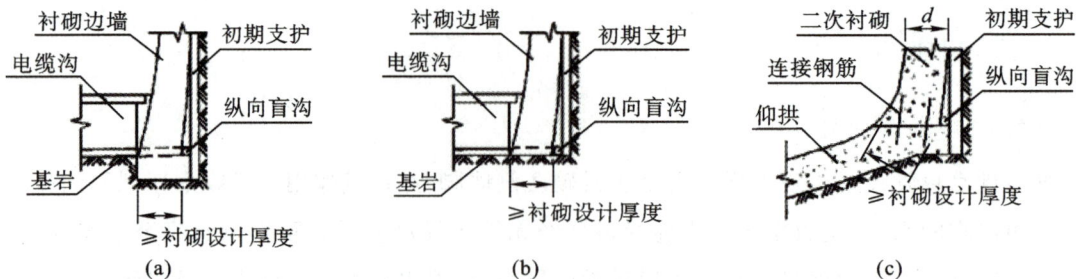

图 6 - 9　纵向排水管安装示意图

（3）连接检查。

施工中应注意检查纵向排水盲管与环（竖）向排水盲管及横向导水管的连接。一般应采用三通管连接，纵向排水盲管管节之间应用直通导管连接，所有接头应牢靠，并用无纺布及扎丝包裹，防止其松动脱落。三通连接示意图如图 6 - 10 所示。

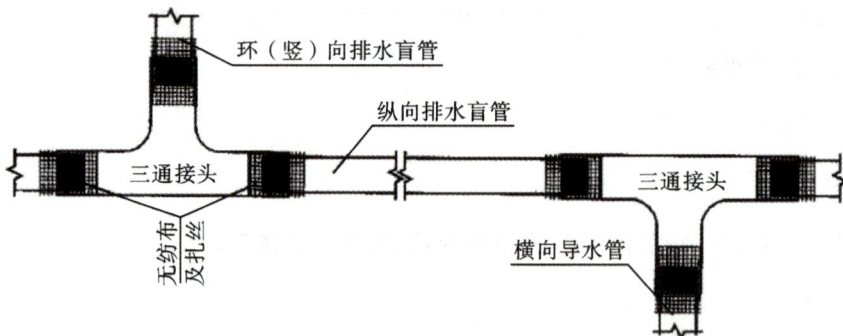

图 6 - 10　三通连接示意图

四、横向导水管

横向导水管起点位于衬砌背后的边墙脚，通过三通管与纵向排水盲管相连，垂直于隧道轴线布设，先穿过边墙衬砌，在有深埋水沟的隧道，一部分横向导水管横向埋设在路面结构以下，与深埋水沟连通；无深埋水沟地段可直接接入边沟。横向导水管通常为硬质塑料管。

对横向导水管的检查，一是检查接头是否牢靠，对接有无错位；二是检查是否连通，需做灌水试验检测。

五、深埋水沟

深埋水沟的断面形状通常有圆形和矩形两种。圆形沟多采用预制混凝土圆管，圆管上部半圆部分钻有一系列透水小孔，孔径约为 12 mm，这些圆管被安放在预设的沟槽内。矩形沟有预制钢筋混凝土矩形沟和现浇钢筋混凝土矩形沟，矩形沟的盖板一般单独预制（盖板可钻透水小孔）。路面下积水和地下渗水可通过盖板的接缝、透水小孔流入深埋水沟，深埋水沟的构造见图

6-11。

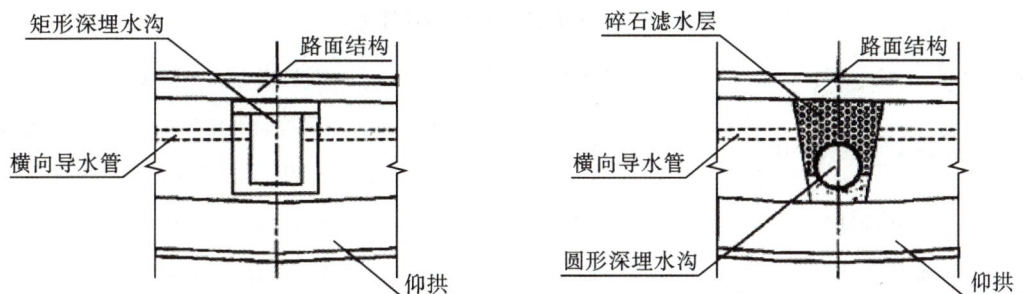

图 6-11　深埋水沟的构造

根据深埋水沟形式的不同,检查内容也有区别。下面以预制混凝土圆管沟为例说明其质量要求与检测方法。

1. 外观检查

(1)预制管节外形规整,无变形、缺损和开裂,表面应平整,蜂窝麻面面积不得超过1%,深度不超过1 cm。用钢尺、卡尺量测圆管直径、管壁厚度、透水小孔数量、间距及直径是否符合设计要求。

(2)管壁强度。

用石块轻敲管壁,检查混凝土强度是否满足设计与施工要求。若出现疏松掉块,则不得使用。可用回弹仪检测管壁混凝土强度,但须专门标定。

2. 施工检查

深埋水沟施工时,应先挖基槽并整平基底。然后,按设计要求铺设管节。最后,用透水碎石进行回填,并夯实。在软岩或断层破碎带等地质条件较差的管段基础部分,应将不良岩(土)体用强度较高的碎石替换,并用素混凝土找平基础,以确保基础平整、密实。

1)管沟基础检查

基槽平面位置,槽底高程、宽度、排水坡度应符合设计要求,基底应平整。

2)管节铺设检查

(1)管节铺设有透水孔的一面朝上,安放平稳,接头无错位,接头处流水面高差不得大于5 mm,管底坡度不得出现反坡。

(2)管内不得有泥土、碎石等杂物。

(3)管节间接缝和管壁透水孔用无纺布包裹。

(4)透水碎石回填密实,不得使管节移位。

(5)横向导水管出口接入碎石层。

隧道内排水沟(管)应满足表 6-5 的要求。

表 6-5　排水沟(管)实训项目及要求

项次	检查项目	规定值或允许偏差	检查方法和频率
1	混凝土强度/MPa	在合格标准内	按《公路工程质量检验评定标准 第一册 土建工程》(JTG F80/1—2017)附录 D 检查
2	轴线偏位/mm	15	全站仪:每 10 m 测 1 处
3	断面尺寸或管径/mm	±10	尺量:每 10 m 测 1 处
4	壁厚/mm	不小于设计值	尺量:每 10 m 测 1 处
5	沟底高程/mm	±20	水准仪:每 10 m 测 1 处
6	纵坡	满足设计要求	水准仪:每 10 m 测 1 处
7	基础厚度/mm	不小于设计值	尺量:每 10 m 测 1 处

六、深埋水沟检查井

检查井是深埋水沟的一部分,主要用于深埋水沟检查作业。深埋水沟根据需要设置检查井,检查井的位置、构造不得影响行车安全,并应便于清理和检查,见图 6-12。

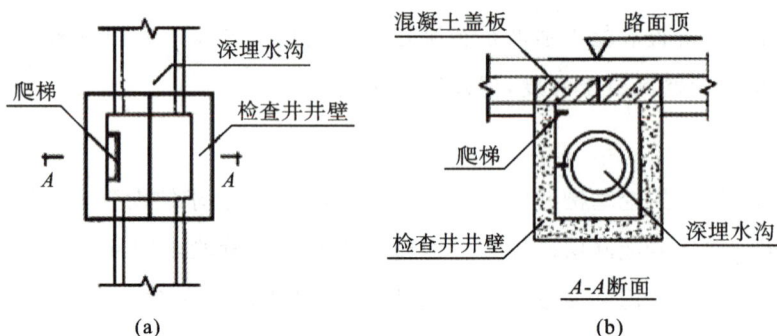

图 6-12　检查井与中心水沟的位置关系

1. 外观检查

检查方式:观察检查、钢尺测量。

(1)井身尺寸与设计要求相符。

(2)井内砂浆抹面密实光洁,无裂缝;井内平整圆滑。

(3)圆形检查井内壁应圆顺。

2. 施工检查

检查方式:观察检查;钢尺,水准仪、经纬仪测量。

检查井砌筑检测项目如表 6-6 所示。

表 6-6 检查井砌筑检测项目及要求

项次	检查项目	规定值或允许偏差	检查方法和频率
1	砂浆或混凝土强度/MPa	在合格标准内	按《公路工程质量检验评定标准 第一册 土建工程》要求
2	中心点位/mm	50	全站仪:逐井检查
3	圆井直径或方井长、宽/mm	±20	尺量:逐井检查,每个井测 2 点
4	壁厚/mm	−10,0	尺量:逐井检查,每个井测 2 点
5	井底高程/mm	±20	水准仪:逐井检查
6	井盖与相邻路面高差/mm	+4,0	水准仪、水平尺:逐井检查

七、防寒泄水洞

水是寒区隧道产生各种病害的重要因素。在严寒地区,为了最大程度减轻隧道的冻害影响,建立合理有效的防排水系统至关重要。防寒泄水洞是隧道排除地下水的主要措施之一,其形状类似于一个带孔的小隧道,位于隧道正下方的冻结线以下。防寒泄水洞能够很大程度上减少或消除隧道内部冒水、挂冰、积冰、冻胀等病害,如图 6-13 所示。为了加强防寒泄水洞的泄水能力,通常防寒泄水洞中每隔一段距离垂直设置有与防寒泄水洞断面大小一致的横向导水洞。

防寒泄水洞检查:

(1)防寒泄水洞的位置、结构形式、纵坡、混凝土强度及泄水孔布置和数量应符合设计要求。

(2)防寒泄水洞应排水通畅,无淤积堵塞。

(3)防寒泄水洞的尺寸、高程、平面位置应符合表 6-7 规定。

表 6-7 防寒泄水洞检查标准

序号	项目	规定值或允许偏差	检验方法和频率
1	断面尺寸/mm	±50	尺量:每 10 m 量一次
2	高程/mm	±20	水准仪、全站仪:每 10 m 测量高程及位置
3	平面位置/mm	±50	

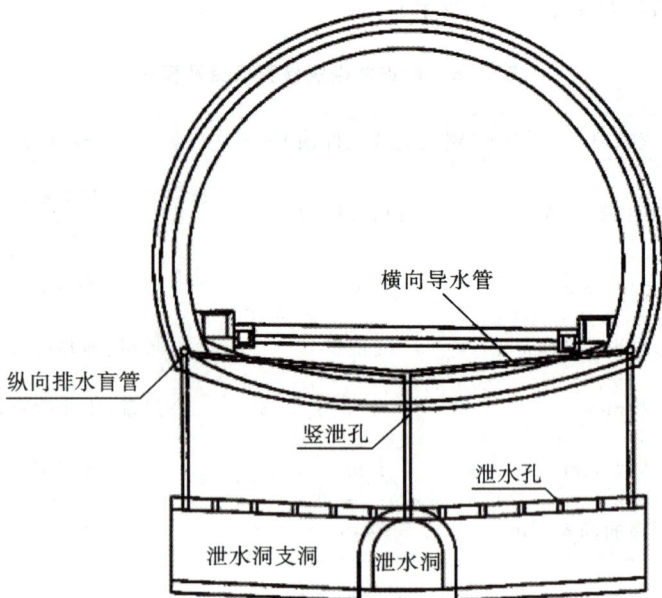

图 6 – 13　防寒泄水洞布设横断面示意图

课后习题

一、单项选择题

1. 隧道二次衬砌应满足抗渗要求,有冻害及最冷月份平均气温低于－15 ℃的地区,混凝土的抗渗等级不低于(　　)。

   A. P4　　　　　　　B. P6　　　　　　　C. P8　　　　　　　D. P10

2. 防水卷材铺挂时应适当松弛,松弛系数宜为(　　)。

   A. 0.9～1.0　　　　B. 1.0～1.1　　　　C. 1.1～1.2　　　　D. 1.2～1.3

3. 隧道复合式衬砌防水卷材的搭接长度应不小于(　　)。

   A. 50 mm　　　　　B. 100 mm　　　　　C. 150 mm　　　　　D. 200 mm

4. 根据止水带材质和止水部位可采用不同的接头方法,对于橡胶止水带,其接头形式应采用(　　)。

   A. 搭接或对接　　　B. 搭接或复合接　　C. 复合接或对接　　D. 以上均不能采用

5. 隧道用止水带出现转角时应做成圆弧形,对于钢边止水带,转角半径不得小于(　　)。

   A. 100 mm　　　　　B. 150 mm　　　　　C. 200 mm　　　　　D. 300mm

6. 关于隧道初期支护背后回填注浆的描述,正确的是(　　)。

   A. 初期支护背后回填注浆孔深不应小于 0.3 m

B. 钻孔注浆顺序应由水多处向水少处进行

C. 注浆材料宜以水泥类浆液为主,可采用快凝早强水泥

D. 注浆终压宜大于 1.5 MPa

二、判断题

1. 隧道防排水设计应对地下水妥善处理,洞内外各自形成独立的防排水系统。（　）

2. 止水带的纵向偏离应在±50 mm 以内。（　）

3. 防水板焊缝拉伸强度不得小于防水板强度的 80%,焊缝抗剥离强度不小于 70 N/cm。（　）

4. 采用充气法检查防水板焊缝密实性的压力下降允许值为 10%。（　）

5. 隧道防排水应遵循"防、排、截、渗、堵相结合,因地制宜,综合治理"的原则。（　）

6. 隧道内深埋水沟检查井井底高程偏差应在±20 mm 以内。（　）

三、多项选择题

1. 高速公路、一级公路和二级公路隧道防排水应满足（　）等要求。

A. 拱部、边墙、路面、设备箱洞不渗水

B. 拱部、边墙不滴水,路面不积水,设备箱洞不渗水

C. 有冻害地段隧道衬砌背后不积水,排水沟不冻结

D. 车行横通道、人行横通道等服务通道拱部不滴水,边墙不淌水

2. 隧道排水系统组成包括（　）。

A. 环向排水管　　　B. 防水板　　　　C. 横向导水管　　　D. 深埋水沟

3. 防水层外观检查要求,正确的包括（　）。

A. 防水层表面平整,无褶皱、无气泡、无破损

B. 防水层与洞壁密贴、紧绷

C. 焊接应无脱焊、漏焊、假焊、焊焦、焊穿

D. 粘接应无脱粘、漏粘

4. 明洞防水层实测项目主要有（　）。

A. 搭接长度　　　　　　　　　　B. 卷材向基底的横向延伸长度

C. 缝宽　　　　　　　　　　　　D. 焊缝密实性

5. 下列关于预制混凝土圆管深埋水沟铺设检查描述正确的是（　）。

A. 管节铺设有透水孔的一面朝下、安放平稳

B. 管节接头无错位、接头处流水面高差不得大于 5 mm

C. 管节间接缝和管壁透水孔用无纺布包裹

D. 横向导水管出口接入圆管

四、综合题

针对隧道工程防水层施工质量检测,请回答下列问题。

(1)对隧道内防水层铺设基面的相关要求,正确的包括(　　)。

  A. 喷射混凝土基面应平整

  B. 基面不得有钢筋、凸出的构件等尖锐突出物

  C. 隧道断面变化或转弯处的阴角应抹成半径不小于 3 cm 的圆弧

  D. 防水层施工时,基面不得有明水

(2)下列关于防水板的铺设,描述正确的是(　　)。

  A. 塑料垫片应沿拱顶中线向两侧按梅花形固定

  B. 铺设时应使防水卷材中线与隧道中线垂直

  C. 应从两侧开始向拱顶铺设

  D. 铺设防水卷材应为下一环预留不少于 50 cm 的搭接余量

(3)防水卷材缺陷修补片宜裁剪成(　　)。

  A. 圆角形　　　　　B. 正方形　　　　　C. 长方形　　　　　D. 三角形

(4)防水板焊缝密实性采用充气法检查,当压力表达到(　　)时,充气时间保持(　　),压力下降在规定范围内,焊缝质量合格。

  A. 0.25 MPa,15 min　　　　　　　　B. 0.25 MPa,10 min

  C. 0.50 MPa,10 min　　　　　　　　D. 0.50 MPa,15 min

(5)复合式衬砌防水层实测项目主要有(　　)。

  A. 搭接宽度　　　B. 缝宽　　　C. 固定点间距　　　D. 焊缝密实性

混凝土抗渗性试验　　　防水板焊接工艺及焊缝质量检查　　　隧道防排水施工工艺

混凝土衬砌施工质量检测

项目 描述

本项目主要介绍隧道二衬混凝土施工质量检测及地质雷达检测混凝土衬砌质量。

学习 目标

(1)素质目标：培养规范操作、求真务实的干事态度，充分意识到质量高于一切，安全重于泰山。

(2)知识目标：掌握隧道混凝土衬砌施工质量检测基本要求；熟练掌握隧道混凝土衬砌施工质量检测方法；能够说出隧道衬砌施工的关键步骤；掌握隧道混凝土衬砌施工全过程质量评定的方法。

(3)能力目标：能够独立处理隧道混凝土衬砌施工质量检测数据。

案例 导入

隧道二次衬砌是隧道工程施工在初期支护内侧施作的模筑混凝土或钢筋混凝土衬砌，与初期支护共同组成复合式衬砌。二次衬砌指在隧道已经进行初期支护的条件下，用混凝土等材料修建的内层衬砌，以达到加固支护，优化路线防排水系统，美化外观，方便设置通信、照明、监测等设施的作用，以适应现代化高速道路隧道建设的要求。

衬砌施工全过程要确保安全，提前检查现场情况及台车安全性，施工人员高空作业时要提前检查安全防护措施是否到位，提前做好施工交底。剩余混凝土不能乱丢乱倒，施工废水要经过处理后排放，不得污染水源，保护好环境。

▶ 任务 7.1 隧道混凝土衬砌认知

混凝土衬砌是隧道结构的重要组成部分，是隧道防水工程的最后一道防线，也是隧道外观美的直接体现。隧道混凝土衬砌质量好坏对隧道长期稳定、使用功能的正常发挥有很大影响。采用钻爆法开挖的隧道，混凝土衬砌通常采用现浇，也称模筑混凝土衬砌。根据结构内是否配有钢筋,又可细分为素混凝土衬砌、钢筋混凝土衬砌。设有仰拱的隧道,仰拱衬砌是混凝土衬砌的一部分。

▶ 任务 7.2 模筑混凝土衬砌质量试验检测

一、质量检测指标

模筑混凝土衬砌结构是目前隧道衬砌工程中最主要的结构形式之一。与喷射混凝土的质量检验指标相似,模筑混凝土衬砌的质量检验除对原材料进行检测外,还需要检测:混凝土强度、混凝土衬砌结构厚度、混凝土密实度、混凝土外观及表面平整度、混凝土衬砌背后空洞。

1. 混凝土强度

混凝土强度包括抗压强度、抗拉强度、抗剪强度、疲劳强度等。由于这些指标之间存在着一定的内在联系,在一般试验检测中,只检测混凝土的抗压强度,并由此推测混凝土的其他强度。混凝土抗压强度是其物理力学性能及耐久性的一个综合指标,工程中把它作为检测混凝土强度的主要指标。强度指标应满足设计要求。

2. 混凝土衬砌结构厚度

混凝土衬砌结构厚度是发挥混凝土衬砌结构支护作用的重要保障。混凝土衬砌结构厚度检测是控制混凝土施工质量的重要环节。在《公路工程质量检验评定标准 第一册 土建工程》(JTG F80/1—2017)中,混凝土衬砌厚度检测被列为质量等级评定的基本项目,也是保证工程质量的主要检验项目。衬砌厚度指标须满足设计要求。

3. 混凝土密实度

混凝土密实度是指混凝土中固体物质部分的体积占总体积的比例,它反映了混凝土体积内被固体物质充填的程度,即混凝土的致密程度。混凝土衬砌结构的密实度对混凝土的强度和耐久性影响较大。在实际检测中,通常通过混凝土密实性作定性描述。

4. 混凝土衬砌外观及表面平整度

混凝土衬砌外观检测包括检查蜂窝麻面、裂缝、平整度和几何轮廓、钢筋外露等,混凝土衬砌表面轮廓线应顺直、规整、光滑、色泽一致。每平方米的面积中,蜂窝、麻面和气泡面积不应超过 0.5%。蜂窝、麻面深度不应超过 5 mm。

5. 混凝土衬砌背后空洞

混凝土衬砌作为隧道围岩的支护结构和维护结构,只有在其与初期支护(围岩)密贴接触时,才能对围岩起到支护作用。但在实际工程中,由于超挖、混凝土收缩、混凝土供料不足等原因,混凝土衬砌与围岩之间可能会形成空洞。当混凝土衬砌与围岩之间存在空洞时,空洞处会失去对围岩的约束,导致混凝土衬砌的受力条件与计算假定条件出现偏差。这不仅会使结构承载能力受到一定影响,同时也会影响隧道围岩的稳定性。因此,混凝土衬砌结构背后空洞检测是控制混凝土施工质量的重要环节。衬砌背后空洞的合格标准与喷射混凝土的有所不同,一般情况下,应满足下列要求。

(1)衬砌背后应无空洞、无回填杂物,超挖部分按设计要求处理。

(2)根据相关规定,空洞的累计长度不得大于隧道总长的3%,单个空洞面积不得大于 3 m²。

二、混凝土抗压强度试验

混凝土抗压强度是隧道衬砌混凝土的主要性能指标,有以下几种质量检查方法。

(1)混凝土抗压强度试验:标准试件法、凿芯法。

(2)现场检测混凝土强度:超声-回弹综合法、回弹法。

标准试件法:在模筑混凝土浇筑现场,取混凝土料,将 150 mm×150 mm×150 mm 标准试模填满,检查试件的制取组数,制作方法参考混凝土抗压强度标准试件制作方法,在标准养护条件下养护 28d,按照标准试验方法检测。

凿芯法,超声-回弹综合法,检查试件的制取组数和抗压强度的合格标准与喷射混凝土强度检测方法相同。

三、混凝土衬砌结构厚度检测方法

1. 凿芯法和冲击钻打孔量测法

凿芯法和冲击钻打孔量测法检查是现场检测的主要方法,是最直观、最可靠和最准确的检测方法。不足之处在于此方法具有破坏性,需要把衬砌凿穿,容易凿穿防水层。此方法仅针对衬砌个别"点"厚度的测量,在实测过程中,隧道衬砌厚度值变化较大时,并不能依靠此方法全面反映厚度情况。

1)凿芯法

凿芯法(即钻孔取芯量测法):通过量测混凝土芯样的长度,准确获得该处衬砌混凝土的厚度。钻孔取芯的设备与前述钻芯法检测混凝土强度的设备一样,但多选用小直径钻头。

2)冲击钻打孔量测法

对于普查性检测,采用凿芯法成本高,且费时、费力,可选用冲击钻打孔量测法。具体做法是先在待检测部位用普通冲击钻打孔,然后量测孔深。为提高量测精度,可以采用已知长度为 L 的带直角钩的高强度铁丝深入钻孔中至孔底,平移铁丝并缓慢向孔壁移动,使直角钩挂在衬砌混凝土外表面。量测铁丝衬砌厚度:

$$L = L_0 - L_i$$

式中：L_0——铁丝的直段长度；

L_i——量测铁丝外露部分长度。

如果铁丝直钩不能够挂在衬砌混凝土外表面,则表明衬砌背后无孔洞或较大离缝,直接量测铁丝外露部分即可。

2.激光断面仪检测法

激光断面仪检测法是指在同一断面位置,将用隧道激光断面仪检测的喷锚衬砌内轮廓线与二次模筑混凝土衬砌内轮廓线对比,即可得出模筑混凝土衬砌的厚度尺寸。利用该方法必须满足以下条件：

(1)衬砌浇筑前已有初期支护内轮廓线的实测结果。

(2)衬砌背后不存在空洞或间隙。

(3)初期支护内轮廓线的实测结果与二次模筑混凝土衬砌内轮廓线的测试结果在同一坐标系中的同一断面位置。

3.直接测量法

直接测量法是指以二次模筑混凝土衬砌内模为参照物,直接测量。二次衬砌模板台车就位后,在模板台车端头沿台车内模以不大于 2.0 m 的间距布置测点,沿内模法线方向用直尺直接量取模板距初期支护表面的距离,可得到二次模筑混凝土衬砌厚度。

4.地质雷达法

地质雷达法是指在混凝土衬砌表面布置纵向连续测线,采用地质雷达设备配合高频天线对衬砌结构进行扫描,得到衬砌结构厚度数据。检测方法与喷射混凝土厚度检测相同。

四、混凝土衬砌结构背后空洞检测

1.钻孔取芯量测法

可在凿芯法检测混凝土衬砌厚度时同时进行,取芯后,在孔内可用直尺量取数据,或用内窥镜观察空洞情况。

2.冲击钻打孔量测法

在采用已知长度为 L_0 的带直角钩的高强度铁丝量测衬砌混凝土厚度同时,将铁丝直接插入底部,量取外露长度 L_i,将测得的衬砌厚度 L 扣除,即为空洞高度(厚度)L_K：

$$L_K = L_0 - L_i - L$$

如果铁丝直钩不能够挂在衬砌混凝土外表面,则表明衬砌背后无孔洞或较大离缝。

3.地质雷达法

检测方法与衬砌厚度检测相同。

五、外观缺陷检测

隧道混凝土衬砌外观缺陷检测包括检查裂缝、蜂窝麻面、平整度和几何轮廓等。外部缺陷检测可用人眼观察,或用有刻度的放大镜、塞尺皮尺等量测,并采用手绘记录、拍照记录。近年来逐步采用了红外成像法连续扫描记录,快速、直观、准确。衬砌平整度和内轮廓线检测的基本要求及检测方法参考前文,这里仅介绍采用刻度放大镜或塞尺检测衬砌混凝土裂缝的方法。

1. 刻度放大镜

刻度放大镜也称裂缝显微镜。操作方法:将物镜对准待观测裂缝,通过旋转显微镜侧面的旋钮可将图像调整清晰,可直接从目镜读出裂缝的宽度数值。

部分裂缝显微镜具有自动测读裂缝宽度的功能,具有很高的分辨率,显微镜连有一个在任何工作条件下都能提供清晰图像的可调光源。如 Wexham 裂缝显微镜是一种性能优越的产品,可用来测试混凝土和其他材料中的裂缝宽度;目镜分度镜可以 360° 旋转,以达到与所测裂缝平行。量程为 4 mm,被 0.2 mm 的刻度格分割,0.2 mm 刻度格又被 0.02 mm 的小刻度格分割。

2. 塞尺

塞尺由标有厚度的数个薄钢片组成,可以量测裂缝的宽度和深度。根据插入裂缝的钢片厚度和深度,得出宽度较大的裂缝的宽度和深度。

3. 合格标准

衬砌混凝土轮廓线顺直、规整,衬砌表面应密实、无裂缝,颜色应均匀一致。混凝土表面每隧道延米中,蜂窝、麻面和气泡面积不应超过 0.5%,蜂窝、麻面深度不应超过 5 mm。

六、仰拱及仰拱填充检测

仰拱衬砌及仰拱填充属隐蔽工程,需在施工过程中进行检测。施工完成后检测方法多用钻孔取芯法、地质雷达法检测仰拱混凝土衬砌及仰拱填充混凝土的强度、厚度、深度。采用钻孔取芯法检测仰拱断面形状时,每个检测断面应分别在断面的左、中、右钻孔,钻孔总数应不少于 5 个点。

七、隧道衬砌整体检测

衬砌混凝土完成后还应对隧道整体情况进行检测,包括隧道中线、路线中线、衬砌偏位、隧道净高及净宽、车道宽度等。主要实测项目及检测控制指标见表 7-1。

表 7-1　隧道总体实测项目及要求

项次	检查项目	规定值或允许偏差	检查方法和频率
1	行车道宽度/mm	±10	尺量或激光断面仪法:曲线每20 m、直线每40 m检查1个断面
2	内轮廓宽度/mm	不小于设计值	
3	内轮廓高度/mm	不小于设计值	激光测距仪或激光断面仪法:曲线每20 m、直线每40 m检查1个断面,每个断面测拱顶和两侧拱腰共3点
4	隧道偏位/mm	20	全站仪:曲线每20 m、直线每40 m测1处
5	边坡或仰坡坡度	不大于设计值	尺量:每个洞口检查10处

◇ 任务 7.3　地质雷达检测混凝土衬砌质量

地质雷达技术是一种先进的无损检测技术,其特点是快速、无损、连续检测,并以实时成像方式显示地下结构剖面,探测结果一目了然,分析、判读直观方便。其探测精度高、样点密、工作效率高,因而在隧道工程质量检测中得到推广应用。

一、地质雷达法的原理

地质雷达法是一种利用光谱(频率为 1 MHz～2 GHz)电磁技术来确定地下介质分布的方法,在隧道内,通过电磁波发射器向隧道衬砌发射高频宽频带短脉冲电磁波。这些电磁波经衬砌界面或空洞时会发生反射,并返回到接收天线。电磁波在介质中传播时,其传播路径、电磁场强度及波形将随所通过介质的电性质及几何形态而变化。通过接收并分析这些反射回来的电磁波的传播时间(也称双程走时)、幅度及波形,可以推断出介质的结构,进而求得反射界面的深度。

实测时,将雷达的发射和接收天线密贴于衬砌表面,雷达波通过天线进入混凝土衬砌,遇到钢筋、钢拱架、材质有差别的混凝土、混凝土中间的不连续面、混凝土与空气分界面、混凝土与岩石分界面、岩石中的裂面等时,都会产生反射。接收天线接收到反射波后,测出反射波的入射、反射双向旅行,就可计算出反射波走过的路程长度,从而求出天线距反射面的距离。

二、地质雷达探测系统组成

地质雷达探测系统由地质雷达主机、天线、笔记本电脑、数据采集软件、数据分析处理软件等组成。地质雷达天线可采用不同频率的天线组合,低频天线探测距离长、精度低,高频天线探测距离短、精度高,天线频率有 50 MHz、100 MHz,500 MHz、800 MHz、1 GHz、1.2 GHz 等。

三、地质雷达主机的技术指标

(1)系统增益不低于 150 dB。

(2)信噪比不低于 60 dB。

(3)模/数转换不低于 16 位。

(4)采样间隔一般不大于 0.2 ns。

(5)信号叠加次数可选择或自动叠加。

(6)数据的触发和采集模式为距离/时间/手动。

(7)具有点测与连续测量功能。

(8)具有手动或自动位置标记功能。

(9)具有现场数据处理功能。

四、地质雷达天线的选择

根据探测对象和目的不同及探测深度和分辨率要求综合选择。

(1)对于探测深度≤1.3 m 的混凝土结构(如隧道衬砌结构、路基路面密实性),宜采用 400～600 MHz 天线;900 MHz 天线探测深度<0.5 m;900 MHz 加强型天线探测深度<1.1 m;1.5 GHz天线探测深度<0.25 m,宜作为辅助探测。

(2)在探测深度为 1.3～15 m 的混凝土结构(如仰拱深度,厚度等)或较大不良地质(空洞、溶洞、采空区等)时,宜采用 100 MHz 和 200 MHz 天线。

五、现场检测

喷射混凝土厚度、二次衬砌混凝土厚度、仰拱深度、混凝土衬砌内部情况及空洞等均可采用地质雷达法检测,其检测和数据处理方法均相同,差别在于各自的反射图像特征不同。

1.测线布置

隧道施工过程中质量检测以纵向布线为主,环向(横向)布线为辅。两车道纵向测线应分别在隧道拱顶、左右拱腰、左右边墙布置,根据检测需要可布置 5～7 条测线;三车道、四车道隧道应在隧道的拱腰部位增加两条测线,遇到衬砌有缺陷的地方应加密;隧底测线根据现场情况布置,一般为 1～3 条,有特殊要求的地段可布置网格状测线,主要探测密实情况或岩溶发育情况,宜在施作完成路基或路基调平层后进行。为将测线名称和编号与隧道实体对应和统一,建议面向隧道出口方向(里程增大方向),各测线从左到右依次编号,并标注各测线高度及其在纵向上的起伏变化(图 7-1)。路面中心测线应避开中央排水管及其影响范围。

环向测线实施较困难,可按检测内容和要求布设测线,一般环向测线沿隧道纵向的布置距离为 8~12 m。若检测中发现不合格地段,应加密测线或测点。

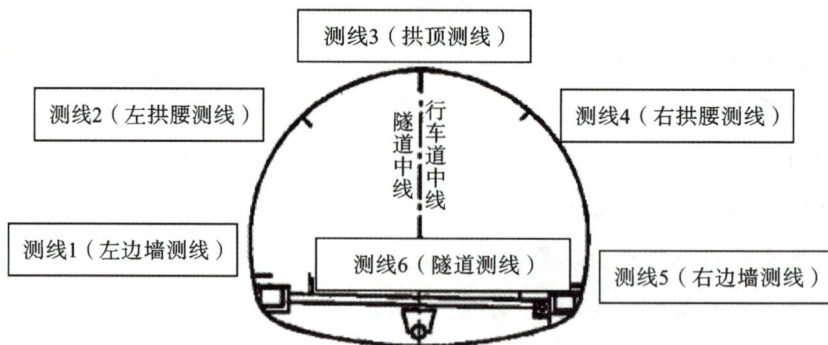

图 7-1 地质雷达测线布置示意图

2. 检测方式

(1)纵向布线采用连续测量方式,特殊地段或条件不允许时,可采用点测方式,测量点距不宜大于 200 mm,测线每 5~10 m 应有里程标记。

(2)环向测线尽量采用连续方式检测,也可采用点测方式,每道测线不小于 20 个测点。天线的定位方法可采用常用的手动打标定位法和测量轮测距定位法。测量轮测距定位法一般用在表面平整的二次衬砌地段,且应加强定位的误差标定或实施分段标定。

3. 现场准备

(1)清理障碍,包括施工障碍、交通车辆或机具、材料堆放等障碍。

(2)确定适当的测线高度,且测线应顺直,高度应统一。

(3)在隧道的同一侧边墙上按 5 m 或 10 m 间距标出里程桩号。

(4)高空作业台架或高空作业车,应安全可靠,使用方便,能使天线密贴衬砌表面。

(5)现场照明、通风、排水应良好。

(6)排除安全隐患,包括未完工的排水检查井、通行车辆等。

4. 主要参数设置方法

1)介质常数标定

(1)检测前应对喷射混凝土或二次衬砌的相对介电常数或电磁波速做现场标定,且每座隧道应不少于 1 处,每处实测不少于 3 次,取平均值。当隧道长度大于 3 km,或衬砌材料含水率变化较大时,应增加标定处数。

(2)标定方法:

①钻孔实测。

②在已知厚度部位或材料与隧道相同的其他预制件上测量。

③在洞内、洞口或洞内横洞位置使用双天线直达波法测量。

（3）求取参数时应具备以下条件：

①标定目标体的厚度，一般不小于 150 mm，且厚度已知。

②标定记录中界面反射信号应清晰、准确。

（4）标定结果按本任务中的"六、数据处理与解释"计算。

2）时窗长度确定

应根据探测深度和介质速度估算时窗长度，可用理论计算法、实用经验法。

（1）理论计算法。

时窗长度按下式计算：

$$\Delta t = \frac{2h \sqrt{\varepsilon_\mathrm{r}}}{0.3} k$$

式中：Δt——时窗长度（ns）；

　　k——时窗长度调整系数，一般取 1.5 左右；

　　h——目标体估计深度；

　　ε_r——相对介电常数。

计算时窗长度时，除满足理论时窗长度需要外，还宜适当考虑视觉习惯、数据处理、分析过程的方便和精度。

（2）实用经验法。

对于拱墙衬砌混凝土，时窗长度一般控制在 30～60 ns；对于仰拱衬砌混凝土，时窗长度一般控制在 60～100 ns。

3）采样率或采样间隔

应根据仪器性能和要求设置采样率，某些型号仪器无须设置，而是由仪器自动设置，或需设置检测时域内的采样点数，衬砌厚度检测时单道信号不宜小于 512 个采样点。

4）数据位数

应根据仪器性能和要求设置数据位数，一般 8 位或 16 位即可满足精度要求，但宜设置为16 位，某些型号的仪器无须设置。

5）滤波器设置

（1）垂直滤波器（IIR、FIR）。

①垂直低通：取 2～3 倍的中心（天线）频率，如采用 400 MHz 天线，低通截止频率宜为800 MHz。

②高通：取 1/6～1/4 中心（天线）频率。

③高通截止频率：如采用 400 MHz 天线，高通截止频率宜为 100 MHz。

某些型号的仪器在设置天线频率后，可直接自动调试，无须人工设置滤波器。

（2）水平滤波器（IIR 滤波器）。

①水平光滑滤波：一般宜设为 3（扫描线数量）。此值增加则光滑度增加，小目标从记录中被滤掉，如果是检测钢筋或管道，此值不应大于 5。若检测浅表非常细小的目标（如混凝土中的细钢筋、电线、铁丝），就不应使用该滤波器，应将此值设为零。若寻找地基层位，此值宜适当提高，但不得超过 20。

②水平背景去除滤波：数据采集时，一般不宜使用该滤波器。

6）数字叠加

叠加次数不宜过大，太大不仅探测运行速率慢，而且抑制噪声的效果也不太明显，一般以 4～32 次为宜。

7）探测扫描速率

探测扫描速率与车辆行驶速率（天线移动速率）是相对应的。探测扫描速率一般宜设置为 50～100 scans/s（扫描线/秒），其对应的车辆行驶速率不宜大于 5 km/h，不宜过快，以易于目标识别、分析，在视觉上单位纵向长度内的图像展布不宜过长或过短。

8）首波或直达波调试

分自动和手动调试，也包含自动调试找不到信号时的手动调试。现场检测时必须找到直达波作为深度起点。

9）显示增益设置和调试

最大正负波形幅度宜占调试框宽度的 50%～70%，避免反射信号微弱或饱和失真。如在彩色显示方式下，数据采集时若能在屏幕上辨认出实时显示的较微弱的反射信号，在后处理软件中一般可通过增益放大（GAINS）使反射信号变得更清晰可分辨，更易于处理和判定异常。某些仪器需要设置检测时窗内的增益点数（1～8 个），进行自动调试、分点或段手动调试。在 50 ns 时窗长度时宜设为 5 个增益点。

5. 检测工作注意事项

（1）测量人员必须事先经过培训，了解仪器性能及工作原理，并且具备一定的图像识别经验后，才可以进行仪器操作。

（2）正确连接雷达系统，在检测前进行试运行，确保主机、天线及输入输出设备运行正常。

（3）必须保持天线与被测衬砌表面密贴（空气耦合天线除外），天线不能脱离结构物表面或有任何一端翘起。天线未密贴的允许程度以能够较清晰分辨反射目标为基本要求，否则应及时重新检测已检测段落。

（4）天线应能灵活调整高度，使天线与测线位置准确对应。

（5）天线应移动平衡、速度均匀，移动速度宜为 3～5 km/h。

（6）当需要分段测量时，相邻测量段接头重复长度不应小于 1 m。

（7）记录测线位置和编号、天线移动方向、标记间隔等。

（8）在衬砌表面准确标记隧道里程桩号，严格控制误差。

（9）应随时记录可能对测量产生电磁影响的问题和物体（如渗水，电缆、铁架、埋管件等）及其位置。

应边检测，边记录，边注意浏览实时回波图像，边观察现场环境和安全状况，对有较大可疑的反射异常应及时记录和复检。当发现因参数设置不当、受到障碍影响、天线没有密贴、受到较强电磁场干扰、紧急情况等而导致检测图像数据质量较差时，应立即停止数据采集，重新设置并重新检测。

六、数据处理与解释

1. 数据处理

数据处理也称后处理，主要包括滤波处理、增益调整、色彩变换、显示方式（灰度图，单点方式）变换、复杂情况下的速度分段处理和折算处理等。

1）处理步骤

（1）应首先确定混凝土的电磁波速度。

（2）混凝土的雷达波相对介电常数和速度若需进行现场标定，则分别按下式计算。

①对于收发一体的天线：

$$\varepsilon_r = \frac{c^2}{v^2} = \frac{c^2}{\left(\dfrac{2d}{t}\right)^2} = \frac{t^2 c^2}{4d^2}$$

$$v = \frac{2d}{t}$$

②对于收发分离的天线：

$$\varepsilon_r = \frac{c^2}{v^2} = \frac{c^2}{\left(\dfrac{2d+x}{t}\right)^2} = \frac{t^2 c^2}{4d^2 + x^2 + 4dx}$$

式中：ε_r——相对介电常数，无量纲；

　　　v——雷达波速度（m/s）；

　　　c——真空（空气）中的雷达波速度（光速），3×10^8 m/s；

　　　d——已知目标深度（厚度）（m）；

　　　t——雷达波在已知厚度的目标中传播的往返旅行时间（s）；

x——发射天线与接收天线之间的距离(m)。

(3)回波起始点(零点)的确定方法。

根据已在现场采用的探测方式和拟判定的目标性质,可采用彩色灰度图或黑白灰度图等方式进行处理,或以其混合方式进行数据分析,但建议起始零点宜选定在直达波正波的中心位置。

(4)数据距离归一化处理。

数据距离归一化处理是一种处理方式,它按处理者的要求对整个数据文件中的每一个标记间的扫描数做等间距的处理。

(5)滤波处理。

在反射波图像不够清晰、有明显干扰时须进行滤波,常用的有效方法有水平光滑滤波、水平背景去除滤波、降低显示增益,应根据需要选择。

①水平光滑滤波:水平道间叠加,用于压制水平方向上的随机干扰,光滑记录,增强层位的连续性。

②水平背景去除滤波:用于改善识别小目标和消除水平干扰(水平干扰条带、强反射条带),处理后可分辨出被"背景淹没"的钢筋、钢拱架、反射界面等。

③对采集窗口段的波形降低显示增益,可有效减小干扰或信号幅度过大对波形的影响。

2)注意事项

(1)原始数据处理前应回放检验,数据记录应完整,信号清晰,里程标记准确。不合格的原始数据不得进行处理与解释。

(2)数据处理与解释软件应使用正式认证的软件或经鉴定合格的软件。

(3)应结合现场检测时的检测环境和条件变化情况进行解释。

(4)应清晰地看到直达波和反射波,并根据直达波和反射波特征分辨出反射波的真假异常,提取有效异常,剔除干扰异常或由障碍、天线未密贴、操作不当、天线或仪器缺陷等造成的异常。

(5)分析可能存在干扰的预埋管件等刚性构件的位置,准确地区分衬砌内部缺陷异常与预埋管件异常。

(6)数据处理过程中应选择正确的滤波方式,从而根据数据图像对隧道衬砌质量做出正确的分析与解释。

(7)雷达数据解释完后,若有不确定的疑问应及时进行复检或调查,必要时现场钻孔验证。

2. 混凝土结构厚度分析

雷达数据反映的混凝土厚度界面为反射波同相轴连续的强反射界面,在确认目标界面后,可借助后处理软件的厚度追踪功能或专用后处理追踪软件,得到间隔一定距离的对应桩号的厚度数据,并按要求绘制出厚度图。需注意用点测方式确定厚度位置对数据解释者的能力要求较高,在数据量较小的情况下,不易确定目标位置。

3. 混凝土结构背后回填密实性分析

地质雷达法检测混凝土结构背后回填的密实性(密实、不密实,空洞),可进行定性判定,主要判定特征如下:

(1)密实——反射信号弱,图像均一且反射界面不明显。

(2)不密实——反射信号强,信号同相轴呈绕射弧形,不连续且分散、杂乱。

(3)空洞——反射信号强,反射界面明显,下部有多次反射信号,两组信号时程差较大。

4. 混凝土内部钢架、钢筋、预埋管件判定

地质雷达法检测衬砌钢架、钢筋、预埋管件主要判定特征如下:

(1)钢架、预埋管件——反射信号强,图像呈分散的月牙状。

(2)钢筋——反射信号强,图像呈连续的小双曲线形。

课后习题

一、单项选择题

1. 以下检测方法不属于隧道内混凝土衬砌厚度检测方法的是(　　)。

    A. 凿芯法　　　　　　B. 回弹法　　　　　　C. 地质雷达法　　　　　　D. 激光断面仪法

2. 《公路工程质量检验评定标准 第一册 土建工程》(JTG F80/1—2017)对混凝土衬砌背后空洞的要求是(　　)。

    A. 无空洞、无杂物

    B. 空洞累计长度不应大于隧道总长的3%

    C. 空洞累计长度不应大于隧道总长的5%

    D. 空洞累计长度不应大于隧道总长的10%

3. 采用地质雷达法检测混凝土衬砌厚度,检查方法和频率为(　　)。

    A. 纵向3条测线,每20 m检查1个断面,每个断面3点

    B. 纵向3条测线,每10 m检查1个断面,每个断面3点

    C. 纵向5条测线,每20 m检查1个断面,每个断面5点

    D. 纵向5条测线,每10 m检查1个断面,每个断面5点

4. 衬砌混凝土厚度检查的合格标准为(　　)。

    A. 90%的检查点的厚度≥设计值,且最小厚度≥0.5倍设计值

    B. 95%的检查点的厚度≥设计值,且最小厚度≥0.5倍设计值

    C. 90%的检查点的厚度≥设计值,且最小厚度≥0.6倍设计值

    D. 95%的检查点的厚度≥设计值,且最小厚度≥0.6倍设计值

5. 混凝土衬砌墙面平整度的检查方法和频率是（　　）。

    A. 2 m 直尺；每 20 m 每侧连续检查 3 尺，每尺测量最大间隙

    B. 2 m 直尺；每 20 m 每侧连续检查 5 尺，每尺测量最大间隙

    C. 2 m 直尺；每 50 m 每侧连续检查 3 尺，每尺测量最大间隙

    D. 2 m 直尺；每 50 m 每侧连续检查 5 尺，每尺测量最大间隙

6. 隧道仰拱厚度的合格标准是（　　）。

    A. 平均厚度不小于 0.9 倍设计厚度　　　　B. 平均厚度不小于 0.95 倍设计厚度

    C. 最小厚度大于或等于 0.5 倍设计厚度　　D. 实测厚度不小于设计值

7. 明洞浇筑实测项目包括混凝土强度、混凝土厚度及（　　）。

    A. 衬砌与围岩接触情况　　　　　　　　　B. 墙面平整度

    C. 钢筋保护层厚度　　　　　　　　　　　D. 钢筋间距

二、判断题

1. 隧道衬砌混凝土浇筑时可采用先拱后墙的方式进行。（　　）

2. 隧道衬砌混凝土施工完成后还应对隧道总体情况进行检测，其中内轮廓宽度的允许偏差为 ±10 mm。（　　）

3. 在一般情况下，二次衬砌可以在围岩和初期支护变形基本稳定前施作。（　　）

4. 仰拱不属于混凝土衬砌。（　　）

5. 衬砌混凝土强度试验可采用标准试件法和凿芯法。（　　）

6. 隧道衬砌模板安装质量要求拱顶处的高程偏差不超过 ±10 mm。（　　）

7. 相邻环向受力筋搭接位置应错开，错开距离应不小于 1000 mm。（　　）

8. 拱墙混凝土衬砌墙面平整度检测施工缝位置要求不大于 20 mm。（　　）

9. 隧道衬砌混凝土在隧道内空气湿度＞90％时，可不进行洒水养护。（　　）

三、多项选择题

1. 隧道混凝土衬砌实测项目包括（　　）。

    A. 混凝土强度　　　　　　　　　　　　　B. 整体几何尺寸

    C. 衬砌背后空洞　　　　　　　　　　　　D. 衬砌厚度 E. 墙面平整度

2. 隧道施工时，模筑混凝土衬砌拆模后应立即进行养护，养护时需符合（　　）等相关规定。

    A. 普通混凝土养护时间不得小于 14 d，掺外加剂时养护不得少于 28 d

    B. 隧道内空气湿度＞90％时，可不进行洒水养护

    C. 明洞衬砌应采用覆盖或洒水养护

    D. 寒冷地区应做好衬砌保温工作，混凝土内部温度与环境温度差不得超过 20℃

3. 隧道混凝土衬砌背后空洞的检测方法有(　　)。

　　A. 冲击钻打孔量测法　　　　　　　　B. 钻孔取芯量测法

　　C. 激光断面仪法　　　　　　　　　　D. 地质雷达法

　　E. 超声法

4. 进行隧道工程质量检验评定时,混凝土衬砌外观质量应符合下列要求(　　)。

　　A. 每100延米,混凝土表面露筋不超过2处

　　B. 蜂窝麻面面积不得超过检查总面积的0.5%,深度不得超过20 mm

　　C. 钢筋混凝土衬砌裂缝宽度不得超过0.2 mm

　　D. 素混凝土衬砌裂缝宽度不得超过0.4 mm

5. 隧道混凝土衬砌钢筋实测项目包括(　　)。

　　A. 主筋间距　　　　B. 两层钢筋间距　　　C. 箍筋间距　　　　D. 钢筋长度

　　E. 钢筋保护层厚度

6. 隧道仰拱实测项目包括(　　)。

　　A. 混凝土厚度　　　　　　　　　　　B. 混凝土强度

　　C. 底面高程　　　　　　　　　　　　D. 钢筋保护层厚度

7. 仰拱质量检验评定基本要求包含(　　)。

　　A. 仰拱基地承载力应满足设计要求

　　B. 仰拱超挖后严禁回填虚土、虚渣

　　C. 仰拱浇筑前应无积水、杂物、虚渣

　　D. 仰拱曲率、仰拱与边墙连接应满足设计要求,并符合施工技术规范规定

冲击回波法检测 混凝土厚度　　冲击回波法检测 混凝土裂缝　　冲击回波法检测 混凝土缺陷　　地质雷达检测隧道 二次衬砌质量

地质雷达在隧道 工程中的应用　　钢筋保护层厚度检测　　隧道衬砌施工成套技术

施工监控量测

项目描述

本项目主要介绍隧道施工监控量测的方法及量测数据的处理及应用。

学习目标

(1)素质目标:培养安全意识,理解、领悟监控量测的重要性。

(2)知识目标:掌握隧道施工监控量测的基本要求;熟练掌握隧道施工监控量测的检测方法;能够说出隧道监控量测的必测项目名称;掌握隧道监控量测的结果处理方法。

(3)能力目标:能独立完成隧道监控量测,对后续的施工开展提出合理化建议。

案例导入

隧道施工必须按规定开展监控量测和超前地质预报。监控量测是一个非常有益的辅助手段,能够帮助我们及早发现异常情况,及时采取相应的措施,从而防止或控制不良情况的发生。岩溶,富水,含有瓦斯等有毒、有害气体,穿越煤层、采空区或有断层、破碎带等不良地质的隧道,必须用水平钻孔方式进行超前预报复核。全断面开挖水平钻孔不得少于 5 个,分步开挖水平钻孔不得少于 3 个,钻孔深度不得小于 30 m,前后两次钻孔搭接长度不得小于 5 m。通过监控量测、超前预报和超前预报的复核有效了解隧道开挖前方的地质情况,更好地指导施工,保证安全生产。

◉ 任务 8.1　隧道施工监控量测认知

隧道施工监控量测是指在隧道施工过程中,使用各种类型的仪表和工具,对围岩和支护衬砌变形、受力状态进行监测。通过施工监控量测可达到以下目的。

(1)确保安全:根据量测信息,预警险情,以便及时采取措施,避免事故。

(2)指导施工:了解隧道围岩及支护变形的发展趋势,对围岩稳定性作出判断,预测隧道围岩的最终稳定时间,以安排合理的施工顺序和二次衬砌施作时机。

(3)修正设计:检验施工预设计,调整支护参数和施工方法,使设计和施工更经济、合理。

(4)积累资料:已有工程的量测结果可以直接应用到后续同类围岩中,也为其他类似工程积累参考资料。

一、施工监控量测内容

监控量测的内容较多,通常分为必测量测项目和选测量测项目两类。

必测量测项目是施工过程中的经常性量测项目,通过对围岩及支护状态的观察、变形观测,判断围岩的稳定性。这类量测项目量测方法简单、量测密度大、可靠性高,对监视围岩稳定、指导设计和施工有巨大作用。

选测量测项目是必测项目的拓展和补充。通过对围岩及支护结构的受力、内力、应变,围岩内部位移等进行监测,深入掌握围岩的稳定状态与支护效果。选测量测项目多、测试元件埋设难度较大、费用较高,一般只对特殊地段、危险地段或有代表性的地段进行量测。多数选测量测项目竣工后可以长期观测。

二、仪器及传感器要求

(1)仪器及传感器具有出厂合格证,重复使用仪器须按规定时期标定,一次性传感器须有出厂标定。

(2)量测元件应具有良好的防水、防腐蚀、防振、防冲击波能力。

(3)量测仪器、元件的量测精度、量程满足工程要求。

(4)量测元件在埋设后能长期有效工作。

(5)量测基点应长期稳定,不受干扰,满足测量精度要求,可利用施工量测基点。

三、测点保护

在隧道监控量测过程中,将测点、测桩和传感器导线保护完好是连续采集量测数据的基本保障,必须严格保护。

(1)测点及测桩埋设不要过多地暴露在喷射混凝土外,能进行正常测试即可。尽可能加保护套,防止爆破飞石损坏机械设备。一旦发现测点损坏,要尽快重新埋设,并读取补埋后的初始读数。

(2)测点及测桩应牢固可靠,不松动、不移位,测桩锚固深度不小于 20 cm。

(3)测点及测桩不得悬挂任何物体,不得触碰和敲击,不得随意撤换,遭破坏后应即时恢复。

(4)测点周边应有红油漆或警示标识牌,易于识别。

(5)传感器线缆埋入衬砌部分应穿管保护,防止在喷射混凝土或混凝土施工过程中被损坏。

(6)传感器导线末端头应装入预留保护盒内。

(7)支护结构施工时要注意保护测点。

▶ 任务 8.2 隧道必测量测项目的量测方法

必测量测项目包括洞内外观察、拱顶下沉量测、周边收敛量测、地表沉降观测,见表 8－1。

表 8－1 必测量测项目及量测方法

序号	项目名称	方法及工具	布置	测试精度/mm	测量间隔时间			
					1～15d	16d～1个月	1～3个月	大于3个月
1	洞内外观察	现场观测地质罗盘等	—	—	—			
2	周边收敛	各类收敛计、全站仪或其他非接触量测仪器	每 5～100 m 一个断面,每断面 2～3 对测点	0.5 mm(预留变形量不大于 30 mm 时);1 mm(预留变形量大于 30 mm 时)	(1～2)次/d	1 次/2d	(1～2)次/周	(1～3)次/月
3	拱顶下沉	水准测量的方法,水准仪、钢尺、全站仪等	每 5～100 m 一个断面		(1～2)次/d	1 次/2d	(1～2)次/周	(1～3)次/月
4	地表下沉	水准仪、全站仪	洞口段、浅埋段($h \leqslant 2.5b$),布置不少于 2 个断面,每个断面不少于 3 个测点	0.5 mm	开挖面距量测断面前后＜2.5b 时,(1～2)次/d;开挖面距量测断面前后＜5b 时,1 次/(2～3)d;开挖面距量测断面前后＞5b 时,1 次/(3～7)d			
5	拱脚下沉	水准仪、全站仪	富水软弱破碎围岩,含水黄土、膨胀岩土等不良地质和特殊性岩土段	0.5 mm	仰拱施工前,(1～2)次/d			

注:b 为隧道开挖宽度;h 为隧道覆盖层厚度。

一、洞内外观察

1. 观察目的

在隧道勘察设计阶段,地质勘探工作很难提供完全准确的地质资料。因此,特别需要在施工过程中对隧道围岩开挖揭露的地质情况、地下水出露情况、支护工作状态进行观察并描述,同时还需对隧道开挖影响范围的地表及周边地段情况进行观察、观测,进行围岩级别判定,了解并预测其变化。

2. 观察内容

洞内掌子面观察,隧道已施工区间的支护状态及施工状态观察,洞外地表及周边建筑变形观察。

1)掌子面观察

(1)岩性、岩层产状。

(2)地层结构面(节理、裂隙)形态、规模、产状及充填物。

(3)不良地质(溶洞、断层、采空区、有害气体等)揭露情况。

(4)地下水类型、涌水量、涌水位置、涌水压力等。

(5)开挖工作面的稳定状态,是否有坍塌、掉块、明显变形、挤出等情况。

2)支护状态及施工状态观察

(1)开挖方法,台阶长度、高度、宽度。

(2)初期支护、二次衬砌、仰拱衬砌施作时机、一次开挖长度、距开挖面的距离。

(3)初期支护、二次衬砌开裂及渗水情况(位置、状态,水量等)。

(4)钢拱架有无悬空及悬空长度,钢拱压曲、歪斜。

(5)仰拱衬砌底鼓、开裂、渗水。

(6)施工中存在的其他缺陷。

3)洞外观察

(1)地表开裂、滑移、沉陷。

(2)边坡仰坡开裂、滑塌、碎落、渗水。

(3)地面植物、树木倾斜和移动。

(4)地表水水流变化。

3. 观察方法

主要为目视检查,并借助地质罗盘、地质锤、手电、放大镜、卷尺、秒表、相机等工具和设备进行检查,并详细记录和描绘。

4. 观察频率

隧道洞内掌子面一般每开挖循环观察一次,下台阶和仰拱每开挖循环检查一次;初期支护、二次衬砌巡查每天一次;洞外观察与地表沉降观测频率一致,当遇天气变化特别是极端天气情况时应实时观察。

二、周边收敛量测

周边收敛是指隧道两侧壁面测点之间连线的相对位移。

1. 量测仪器

隧道周边收敛量测是指在隧道两侧壁面对称埋设测桩,用收敛计进行量测,如图 8 - 1 所示。目前隧道施工中常用的收敛计为弹簧式收敛计和重锤式收敛计。

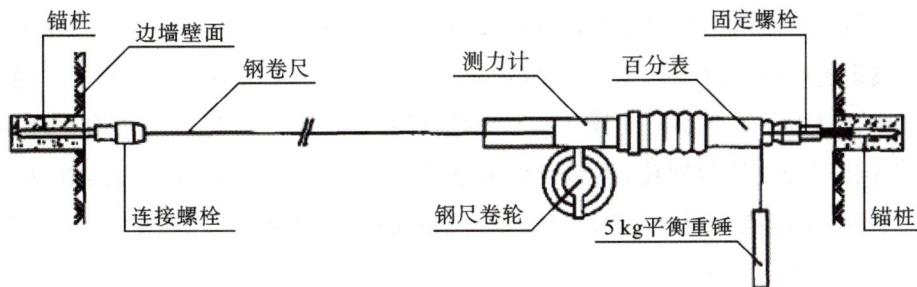

图 8-1　周边收敛量测图

2. 测点布置

周边位移量测沿隧道纵向每 5～50 m 布置一个量测断面。对于洞口段、浅埋地段、软弱地层段、大变形段,断面布置间距一般不大于 2 倍开挖洞径或 20 m。地质条件差时或重要工程,应加密布设。周边收敛量测断面和拱顶下沉量测断面应布置在同一断面(桩号)。每个量测断面一般布置两条水平测线,如图 8-2 所示。三台阶法开挖的隧道及单洞四车道隧道,需设 3 条测线,每台阶至少 1 条测线;侧壁导坑开挖、双侧壁导坑开挖时,在导坑内按同样的方法布设测线。测线应高出开挖底面不小于 1.5 m。

3. 测点埋设

隧道开挖初期数据变化较大,测点要及时埋设,各测点宜在靠近掌子面、不受爆破影响范围内尽快安设,初读数应在每次开挖后 12 h 内、下一循环开挖前取得,最迟不得超过本次开挖后 24 h。

隧道开挖初喷后,在测线布置位置钻直径为 42 mm、深 300 mm 的孔,在孔内埋入测桩,测桩杆长≥300 mm,用锚固剂将测桩锚固在钻孔内(测桩不能焊在钢拱架上),测桩外露头需加保护套,如图 8-3 所示。每条测线两端各一个。喷射混凝土复喷时不要把保护套覆盖,可在喷射混凝土前用易凿除的填充物保护测头,待喷射混凝土复喷完成后,凿除覆盖喷层和保护填充物,漏出测头,并用红色油漆做好标记。记录测点埋设桩号、测点编号和埋设时间。

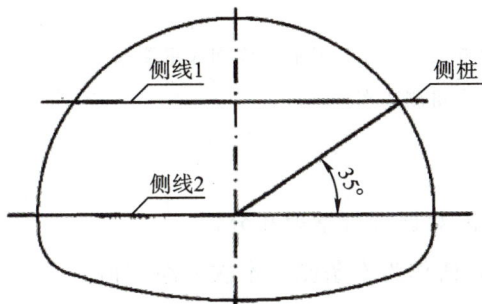

图 8-2　周边收敛测线布置图

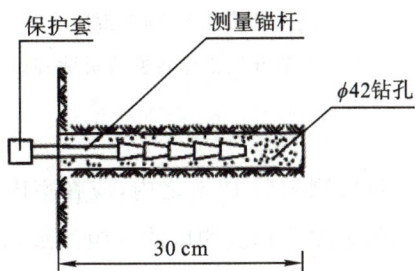

图 8-3　周边收敛测桩埋设图

4.测取读数方法

不同的收敛计有不同的使用方法,下面介绍重锤式收敛计读数测取方法。每次量测时将收敛仪固定在隧道边墙一侧的测桩上,拉出收敛仪上的钢卷尺固定在隧道另一侧同一高度的测桩上,安装好收敛仪后,记录钢卷尺读数。挂上平衡重锤慢慢放下,待稳定后读取百分表读数,再抬起平衡重锤让百分表读数回位,然后慢慢放下重锤,待稳定后读取百分表读数,反复3次,3组读数在现场分别填入记录表,并记录仪器编号、断面桩号、测线编号、测量人、记录人、量测日期等。每条测线分别重复进行。

注意,某一量测断面每次量测都应使用同一收敛仪量测,以避免不同仪器出现的量测误差。

5.量测频率

待固定测桩的锚固剂强度达到70%后即可测取初始读数,并将读数填入现场量测记录表。此后量测频率除满足表8-1的基本要求外,还应根据围岩位移变化速度和量测断面距开挖面的距离按表8-2和表8-3的要求进行,并应满足最低量测频率要求。当量测断面施工状况发生变化时(如下台阶开挖、仰拱开挖),应增加量测频率。

表8-2 净空位移和拱顶下沉的量测频率(按位移速度)

位移速度/(mm/d)	量测频率	位移速度/(mm/d)	量测频率
≥5	2～3次/d	0.2～0.5	1次/3d
1～5	1次/d	<0.2	1次/(3～7)d
0.5～1	1次/(2～3)d		

表8-3 净空位移和拱顶下沉的量测频率(按与开挖面的距离)

量测断面距开挖面距离/m	量测频率	量测断面距开挖面距离/m	量测频率
(0～1)b	2次/d	(2～5)b	1次/(2～3)d
(1～2)b	1次/d	>5b	1次/(3～7)d

注:(1)b为隧道开挖宽度。

(2)变形速率突然变大,喷射混凝土表面、地表有裂缝出现并持续发展时应加大量测频率。

(3)上下台阶开挖工序转换或拆除临时支撑时应加大量测频率。

6.数据整理及计算

(1)每次测量后12 h之内,应在室内对所量测的数据进行整理和分析。

(2)每条测线每次测取的3组读数,计算其平均值作为本条测线本次的净空值。

(3)计算周边收敛值。

根据每次测得的净空值与上次测得的净空值的差,得到两次净空值的变化,即为两次量测

时间段内的周边收敛值,按下式计算:

$$\Delta d = d_{(i)} - d_{(i-1)}$$

式中: Δd——收敛值;

　　$d_{(i)}$——本次测取读数;

　　$d_{(i-1)}$——上次测取读数。

(4)温度修正。

当隧道内温度变化较大时,应对钢尺进行温度修正,按下式计算:

$$\varepsilon_r = \alpha(T_0 - T)L$$

式中: ε_r——温度修正值;

　　a——钢尺线膨胀系数;

　　T_0——鉴定钢尺的标准温度, $T_0 = 20\ ℃$,也可是洞内常温下的鉴定钢尺温度;

　　T——每次量测时的平均气温;

　　L——钢尺长度。

(5)绘制时间-周边收敛曲线图。

根据计算结果,绘制时间-周边收敛曲线,计算过程可用计算机编程完成,并自动生成时间-周边收敛曲线图。

三、拱顶下沉量测

隧道拱顶下沉量测是为了了解隧道拱顶下沉变化情况。

1. 量测仪器

精密水准仪、塔尺,量测精度为 $\pm 0.5\ mm$。

2. 测点布置

拱顶下沉量测断面布置与周边收敛量测断面布置相同。在每个量测断面的隧道拱顶布设1~3个测点,测点横向间距2~3 m,如图8-4所示。

3. 测点埋设

和周边收敛量测一样,各测点宜在靠近掌子面、不受爆破影响的范围内尽快安设,初读数应在每次开挖后12 h内、下一循环开挖前取得,最迟不得超过本次开挖后24 h。

测点要及时埋设,要求在距开挖面2 m范围内、开挖后24 h内埋设,在下一循环开挖或爆破前读取初始读数。

隧道围岩开挖初喷后,在测点位置垂直向上钻孔,孔深300 mm,孔径42 mm。用锚固剂将带挂钩的测桩锚在钻孔内,挂钩向下外露,如图8-5所示。挂钩可用 $\phi 8$ 钢筋,弯成圆形或三角形,并用红色油漆做好标记。记录测点埋设桩号、测点编号和埋设时间。

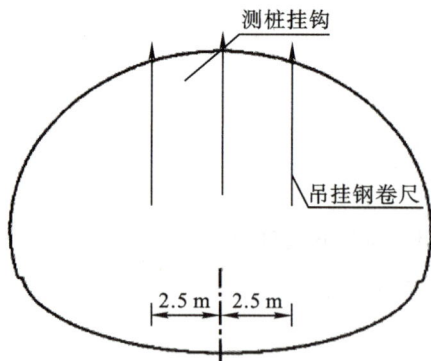

图 8-4　单洞隧道拱顶下沉测线布置图　　　　图 8-5　隧道拱顶下沉测桩埋设图

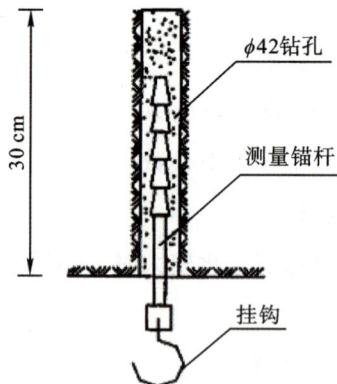

4. 基点埋设

用水准仪量测拱顶下沉时,需另外埋设稳定的观测基点,基点埋设应在测点埋设之前完成。基点应选择在通视条件好、地基稳定不变形、监测期间不被扰动和破坏的坚硬岩石或构造物上,基点应打孔埋设测桩,孔深 100~200 mm,孔径为 38~42 mm。测桩钢筋直径为 18~22 mm,竖向埋没,上端露头小于 50 mm,外露头磨圆。记录测点埋设时间。洞内基点可设在已完成的稳定衬砌边墙或基础上。

5. 测取读数方法

每次量测时在后方基点立塔尺或铟钢尺,读取基点(后视)读数,再将钢卷尺(或塔尺)吊挂在拱顶挂钩上,在钢卷尺(或塔尺)基本不摆动的状态下通过精密水准仪测取(前视)读数。每次测取读数填入记录表,多个拱顶测点尽可能使用同一基点,并一站完成。

6. 量测频率

拱顶下沉量测频率与周边收敛量测频率相同。

7. 数据整理及计算

(1)每次测量后 12 h 之内,应在室内对所量测的数据进行整理和分析。

(2)计算拱顶下沉值。

设基点高程为 h,前一次后视点(基点)读数为 A_1,前视点(拱顶测点)读数为 B_1,当次后视点读数为 A_2,前视点读数为 B_2。

则前一次拱顶高程:

$$h_1 = h_0 + A_1 + B_1$$

当次拱顶高程:

$$h_2 = h_0 + A_2 + B_2$$

拱顶位移值：

$$\Delta h = h_2 - h_1 = (A_2 + B_2) - (A_1 + B_1)$$

计算结果：若 $\Delta h < 0$，则拱顶下沉；若 $\Delta h > 0$，则拱顶上移。

(3)绘制时间-拱顶下沉曲线图。

根据计算结果，绘制时间-拱顶下沉曲线。计算过程可用计算机编程完成，并自动生成时间-拱顶下沉曲线图。

四、地表沉降量测

地表沉降量测是为了观测隧道通过地段的地表下沉量和下沉范围；地表有建筑物时还包括观测建筑物下沉变形情况，同时了解隧道开挖掘进与地表下沉的动态关系。

1.量测仪器

水准仪或精密水准仪、塔尺，量测精度为 ±1 mm。

2.测点布置

地面观测测点布置在隧道上方的隧道开挖可能引起地表沉降的区域。量测断面尽可能与隧道轴线垂直，根据地表纵向坡度确定地表量测断面数量，一般不少于 3 个，断面间距 5～10 m。地表纵向坡度较陡时，断面布置间距小，数量少；地表纵向坡度较缓时，断面布置间距大，数量多。量测断面宜与洞内周边收敛和拱顶下沉量测布置在同一个断面（桩号）。

量测范围应大于隧道开挖影响范围，隧道中线附近应适当加密测点。单洞隧道每个量测断面的测点不少于 5 个，连拱隧道每个量测断面的测点不少于 7 个，量测断面测点布置如图 8-6所示。横向布置间距为 2～5 m，一般布置 7～11 个测点，隧道中线附近较密。小净距隧道、四车道大断面隧道，根据情况适当加密。当地表有建筑物时，应在建筑物周围增设地表下沉观测点。

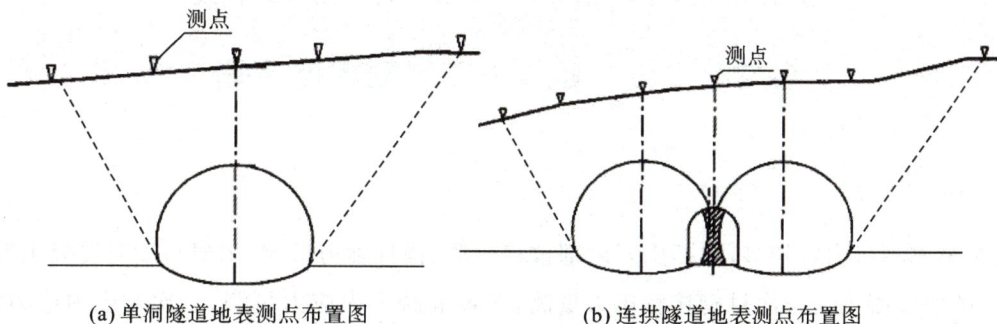

(a)单洞隧道地表测点布置图　　　　(b)连拱隧道地表测点布置图

图 8-6 地表下沉测点布置图

3. 基点埋设

基点应选择在隧道开挖影响范围以外,通视条件好、基础稳定、抗自然灾害强的位置。基点应在整个地表观测期间不移动、不变形、不被破坏。在稳定性好、强度高、不易风化的裸露基岩上埋设基点时,可在基岩上钻孔,孔深 $100\sim200$ mm,孔径为 $38\sim42$ mm。埋入直径为 $18\sim22$ mm 的钢筋,竖向埋没,钢筋露头 50 mm,磨圆,用红油漆作明显标记。在土质区域,应在不被人畜踩踏、水流冲刷的位置设基点,需挖坑(深度不小于 300 mm,直径不小于 400 mm)插入长 500 mm、直径为 22 mm 的钢筋,周边灌注 C20 混凝土,钢筋露头 5 mm,磨圆,用红油漆作明显标记。基点埋设后应记录埋设时间。

4. 测点埋设

测点埋设与基点埋设要求相同。基点和测点的埋设时机:在隧道开挖到量测断面前 3 倍隧道开挖跨度距离前,洞口段埋设应在开挖进洞前完成。记录测点埋设桩号、测点编号和埋设时间。

5. 测取读数方法

地表沉降测取读数方法与普通水准仪高程测量方法相同。每次测取读数填入记录表,多个测点尽可能使用同一基点,并尽可能减少仪器转站。

6. 量测频率

地表沉降观察应在固定基点和测点的混凝土或锚固剂强度达到 70% 以后测取初始读数,此后当开挖面距量测断面前后距离 $d\leqslant2.5b$(b 为开挖宽度)时,每天量测 $1\sim2$ 次;当 $2.5b<d\leqslant5b$ 时,每两天量测一次,当 $d>5b$ 时,每周量测 1 次;当有工序转换或出现异常情况时,应适当增大量测频率。

7. 数据整理

每次测量后立即(不超过 12 h)在室内对所量测的结果进行整理,录入计算机。每次测得的测点与基点的高差值与前次测得高差值的差,即为测点下沉值。具体计算方法与拱顶下沉计算方法相同,计算过程应用计算机编程完成,并自动生成时间-拱顶下沉曲线。

▶任务 8.3　隧道选测量测项目认知

一、选测量测项目内容

选测量测项目内容较多,包括围岩内部位移量测、锚杆轴力量测、围岩与喷射混凝土接触压力量测、喷射混凝土与二次衬砌接触压力量测、喷射混凝土内应力量测、二次衬砌内应力量测、钢支撑内力量测,围岩弹性波速、爆破震动量测等,见表 8-4。

表 8 - 4 选测量测项目及量测频率

序号	项目名称	方法及工具	布置	测试精度	量测间隔时间			
					1～15d	16d～1个月	1～3个月	大于3个月
1	钢架内力及外力	钢筋计、表面应力计	每代表性地段1～2断面、每断面3～7个测点	0.1 MPa	(1～2)次/d	1次/2d	(1～2)次/周	(1～3)次/月
2	围岩内部位移（洞内设点）	洞内钻孔,安设单点、多点杆式或钢丝式位移计	每代表性地段,1～2个断面,每断面3～7个孔	0.1 mm	(1～2)次/d	1次/2d	(1～2)次/周	(1～3)次/月
3	围岩内部位移（地表设点）	多点位移计、倾斜仪	浅埋地段1～2个断面,每断面3～5个测点	0.1 mm	同地表下沉要求			
4	围岩压力	压力盒	每代表性地段1～2断面、每断面3～7个测点	0.01 MPa	(1～2)次/d	1次/2d	(1～2)次/周	(1～3)次/月
5	两层支护间压力	压力盒	每代表性地段1～2断面、每断面3～7个测点	0.01 MPa	(1～2)次/d	1次/2d	(1～2)次/周	(1～3)次/月
6	锚杆轴力	钢筋计、锚杆测力计	每代表性地段1～2个断面,每断面3～7根锚杆,每根锚杆2～4测点	0.01 MPa	(1～2)次/d	1次/2d	(1～2)次/周	(1～3)次/月
7	支护衬砌内应力	各类混凝土应变计,表面应力计	每代表性地段1～2断面、每断面3～7个测点	0.01 MPa	(1～2)次/d	1次/2d	(1～2)次/周	(1～3)次/月
8	围岩弹性波速	各种声波仪及测振探头	选择代表性地段,不少于2组	—	—			
9	爆破振动	测振及配套传感器	邻近建筑物、结构物	—	随爆破进行			
10	渗水压力渗水量	渗压计、流量计		0.01 MPa	—			
11	地表下沉	水准测量的方法,水准仪等	有特殊要求段落	0.5 mm	开挖面距量测断面前后＜2.5b时,(1～2)次/d;开挖面距量测断面前后＜5b时,1次/(2～3)d;开挖面距量测断面前后＞5b时,1次/(3～7)d			
12	地表水平位移	经纬仪、全站仪	有可能发生滑移的洞口段高边坡	0.5 mm	—			

注:b 为隧道开挖宽度。

围岩内部位移测试精度可为 0.1 mm,爆破振动速度测试精度可为 1 mm/s,其他选测项目监测设备元器件的满量程(F. S.)可为预计控制值的 1.5～2.0 倍,测试精度按表 8-5 选取。

表 8-5　元器件的精度

序号	元器件	精度
1	压力盒	≤0.5%F. S.
2	电阻应变片	±0.5% F. S.
3	混凝土应变计	±0.1% F. S.
4	钢筋计	拉伸,0.5% F. S.;压缩,1.0% F. S.
5	锚杆轴力计	≤0.5% F. S.
6	水压计	≤0.1% F. S.

二、量测断面选择和测点布置要求

洞内量测项目的量测断面位置布置和数量见表 8-4,一般是布置在围岩条件较差的Ⅳ、Ⅴ和Ⅴ级围岩中,每种围岩级别的每连续地段可设 1～2 个断面;Ⅲ级围岩可设 1 个断面;有特殊要求的地段可设 1～2 个断面;与必测量测断面布置在同一桩号,同步进行量测。

对每一量测断面,测点位置一般布置在拱顶、两侧拱腰和边墙位置,两车道隧道布置 3～5个,三车道隧道布置 5～7 个。根据量测内容的不同,每个断面位置的测点数要求不同。和周边收敛和拱顶下沉量测一样,测点要及时埋设,要求在距开挖面 2 m 范围内、开挖后 24 h 内完成,在下一循环开挖或爆破前读取初始读数。

三、围岩内部位移量测

1. 量测目的

围岩内部位移(洞内设点)是隧道周边与围岩内部某一点沿量测孔钻孔方向的相对位移。通过量测围岩内部位移可了解隧道围岩内部不同深度的位移情况,了解围岩松弛区大致范围,为判断围岩的松弛变形情况提供数据。

2. 量测仪器和原理

目前国内外量测围岩内部位移,采用多点位移计和单点位移计。多点位移计一般为杆式多点位移计,单点位移计一般为弦式(钻孔伸长计,引伸计)位移计;数据采集方式可分为机械式(百分表、数显百分表、游标卡尺)和电测式(差动电阻式,电感式,振弦式等)。

1)杆式多点位移计基本构造

杆式多点位移计测试原理示意图如图 8-7 所示。它是由若干定位件、薄壁 PVC 管、若干传导杆(一般为铝、铜棒)、百分表等构成的,每一传导杆连接一个固定件,传导杆穿在 PVC 管内,可以在管内自由伸缩。定位件是均匀布置在测孔内的,通过水泥砂浆与测孔孔壁固定在一起。

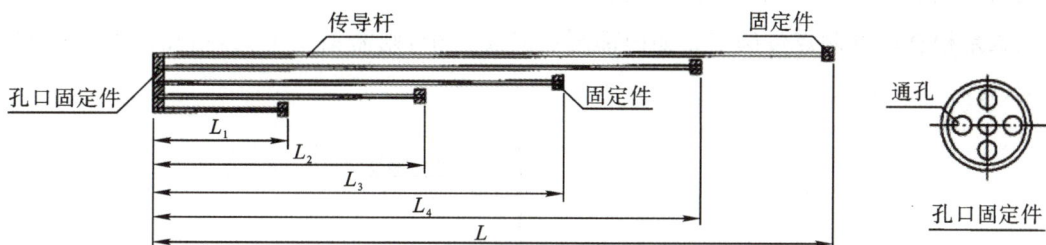

图 8-7　杆式多点位移计测试原理示意图

2)量测原理

当围岩松弛时,由于定位件(点)与水泥砂浆的黏结作用,带动定位件(点)移动,同时带动传导杆伸缩,在测孔孔口用百分表量测传导杆的伸缩量,即测得固定件(点)与孔口固定点的相对位移值。围岩内部松动程度与围岩深度有很大关系,深度越大、松动位移越小。当钻孔足够深(穿过松动范围)时,位于足够深处的固定件(点)可以认为是不动点。测得隧道周边与固定件(点)的相对位移,即为隧道周边的绝对位移。位于松动范围内的固定件(点)会随围岩的松动产生位移,所以测得的位移为相对位移。根据某一时间段内前后两次的量测数据,计算出各固定件(点)与隧道周边的相对位移,也可测得各固定件(点)之间的相对位移,即可获得围岩内部不同深度的位移分布情况。多点位移计量测原理图如图 8-8 所示。

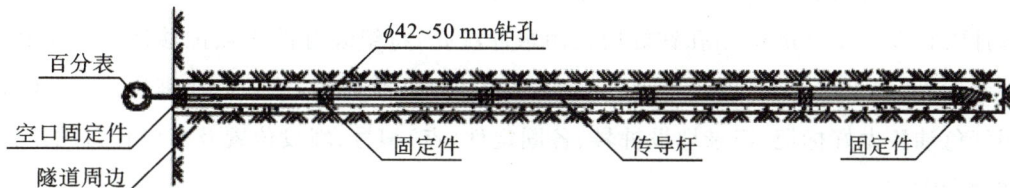

图 8-8　多点位移计量测原理图

3)适用条件

杆式位移计适用于能钻孔成型的各类岩体。因其埋设方便,价位低廉,因此得到广泛应用。

3.测点布置

宜在代表性地段设 1~2 个量测断面。采用多点位移计量测时,在选定的量测断面,沿隧道开挖轮廓线分别在拱顶、拱腰和边墙部位布置 3~7 个深孔,连拱隧道钻 6 个深孔(图 8-9),也可在隧道较敏感位置布置钻孔。孔深应比锚杆设计长度大 100～200 mm,或根据量测要求和分析松动范围确定钻孔深度,一般为 3.0～5.0 m。每个测孔内一般布置 5 个测点,即 6 个定位件(孔口必须有一个定位件)、5 根连杆。

使用单点位移计时,需沿隧道开挖轮廓线分别在拱顶、拱腰和边墙部位布置测点,每个部位的钻孔数量根据内部测点数确定。如内部测点需要 4 个,则需钻 4 个孔,钻孔深度根据测点深度确定(1.5～4.5 m)。

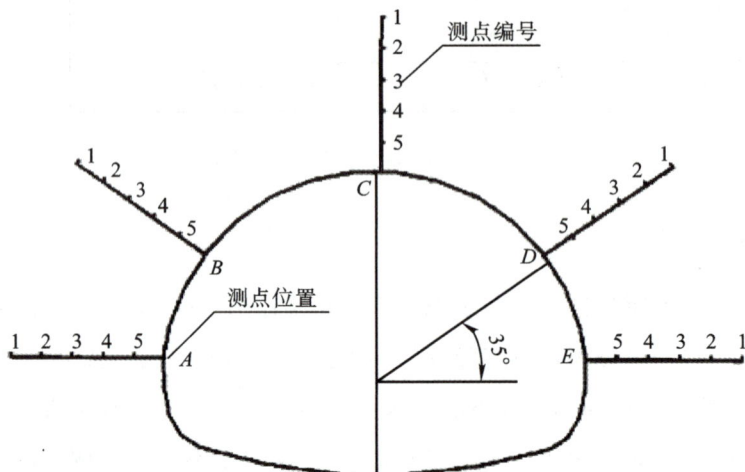

图 8-9　多点位移计测点布置断面图

4.位移计埋设

(1)多点位移计埋设。

在隧道开挖初喷后或初期支护完成后沿隧道径向钻孔,钻孔直径为 42～50 mm,钻孔深度较位移计略长 50～100 mm,钻孔钻好后先用水冲洗孔,将组装好的多点位移计插入钻孔,同时插入注浆软管,用于注入 M20 水泥砂浆,边注浆边拔出注浆软管,使孔内注满砂浆,用止浆塞封口。用红色油漆做好标记,记录埋设桩号、各固定件(点)编号、埋设位置及对应孔口固定件通孔位置和埋设时间。

多点位移计不得用药包锚固剂锚固,宜采用灌注水泥砂浆进行锚固。

(2)钢丝式单点位移计按安装说明书进行安装,不需要注浆。

5.数据采集

多点位移计量测待锚固砂浆强度达到 70% 以后即可测取初始读数(钢丝式单点位移计安装好后应立即量测)。量测前先用纱布擦净基准板上的锥形测孔,然后将百分表插入孔口固定件通孔内,用百分表测取读数。每次量测时,对每一测点(通孔)应连续采集 3 个读数,将每次测取的读数填入现场量测记录表格。当隧道量测断面工作状态发生改变时,量测频率应重新按初始读数开始时的量测频率执行。并保存原始记录,测量人、记录人、日期记录齐全。

单点位移计采集方式与多点位移计相同。

6.数据整理和位移计算

(1)每次测量后(不超过 12 h)立即在室内对所量测的结果进行整理,将原始记录录入计算机。每一测点量测的 3 个读数的均值,即为该测点的量测值。

(2)位移计算。

①测点与隧道周边的相对位移。

每一测点前后两次量测值的差为本测点与隧道周边(孔口)的相对位移值,按下式计算:

$$\Delta S_{(i)} = S_{(i)} - S_{(i0)}$$

式中:$\Delta S_{(i)}$——i 测点与周边的相对位移值;

$S_{(i)}$——i 测点本次量测值;

$S_{(i0)}$——i 测点前次量测值;

②同一测孔内各测点的相对位移。

第 1 测点与其他测点的相对位移按下式计算:

$$\Delta S_{(1-5)} = \Delta S_{(1)} - \Delta S_{(5)}$$

$$\Delta S_{(1-4)} = \Delta S_{(1)} - \Delta S_{(4)}$$

$$\Delta S_{(1-3)} = \Delta S_{(1)} - \Delta S_{(3)}$$

$$\Delta S_{(1-2)} = \Delta S_{(1)} - \Delta S_{(2)}$$

式中:$\Delta S_{(1-i)}$——1 测点与 i 测点的相对位移,$i = 2,3,4,5$;

$\Delta S_{(i)}$——i 测点与周边的相对位移值,$i = 1,2,3,4,5$。

其他各测点间的位移,以此类推。

计算过程应用计算机编程完成。

7.绘制位移曲线

(1)根据同一测孔内各测点的相对位移绘制某一时刻不同深度的位移分布图。

(2)绘制时同一围岩内部位移曲线图。

四、锚杆轴力量测

1.量测目的

通过量测掌握锚杆不同深度的受力情况,判断围岩的位移范围,评价锚杆支护效果。

2.量测仪器和原理

锚杆轴力量测,按其量测原理可分为电测式和机械式两类。其中电测式又可分为电阻应变式和钢弦式。电阻应变式和机械式是通过量测不同深度锚杆的变形量测的,钢弦式是通过测定不同深度处传感器受力后钢弦振动频率的变化量测的。

1)电阻应变式测力锚杆

电阻应变式测力锚杆,是指在锚杆表面沿锚杆轴线方向贴电阻应变片。使用时,将它埋置在钻孔中,注满砂浆,锚杆受力变形后带动应变片一起变形,用电阻应变仪测定锚杆轴向应变,根据轴向应变转求锚杆所受的应力。由于应变片的绝缘电阻低、敏感栅通电流后的温度效应、黏结固化不充分等原因,很难保证量测的可靠性和精确度,在隧道工程现场的量测中很少应用。

2)钢弦式测力锚杆

钢弦式测力锚杆,是由若干个钢弦式钢筋应力计、屏蔽导线、分线器插头和分线器、频率仪组成的。使用时,将3~4个钢弦式钢筋应力计与锚杆钢筋分段串联,如图8-10所示,埋置在钻孔中,每个钢筋应力计引出一根导线。

钢弦式测力锚杆制作价格便宜、安装方便,广泛应用于隧道现场测试。

3)机械式测力锚杆

机械式测力锚杆,是指在与锚杆直径相同的钢管内设置长度不等的细长变形传递杆,每一传递杆的一端分别固定在锚杆内壁预定的不同位置上,而另一端则至孔口端头基准板,传递杆钢管内可自由伸缩。锚杆埋入钻孔后,借助百分表量测传递杆的伸缩位移值,即测得锚杆不同段的变形,然后根据钢管的弹性模量,即得到各测点间的应力,以此了解锚杆轴力及其分布状态。机械式量测锚杆与钢弦式测力锚杆相比,不便于远距离量测,对施工的干扰大,速度较慢,在隧道现场的量测中很少应用。

图8-10 测力锚杆连接示意图

2. 测点布置

代表性地段设1~2个量测断面。锚杆轴向力量测需在选定的量测断面,沿隧道开挖轮廓线分别在拱顶、拱腰和边墙部位钻3~8个深孔,也可在隧道较敏感位置布置钻孔。孔深应比锚杆设计长度大200 mm,或根据量测要求和分析松动范围确定钻孔深度,一般为3.0~5.0 m,每个孔内一般设3~6个测点(即3~6个钢弦式钢筋计),测点断面布置见图8-11。

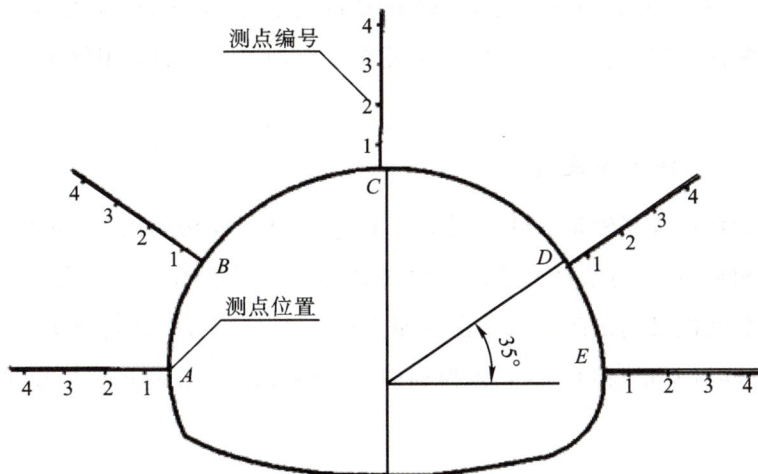

图 8 - 11 隧道锚杆轴力测点断面布置图

2. 传感器埋设

（1）钢弦式测力锚杆埋设。

在隧道开挖初喷后或初期支护完成后沿隧道开挖轮廓径向钻孔，钻孔直径一般比锚杆杆体直径大 20～30 mm，约为 50 mm，钻好孔后先用水冲洗孔，准备好水泥砂浆、注浆设备，然后插入钢弦式测力锚杆，同时插入注浆软管。传感器导线沿着锚杆引向钻孔外。导线引出钻孔外后，穿保护管引至保护盒内，在导线末端打上编码号，与钢筋应力计一一对应。注入 M20 水泥砂浆，边注浆边拔出注浆软管，使孔内注满注浆，用止浆塞封口，安装图见图 8 - 12。钢弦式测力锚杆不得采用药包锚固剂锚固。安装完后用喷射混凝土将锚头和导线覆盖，只露出保护盒。用红色油漆做好标记，记录埋设桩号、各传感器编号、埋设位置和埋设时间。

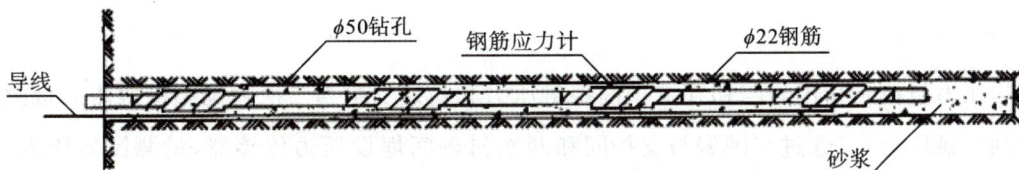

图 8 - 12 锚杆轴力量测制作及埋设图

（2）机械式测力锚杆埋设与多点位移计埋设基本相同。

5. 数据采集

1）钢弦式测力锚杆数据采集

锚杆轴力量测是待锚固砂浆凝固后测取初始读数的。打开保护盒盖，将钢筋应力计导线插头与频率仪连接,读取钢筋计频率读数,并做好原始记录,测量人、记录人、量测日期等记录齐全。当隧道量测断面工作状态发生改变时,量测频率应加密。量测时用频率仪测取压力盒频率读数。

2)机械式测力锚杆数据采集

机械式测力锚杆待锚固砂浆强度达到 70% 以后即可测取初始读数,量测前先用纱布擦净基准板上的锥形测孔,将百分表插入锥形孔内测取读数,每个测孔读取 3 次,计算 3 个数的平均值。某一时段前后两次量测出的距离变化值即为每个测点与基准面间的相对位移。根据不同测点产生的位移,除以基点与测点的距离得到应变,再乘以钢管钢材的弹性模量,得到锚杆轴向应力。

6. 数据整理

(1)每次测量后(不超过 12 h)立即对所量测的读数进行整理,录入计算机。根据生产厂家提供的钢筋应力计标定表,换算每一钢筋应力计所受的力,即为该测点量测时刻的锚杆轴力。

(2)锚杆某一测点不同时刻的锚杆轴力变化,按下式计算:

$$\Delta n = n_{(i)} - n_{(i-1)}$$

式中：Δn——量测点锚杆轴力差值;

　　　$n_{(i)}$——本次测点锚杆轴力;

　　　$n_{(i-1)}$——前 1 次测点锚杆轴力。

计算过程应用计算机编程完成,并自动生成测点时间-锚杆轴力曲线。

(3)根据同一测力锚杆各测点的轴力绘制某一时刻不同深度的锚杆轴力分布图。

五、围岩压力量测

1. 量测目的

围岩压力量测是指围岩与初期支护间接触压力和初期支护与二次衬砌间接触压力量测(两层衬砌间接触压力)。通过在围岩与支护间和两次衬砌间埋设压力传感器,量测围岩压力的大小、分布及围岩压力变化状态,判断围岩和支护结构的稳定性。

2. 量测仪器

接触压力量测仪器根据测试原理和测力计结构的不同分为液压式测力计和钢弦式压力盒。目前,量测围岩压力的传感器主要采用钢弦式压力盒。

3. 测点布置

在选定的量测断面的隧道拱顶、拱腰和边墙布设测点,见图 8-13。

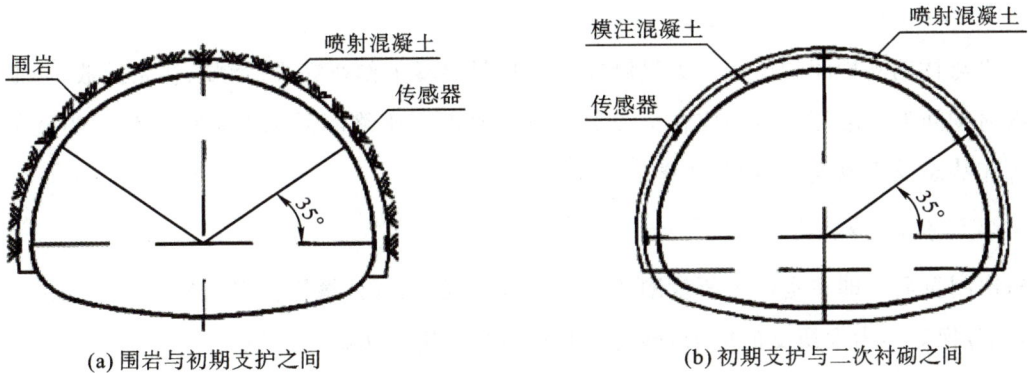

(a)围岩与初期支护之间　　　　　　　(b)初期支护与二次衬砌之间

图 8 - 13　压力量测测点布置图

4.压力盒的埋设

1)围岩与初期支护间的接触压力

将压力盒埋设在围岩与初期支护间。喷射混凝土前,在确定的测点位置,将岩面用砂浆找平,把压力盒双模的一面贴紧围岩,用铆钉、铅丝或钢筋固定,导线穿管引至保护盒内,喷射混凝土时将压力盒和导线全部覆盖,如图 8 - 14(a)所示。导线头在保护盒内露出。

2)初期支护与二次衬砌之间的接触压力

将压力盒埋设在初期支护与二次衬砌之间。铺挂防水板之前,在确定的测点位置,将喷射混凝土表面用砂浆找平,将压力盒双模的一面紧贴喷射混凝土表面,用水泥钉、铅丝将压力盒固定,导线需穿管引至保护盒内。防水板铺挂和二次衬砌混凝土浇筑过程中,保证压力盒不移位,导线不被扯断,如图 8 - 14(b)所示。记录埋设桩号、各传感器编号、埋设位置和埋设时间。

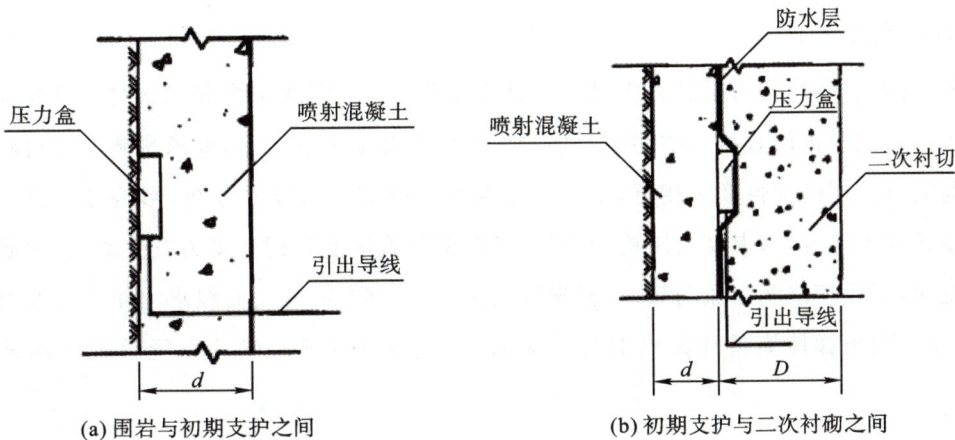

(a)围岩与初期支护之间　　　　　　　(b)初期支护与二次衬砌之间

图 8 - 14　接触压力量测压力盒埋设构造图

3. 数据采集

围岩与初期支护间的接触压力量测应在待喷射混凝土作业完成后测取初始读数;初期支护与二次衬砌间的接触压力量测应在待二次模筑衬砌混凝土终凝后测取初始读数。当隧道量测断面工作状态发生改变时,量测频率应加密。

4. 数据整理和压力计算

每次测量后立即在室内对所量测的结果进行整理,录入计算机。根据生产厂家提供的压力盒标定表,换算压力盒所受的应力,即为该测点本次测定的接触压力值。

同一测点不同时间接触压力的差即为接触压力变化,按下式计算:

$$\Delta p = p_{(i)} - p_{(i-1)}$$

式中:Δp——量测点接触压力差值;

$p_{(i)}$——本次测点读数;

$p_{(i-1)}$——上次本测点读数。

计算过程应用计算机编程完成,随着量测数据的积累,自动生成各测点的时间-压力曲线。

六、衬砌应力量测

1. 量测目的

衬砌应力量测包括初期支护喷射混凝土应力量测和二次衬砌模筑混凝土应力量测,通过量测了解隧道喷射混凝土和模筑混凝土的受力状态。

2. 量测仪器

量测衬砌应力的传感器主要有钢弦式应变计和应变砖。

1)钢弦式应变计

量测衬砌应力时,应将量测元件(装置)直接安装于喷射混凝土内和二次衬砌砌模筑混凝土中。为了使量测数据能直接反映混凝土层的变形状态和受力的大小,要求量测元件材质的弹性模量应与混凝土层的弹性模量相近,不致引起混凝土层应力的异常分布,影响评价效果。将钢弦式应变计埋入混凝土,混凝土结构受力后,带动钢弦式应变计钢丝受力发生改变,引起钢丝振动频率变化,用频率仪测出振动频率,根据事先标定出的频率-应变曲线求出作用在混凝土的应变,再根据混凝土弹性模量计算出混凝土应力。目前,钢弦式应变计在隧道现场测试中应用较多。

2)应变砖

应变砖是由电阻应变片外加银箔防护做成银箔应变计和用混凝土材料制成的(50～120) mm×

40 mm×25 mm 矩形立方块(外壳形如砖)构成的。量测混凝土应力时,将应变砖埋入混凝土,混凝土结构受力后,应变砖也随之产生应力。采用电阻应变仪量测出应变砖应变量的大小,然后根据事先标定出的应变砖应力-应变曲线,可求出混凝土所受应力的大小。因为应变砖和混凝土基本上是同类材料,埋入混凝土的应变砖不会引起应力的异常变化,所以应变砖可直接反映混凝土层的变形与受力的大小。

3. 测点布置

在选定的量测断面的隧道拱顶、拱腰和边墙布设测点,见图 8-15。

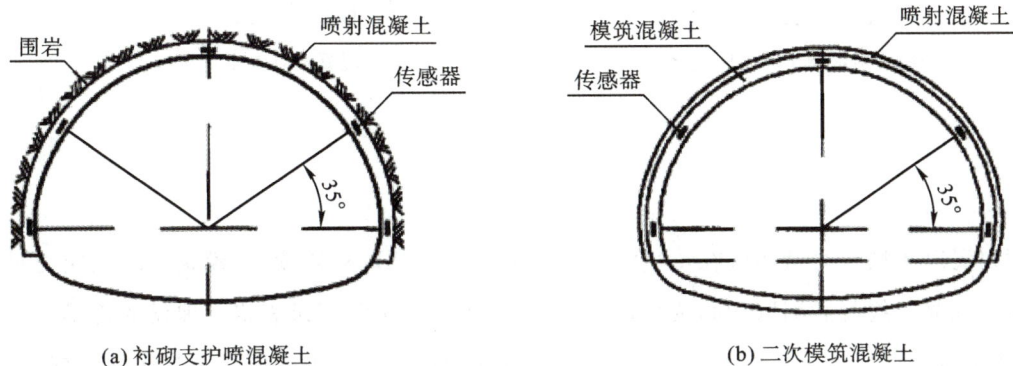

图 8-15　混凝土应力计布置图

(a)衬砌支护喷混凝土　　(b)二次模筑混凝土

4. 钢弦式应变计埋设

1)喷射混凝土应变计埋设

在喷射混凝土复喷前,将应变计受力方向顺隧道开挖轮廓线的切线方向,用钢筋或借助钢筋网、铅丝,将混凝土应变计固定在喷射混凝土层内,见图 8-16(a),导线穿管引至保护盒。在喷射混凝土过程中保证应变计不移位,导线不被扯断。

2)模筑混凝土应变计埋设

在模筑混凝土浇筑前,将应变计受力方向顺隧道开挖轮廓线的切线方向,用钢筋或借助衬砌钢筋、铅丝,将混凝土应变计固定在模筑混凝土衬砌中间,如图 8-16(b)所示,导线穿管引至保护盒。在混凝土浇筑过程中保证应变计不移位,导线不被扯断。

传感器埋设后,记录埋设桩号、各传感器埋设位置、编号和埋设时间。

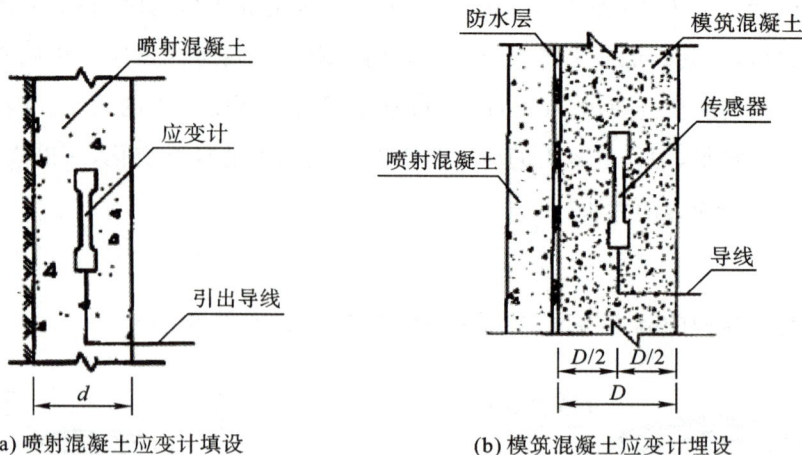

(a) 喷射混凝土应变计填设　　　(b) 模筑混凝土应变计埋设

图 8 - 16　应变计埋设图

5. 数据采集

喷射混凝土层应力量测应在待喷混凝土作业完成后测取初始读数,模筑混凝土应力量测应在待模筑混凝土终凝后测取初始读数,并将读数填入现场量测记录表格。埋设的传感器为应变砖时,每次量测时应连续测取不少于 3 个读数,取 3 个数的量测平均值作为当次的数据。

6. 数据整理和应力计算

混凝土应力量测的数据整理和受力计算与接触压力量测的数据整理和压力计算方法相同。

七、钢架应力量测

1. 量测目的

在喷锚衬砌设有钢架的地段,根据需要可对钢架的受力进行量测,了解钢架受力变化和实际工作状态。钢架分为格栅钢架和型钢钢架。

2. 量测仪器

型钢钢架应力量测可采用钢弦式表面应变计和钢弦式钢筋应力计,格栅钢架应力量测一般采用钢弦式钢筋应力计。也可以采用光纤光栅表面应变计和钢筋计,光纤光栅传感器具有体积小、重量轻、对被测介质影响小、灵敏度和分辨率高、结构简单灵活、安装方便等特点,逐渐在隧道测试中得到应用。目前多采用钢弦式钢筋应力计。

3. 测点布置

在选定的量测断面的隧道拱顶、拱腰和边墙布设测点。也可根据围岩情况布置在受力敏感位置,但应避开钢架节段的接头位置,距接头距离应大于 500 mm。

4.传感器埋设

1）钢弦式表面应变计量测型钢钢架受力

用钢弦式表面应变计量测型钢钢架受力时,将表面应变传感器顺钢架轴线方向安装在型钢钢架的表面,用电焊机将传感器底座与被测钢架表面焊接固定,保证与钢架一起变形,最后在传感器上罩上薄铁皮盒。薄皮铁盒可避免表面应变传感器遭到损坏,还可避免传感器和钢架共同变形时受到喷射混凝土的阻力。钢弦式表面应变计可分别安装在型钢拱架的上、下翼缘外侧,根据量测的应变值,可计算出钢架截面的应力分布。

2）钢弦式钢筋计量测型钢钢架受力

用钢弦式钢筋计量测型钢钢架受力时,将钢筋计顺钢架轴线方向安装在型钢拱架的表面,将钢筋计两端焊在型钢钢架的翼缘上（上翼缘在内侧、下翼缘在外侧）,钢筋计的中段不要与钢架接触,当中段与钢架脱接触时,可在两端加钢垫块,如图8-17所示。钢弦式钢筋计可分别安装在型钢拱架的上、下翼缘,根据量测的应变值,可计算出钢架截面的应力分布。

钢筋计价格便宜、安装方便,在隧道工程中应用较多。

3）钢弦式钢筋计量测格栅钢架受力

格栅钢架是用钢筋焊接而成的,传感器安装时,在测点位置按照钢筋计的长度将格栅钢架主筋截开一段,用钢筋计置换,即将钢筋计的两端与截断的主筋对接连接。钢筋计直径应与格栅钢架主筋直径相同。连接时为保证钢筋计与钢筋同心,一般要求采用丝口连接,防止钢筋计偏心或受扭而影响元件的使用和读数的准确性。

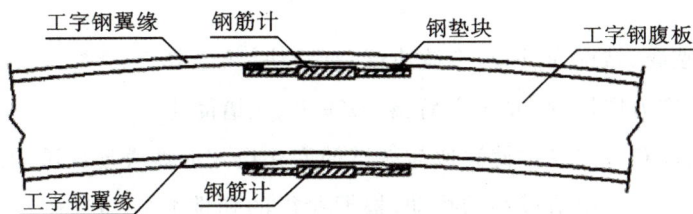

图8-17　型钢拱架钢筋计安装构造图

4）传感器安装注意事项

（1）焊接时,要注意给传感器降温,以防温度过高烧坏传感器钢弦和线圈。

（2）导线需引至保护盒内,并保证喷射混凝土过程中导线不被扯断。

（3）传感器埋设后,记录埋设桩号、各传感器埋设位置、编号和埋设时间。

5.数据采集

钢架受力量测应在待喷射混凝土作业完成后开始量测,用频率仪测取读数,并将读数填入现场量测记录表格,以后测取读数的频率按要求执行。当隧道量测断面工作状态发生改变时,量测频率加密。

6.数据整理和受力计算

钢架受力量测的数据整理和受力计算与接触压力量测、衬砌应力量测的数据整理和计算方法相同。

八、围岩声波测试

围岩声波测试,是地球物理探测方法中的一种,通常泛指声波(频率2～20 kHz)和超声波(20 kHz以上)测试,因目前国内岩体测试中激发的弹性波频率大都在声波范围内,故一般称为声波测试。声波测试具有快速、简易、经济等特点,在地下工程测试中,被广泛地用来测定岩体的物理性质(动弹性模量、岩体强度、完整性系数等),判别围岩的稳定状态,提供围岩分类的参数。

1.基本原理

岩体声波测试是通过对岩体(岩石)施加动荷载,激发弹性波在介质中的传播来研究岩体(岩石)的物理力学性质及其构造特征的,一般用波速、波幅、频谱等参数进行表征。岩体虽非理想弹性介质,但如果作用应力小且持续时间短,所产生的质点位移量也非常小,一般不超过其弹性变形范围,在这种特定条件下,则可把岩体视为弹性介质,这是用弹性波法对岩体进行测试的基础。目前在声波测试指标中应用较普遍的是纵波速度,次之为横波速度和波幅变化。在岩体中,波的传播速度与岩体的密度及弹性常数有关,受岩体结构构造、地下水、应力状态的影响,一般说来有如下规律:

(1)岩体风化、破碎、结构面发育,则波速低、衰减快、频谱复杂。

(2)岩体充水或应力增加,则波速增高、衰减减少、频谱简化。

(3)岩体不均匀性和各向异性使波速与频谱的变化也相应地表现出不均一性和各向异性。

利用上述原理,在岩体中造成小的扰动,根据所得的弹性波(声波)在岩体中的传播特性与正常情况相比,即可判定岩体受力后的形态。

2.测试仪器

声波测试的主要仪器是声波仪及换能器(亦称声测探头)。声波仪是进行声波测试的主要设备,它的主要部件是发射机与接收机。发射机根据使用要求,能向声波测试探头输出一定频率的电脉冲,向探头输出能量。接收机将探头所接收到的微量信号,经过放大,在示波管上反映出来。接收机不仅要求能够正确显示声波波形,而且要求在测得声波时能直接测得发射探头发射后到达接收探头的时间间隔,以便计算波速。纵波与横波主要根据起始波到达的时间及其波形特性辨别。目前国内应用的声波仪主要有 SYC－Z 岩石参数测定仪及 YB4－四线岩体波速仪等。图 8-18 为声波测试仪器的工作原理图。

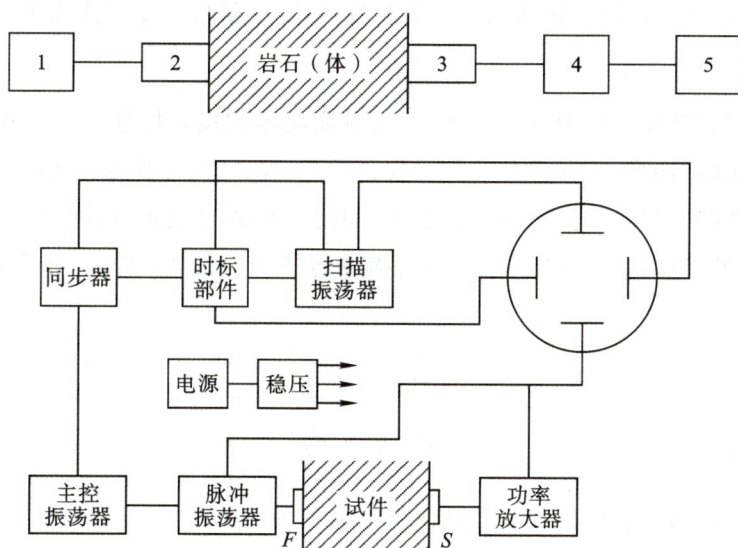

1—振荡器；2—发射换能器；3—接受换能器；4—放大器；5—显示器。

图 8-18　声波测试仪工作原理图

　　声波测试探头（换能器），按其功能可分为发射换能器和接收换能器，其主要元件都是压电陶瓷，主要功能是将声波仪输出的电脉冲变为声波能，或将声波能变为电信号输送给接收机。

　　发射换能器要求具有较高的发射能量（效率），接收换能器要求具有较高的灵敏度。两种换能器通常是专用的，各用其长，有时也可互相使用。国内换能器种类较多，按其结构可分为增压式、喇叭式和弯曲式等。增压式主要用于岩体钻孔测试中，其优点是较宽的频带内有较高的灵敏度，但由于钢管侧面有缝，使径向振动声场分布不均匀，方向性很强；喇叭式（夹心式）主要用于岩体（岩石）表面测试或岩柱的透测测试，弯曲式则主要用于室内小试件高频超声测试。

3. 围岩声波测试内容

　　地下工程岩体中可采用声波测试的内容很多，主要有以下几个方面：

　　(1)地下工程位置的地质剖面检测（声波测井），用以划分岩层，了解岩层破碎情况和风化程度等。

　　(2)岩体力学参数如弹性模量、抗压强度等的测定。

　　(3)围岩稳定状态的分析，如测定围岩松动圈大小等。

　　(4)判定围岩的分级，如测定岩体波速和完整性系数等。

4. 围岩松动圈测定方法

　　围岩松动圈是地下工程设计和评定围岩稳定性的重要参数之一。测定松动圈的原理主要是声波传播速度取决于岩体完整性程度。完整岩体的波速一般较高，而在裂隙扩张的松动区波速相对较低,因而在围岩压密区(应力升高区)和松动区之间会出现明显的波速变化。测试方法有单孔法和双孔法。应当指出,松动区不等于塑性区,它是塑性区中岩体松弛的部分。

1)单孔法

单孔测量是用风钻在岩体中打一小孔,将发射换能器和接收换能器组装在一起,放入充满液体的测孔中。换能器的组装方式有一发一收、一发二收、二发二收等。通常采用一发二收,该组合由一个发射换能器和两个接收换能器组成,固定三组相对位置,以两个接收换能器为实测距离。观察顺序:发射后,先读取"收 2"的纵、横波传播的时间 t_{p2} 和 t_{s2},再读取"收 1"的 t_{p1} 和 t_{s1}。不难证明:

$$\begin{cases} v_p = \dfrac{df}{t_{p2} - t_{p1}} = \dfrac{df}{\Delta t_p} = \dfrac{ec}{\Delta t_p} \\[3mm] v_s = \dfrac{df}{t_{s2} - t_{s1}} = \dfrac{df}{\Delta t_s} = \dfrac{ec}{\Delta t_s} \end{cases}$$

测试时,不断移动换能器,即可获得孔深与波速的关系曲线。

2)双孔法

双孔测试是目前应用较广的方法,它受局部岩体的影响小,一般采用双孔同步、单发单收的方式。在测试断面的测试部位,打一对小孔,孔间距离一般为 $1 \sim 1.5$ m,在一孔中放入发射换能器,另一孔中放入接收换能器,平行移动这两个换能器,即可得声波与孔深的曲线关系。

根据实测资料,波速与孔深关系曲线类型大致可归纳为 4 种类型,如图 8-19 所示。

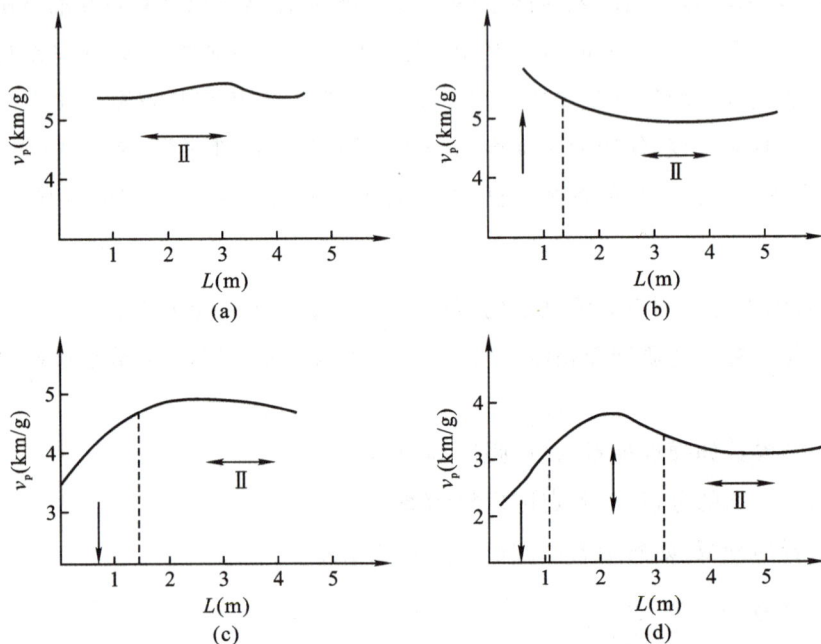

图 8-19　波速与孔深关系曲线

(1)"一"形,无明显分带,表示围岩较完整。

(2)"/"形,无松弛带,有应力升高,表示围岩较坚硬。

(3)"┌"形,无应力升高带,有松弛带,但应分清是爆破松动还是围岩进入塑性松动。

(4)"凸"形,松弛带、应力升高带均有。

实测的 v_p-L 曲线形态有时比上述 4 种曲线更为复杂,而且也不能单纯根据曲线形态来确定松动区范围,还必须考虑排除岩性及各向异性的影响。应当指出,若能在洞室工程开挖前后与支护前后做不同时期的声波测试,就能更加准确地判定围岩的稳定状态、松动区范围及其发展过程。

5. 围岩分类的声波测试

在当前国内外的围岩分类中,常引用岩体纵波速度及岩体与岩块波速比的平方作为围岩分类的基本判据。通常,岩体的波速越高,表明岩体越坚硬,弹性性能越强,结构越完整,所含较弱的结构面越少。但有时波速并不能反映岩体完整性好坏,如有些破碎硬岩的波速高于完整性较好的软岩,因此还要采用岩体完整性系数 $K_v = (v_{mp}/v_{rp})^2$ 来反映岩体的完整性,v_{mp} 为岩体纵波速度,v_{rp} 为岩块纵波速度,K_v 越接近于 1,表示岩体越完整。

在软岩与极其破碎的岩体中,有时无法取出完整而扰动不严重的岩块,不能测取岩块的纵波速度,这时可用相对完整系数 $K_x = (v_{mp}/z_p)^2$ 代替 K_v 进行判断,v_{zp} 为岩体纵波速度最大值,在具体工程中,要结合岩体结构、岩体应力状况分析应用,如软弱完整岩体应力高,则测出的 v_{zp} 偏高,K_x 值偏小。若岩体极破碎,岩体应力又小,则测出的 v_{zp} 偏低,K_x 值偏高。

围岩分类中声波测试方法,除采用钻孔法外,还可采用锤击法。锤击法受开挖影响较明显,测得波速比用钻孔法测得的偏低。在围岩分类中,必须考虑不同情况下测取波速的差异,并应分别采用不同的标准。

6. 动弹性模量的测试

动弹性模量是用弹性波法求得的,在无限介质条件下:

$$E_d = \rho v_p^2 \frac{(1+\mu)(1-2\mu)}{1-\mu} \text{ 或 } E_d = \rho v_p^2 \frac{3v_p^2 - 4v_s^2}{2v_p^2 - v_s^2}$$

式中: v_s、v_p——分别为横波与纵波的波速;

$\quad \rho$——介质密度;

$\quad \mu$——泊松比。

在有限介质条件下:

① $\lambda \geqslant (5 \sim 10)d, 1/d > 3$,则

$$E_d = \rho v_b^2$$

式中: v_b——细长杆的纵波波速;

λ——波长；

d——棒的直径；

l——棒的长度。

② $\lambda \leqslant 0.1l, \lambda > 10\delta$，则

$$E_d = \rho v_e^2 (1 - \mu^2)$$

式中：v_e——板中的纵波波速；

λ——波长；

l——板的长度；

δ——板的厚度。

九、爆破振动监测

1. 量测目的

当隧道采用钻爆法开挖，邻近建（构）筑物和其他保护对象时，应进行爆破振动速度监测，并根据相应安全判据和允许标准，对爆破施工工艺提出改进建议。

2. 量测仪器

爆破测振仪及测振探头。

3. 测点布置

爆破振速监测点应根据现场实际情况，选择布置在需保护的建（构）筑物上离爆破点最近点或结构薄弱的位置。

测点埋设时，不应选择松软的浮土、盖板、有地下空洞的地方，在监测区域遇到上述地点时，可以微调测点位置，以保证爆破监测数据的正常、真实、有效。

传感器安装的准确性是数据可靠性的重要保障。现场安装时，应注意以下几点：

(1)每个测点一般布置3个测试方向，一般为建（构）筑物的主轴方向，垂直主轴水平方向，垂直地面方向。

(2)测振探头安装时，应使用水平尺及罗盘，进行调平及调方向，确保三维测量方向的准确性。

(3)传感器必须与被监测物可靠黏结，黏结剂可选择石膏粉、AB胶，也可以选择用夹具或磁座，使其与被测物形成刚性连接。

(4)连接完成后，可轻拽线缆，确认线缆已接好。

(5)仪器进入信号等待状态后，轻轻用手指敲击传感器，观察仪器是否记录，确保传感器及仪器的可靠工作。

4.爆破振速安全判据

爆破振速安全性判定按照《爆破安全规程》(GB 6722—2014)中有关规定进行。

5.爆破安全距离的确定

爆破振动安全允许距离,按下式计算:

$$R = \left(\frac{K}{V}\right)^{\frac{1}{\alpha}} \cdot Q^{\frac{1}{3}}$$

式中:R——爆破振动安全允许距离(m);

Q——炸药量,齐发爆破为总药量,延时爆破为最大一段药量(kg);

V——保护对象所在地质点振动安全允许速度(cm/s);

K,α——与爆破点至计算保护对象间的地形、地质条件有关的系数和衰减指数,通过现场试验确定,在无试验数据的条件下,可参考表8−7选取。

表 8−7　爆破区不同岩性的 K、α 值

岩性	K	α
软弱岩石	250～350	1.8～2.0
中硬岩石	150～250	1.5～1.8
坚硬岩石	50～150	1.3～1.5

▶ 任务 8.4　量测数据处理及应用

一、量测数据的处理

1.量测数据处理的目的

由于现场量测所得的原始数据,不可避免地具有一定离散性,其中包含着测量误差甚至测试错误。不经过整理和数学处理的量测数据一时难以直接利用。数学处理的目的:

(1)将同一量测断面的各种量测数据进行分析对比、相互印证,以确认量测结果的可靠性。

(2)探求围岩变形或支护系统的受力随时间变化规律、空间分布规律,判定围岩和支护系统的稳定状态。

2.量测数据处理的内容及方法

量测数据的整理应借助计算机进行管理。其主要内容包括:

(1)绘制位移、应力、应变随时间变化的曲线——时态曲线。

(2)绘制位移速率、应力速率、应变速率随时间变化的曲线。

（3）绘制位移、应力、应变随开挖面推进变化的曲线——空间曲线。

（4）绘制位移、应力、应变随围岩深度变化的曲线。

（5）绘制接触压力、支护结构应力在隧道横断面上的分布图。

由于量测误差造成的离散性，按实测数据所绘制的位移等物理量随时间或空间变化的散点图上下波动，很不规则，难以用来分析。因此，需要采用数学处理的方法，将实测数据整理成实验曲线或经验公式。

回归分析是目前量测数据处理的主要方法，通过对量测数据回归分析可以预测最终值和各阶段的变化趋势。常用的回归曲线方程有以下几种。

1）对数函数

$$\mu = A + Bln(1 + t)$$

$$\mu = \ln \frac{B + T}{B + t_0}$$

2）指数函数

$$\mu = Ae^{\frac{-B}{t}}$$

$$\mu = A(e^{-Bt_0} - e^{-BT})$$

3）双曲函数

$$\mu = \frac{t}{A + Bt_0}$$

$$\mu = A\left[\left(\frac{1}{1 + Bt_0}\right)^2 - \left(\frac{1}{1 - BT}\right)^2\right]$$

式中：μ——位移值（mm）；

　　A、B——回归系数；

　　t——量测时间（d）；

　　t_0——测点初读数时距开挖时的时间（d）；

　　T——量测时距开挖时的时间（d）。

3. 回归分析的方法与步骤

（1）在以时间为横坐标、位移为纵坐标的坐标系中，标出由量测值确定的实测点，即得散点图。

（2）根据实测点描绘出光滑的试验曲线。它一般不可能通过所有实测点，但应注意使曲线尽量接近所有实测点，并使实测点分布在试验曲线的两边，如图 8-20 所示。

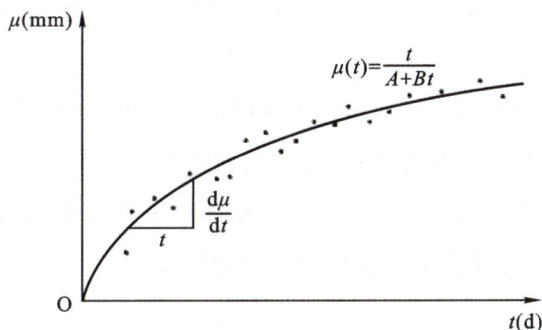

图 8 - 20 位移-时间曲线

(3)根据所描绘的试验曲线形状选择回归函数。一般来说,位移时态曲线都是非线性的。在位移随时间渐趋稳定的情况下,可选择常用的对数函数、指数函数或双曲线函数。函数中的待定系数可以按量测数据,通过最小二乘法求得。

(4)根据上述的回归函数可以预测最终的位移值$(t=\infty)$:$\mu_\infty=1/B$ 及 $d\mu/dt$,$d^2\mu/dt^2$,都是判断稳定性的重要指标。如果位移曲线始终保持 $d^2u/dt^2<0$,说明位移速率不断下降,这是稳定的标准。若出现 $d^2u/dt^2\geqslant0$,说明位移速率维持不变或不断增大,表明围岩进入危险状态。

二、量测数据的应用

量测所得到的信息目前可通过理论计算(反分析)和经验两种途径来实现反馈。用有限元、边界元等和反分析技术结合理论分析方法,计算结果可起到定性的作用。由于岩体结构的复杂性和多样性,在计算理论上做了近似和简化,另一方面,理论计算的输入参数不易取得,理论计算分析还未达到定量标准。当前,广泛采用经验方法来实现反馈。根据"经验"(包括调研及必要的理论分析)建立一套判断准则,然后根据量测结果(经过处理的)判断围岩稳定性及支护系统的可靠性,以便及时调整设计参数和进行施工决策。工程实际应用中通常以位移为基础进行控制判断。

1. 根据位移量测结果判断

1)位移速率

①当位移速率大于 1 mm/d 时,表明围岩处于急剧变形阶段,应密切关注围岩动态。

②当位移速率在 1~0.2 mm/d 之间时,表明围岩处于缓慢变形阶段。

③当位移速率小于 0.2 mm/d 时,表明围岩已达到基本稳定状态,可以进行二次衬砌作业。

2)位移时态曲线

①当位移速率很快变小时,时态曲线很快平缓,如图 8-21(a)所示,表明围岩稳定性好,可适当减弱支护。

②当位移速率逐渐变小时,即 $d^2\mu/dt^2 < 0$,时态曲线趋于平缓,如图 8-21(b)所示,表明围岩变形趋于稳定,可正常施工。

③当位移速率不变时,即 $d^2\mu/dt^2 = 0$,时态曲线直线上升,如图 8-21(c)所示,表明围岩变形急剧增长,无稳定趋势,应及时加强支护,必要时暂停掘进。

④当位移速率逐步增大时,即 $d^2\mu/dt^2 > 0$,时态曲线出现反弯点,如图 8-21(d)所示,表明围岩已处于不稳定状态,应停止掘进,及时采取加固措施。

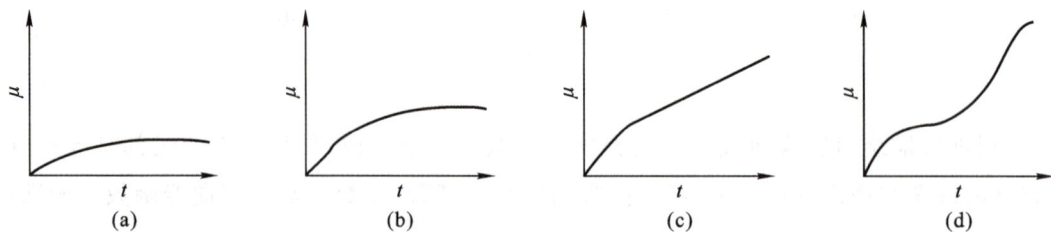

图 8-21 典型位移时态曲线

3)位移量

将隧道设计的预留变形量作为极限位移值,根据实测的总位移量进行施工管理,见表8-8。

表 8-8 位移管理等级

管理等级	管理位移	施工状态
Ⅲ	$l < (U_0/3)$	可正常施工
Ⅱ	$(U_0/3) \leqslant U \leqslant (2U_0/3)$	应加强支护
Ⅰ	$U > (2U_0/3)$	应采取特殊措施

注:U——实测位移值;U_0——设计极限位移值。

2. 根据选测项目量测结果判断

1)围岩压力及初期支护与二次衬砌间接触压力

将量测压力先换算成结构内力,再按规定的安全系数进行判定。

2)钢架应力

可根据钢材的抗拉抗压极限强度来判别型钢钢架的受力安全性。

3)锚杆轴力

根据锚杆轴力换算锚杆应力,锚杆应力应小于钢材的屈服强度,HRB400 钢材的屈服强度为 400 MPa。

4)喷射混凝土内应力和模筑混凝土衬砌内应力

将量测压力先换算成结构内力,再按规定的安全系数进行判定。

课后习题

一、单项选择题

1. 隧道围岩与初期支护之间接触压力测量的常用传感器是(   )。
   - A. 钢弦式压力盒
   - B. 钢弦式钢筋应力计
   - C. 电阻应变片
   - D. 应变砖

2. 隧道监控量测项目中的地表沉降测点横向间距宜为(   ),在隧道中线附近测点应适当加密。
   - A. 1~2 m
   - B. 10~20 m
   - C. 5~10 m
   - D. 2~5 m

3. 隧道开挖时,在隧道埋深小于开挖宽度的区段,地表下沉监测断面的纵向间距应为(   )个。
   - A. 3
   - B. 5
   - C. 7
   - D. 11

4. 全断面法开挖的隧道,周边位移宜设置(   )条水平测线。
   - A. 1
   - B. 2
   - C. 3
   - D. 5

5. 监控量测必测项目按开挖面距离控制量测频率时,当监测断面和开挖面的距离为1~2倍隧道开挖宽度时,监控量测频率宜为(   )。
   - A. 2次/d
   - B. 1次/d
   - C. 1次/(2~3)d
   - D. 1次/7d

6. 监控量测必测项目按位移变化速率控制量测频率时,当位移速度≥5 mm/d时,监控量测频率宜为(   )。
   - A. (2~3)次/d
   - B. 1次/d
   - C. 1次/(2~3)d
   - D. 1次/7d

7. 隧道监控量测测点及测桩应牢固可靠、不松动、不移位,测桩锚固深度不小于(   )。
   - A. 5 cm
   - B. 10 cm
   - C. 20 cm
   - D. 30 cm

8. 某隧道围岩为页岩,测试岩体弹性纵波波速为3400 m/s,岩石弹性纵波波速为3800 m/s,则该隧道围岩岩体完整性指数为(   )。
   - A. 1.12
   - B. 1.25
   - C. 0.89
   - D. 0.80

9. 为了判断开挖后围岩的松动区、强度下降区及弹性区的范围,确定围岩位移随深度变化的关系和判断锚杆长度是否适宜,以便确定合理的锚杆长度,有必要对(   )进行监控量测。
   - A. 围岩压力
   - B. 围岩内部位移
   - C. 围岩弹性波速
   - D. 爆破振动

10. 在隧道监控量测作业中,各项量测作业均应持续到变形稳定后(   )结束。

A. 7~15 d   B. 15~20 d   C. 20~30 d   D. 30~60 d

11. 根据隧道监控量测数据,当围岩位移速率保持不变时,应( )。

A. 正常施工   B. 加强支护

C. 适当减弱支护   D. 停止掘进、采取应急措施

12. 隧道钢架应力量测,当需要量测受力敏感位置时,测量仪器布置应避开钢架节段的接头位置,距接头距离应大于( )mm。

A. 100   B. 200   C. 300   D. 500

13. 隧道初期支护承受的应力、应变实测值与允许值之比大于或等于( )时,表明围岩不稳定,应加强初期支护。

A. 0.6   B. 0.7   C. 0.8   D. 0.9

14. 根据位移速率判定速率大于( )时,围岩处于急剧变形状态,应加强初期支护。

A. 0.2 mm/d   B. 0.5 mm/d   C. 2 mm/d   D. 1 mm/d

15. 下列不属于隧道监控量测选测项目的是( )。

A. 洞内围岩内部位移   B. 拱顶下沉

C. 锚杆轴力   D. 衬砌内部应力   E. 围岩压力

16. 量测隧道衬砌内部应力(应变),应选用( )传感器。

A. 钢弦式压力盒   B. 钢弦式应变计

C. 电阻应变片   D. 工具式应变计

17. 关于隧道监控量测中锚杆轴力检测,表述正确的是( )。

A. 锚杆轴力属必测项目   B. 常采用钢弦式测力计进行测量

C. 拱腰上测孔应水平方向钻孔布置   D. 每根测力锚杆上布置1个测点

18. 关于隧道围岩声波测试的相关表述,不正确的选项是( )。

A. 可测定围岩内部位移   B. 可获取岩体完整性参数

C. 可提供围岩分类参数   D. 可测定围岩松动圈范围

19. 某隧道 K0+230 断面实测拱顶下沉累计位移值为 18 mm,预留变形量为 30 mm,根据位移值进行隧道施工管理时,应采取的措施为( )。

A. 正常施工   B. 加强支护   C. 采取特殊措施   D. 关闭隧道

20. 隧道监控量测洞内必测项目的测点应及时埋设,初读数应在开挖后( )内、下一循环开挖前取得,最迟不得超过( )。

A. 24 h,48 h   B. 12 h,24 h   C. 6 h,12 h   D. 12 h,48 h

二、判断题

1. 锚杆拉拔力属于隧道监控量测选测项目。（　　）

2. 隧道施工过程中应进行洞内外观察,洞内观察包括开挖工作面观察和已支护地段观察。（　　）

3. 隧道施工监控量测的必测项目不包含拱脚下沉监测。（　　）

4. 根据隧道监控量测结果,围岩位移管理等级可分为Ⅰ、Ⅱ、Ⅲ三个管理等级。（　　）

5. 锚杆轴力量测仪通过测量不同深度锚杆的变形,来了解锚杆的轴力及分布。（　　）

6. 隧道施工监控量测的周边收敛、拱顶下沉、地表下沉宜布置在同一断面。（　　）

7. 隧道监控量测项目地表沉降一般采用普通水准仪量测。（　　）

8. 采用振弦式钢筋计或应变计进行型钢拱架应力量测时,应把传感器焊接在型钢横截面的形心位置。（　　）

9. 隧道围岩级别根据围岩岩体或土体主要特征进行定性判定时共划分为 4 个等级。（　　）

10. 钢弦式应变计、钢弦式压力盒在隧道监控量测中应用广泛,此类传感器可在现场直接读取应变(应力)或压力值。（　　）

11. 岩石饱和单轴抗压强度测试为 20 MPa,则该岩石为软岩。（　　）

12. 必测项目量测频率一般根据测点距开挖面的距离及位移速度分别确定,取两者中的频次较低者作为实际量测频率。（　　）

13. 监控量测信息反馈应以位移反馈为主,主要依据时态曲线的形态对围岩稳定性、支护结构的工作状态、对周围环境的影响程度进行判定,验证和优化设计参数,指导施工。（　　）

14. 隧道监控量测选测项目中锚杆轴力的测试精度要求为 0.01 MPa。（　　）

15. 隧道衬砌应力量测时要求量测元件材质的弹性模量应与混凝土层的弹性模量差异较大,以便清晰反映出混凝土层的应力。（　　）

16. 在当前国内外的围岩分类中,常引用岩体横波波速及岩体与岩块波速比的平方作为围岩分类的基本判据。（　　）

17. 隧道监控量测选测项目中爆破振动测试时,每个测点一般布置 3 个测试方向,一般为建(构)筑物的主轴方向、垂直主轴水平方向、垂直地面方向。（　　）

18. 隧道监控量测的必测项目一般只针对特殊地段、危险地段或有代表性的地段。（　　）

19. 隧道周边位移通常采用杆式多点位移计进行测量。（　　）

20. 钢弦式应变计是衬砌内部应力量测的常用仪器,应变计埋设时要保证传感器受力方向与隧道开挖轮廓线相切。（　　）

21. 围岩压力监测的压力盒应安设在距掌子面 1 m 范围内。（　　）

22. 爆破振动监测测点应多点布置,位置应设在监测对象振速最大、结构最薄弱、距离振源

最近等的部位。   （   ）

23. 隧道监控量测必测项目各测点可直接焊接在钢架上,外露部分应有保护装置。（   ）

三、多项选择题

1. 监控量测应达到以下目的（   ）。

　　A. 确保安全   B. 指导施工   C. 修正设计   D. 积累资料

2. 影响隧道周边位移和拱顶下沉量测频率的主要因素有（   ）。

　　A. 位移速率   B. 量测断面距开挖面距离

　　C. 测点埋设时间   D. 监测断面数量

3. 一般情况下,二次衬砌的施作应在满足（   ）时进行。

　　A. 隧道周边位移速度及拱顶或底板垂直位移速度明显下降

　　B. 隧道位移相对值已达到总相对位移量的 90% 以上

　　C. 拱顶下沉、净空收敛速率小于 0.5 mm/d

　　D. 对浅埋、软弱围岩等特殊地段,应视具体情况确定二次衬砌施作时间

4. 监控量测数据的分析应包括（   ）。

　　A. 根据量测值绘制时态曲线

　　B. 选择回归曲线,预测最终值,并与控制基准进行比较

　　C. 对支护及围岩状态、工法、工序进行评价

　　D. 及时反馈评价结论,并提出相应工程对策建议

5. 隧道开挖后支护段观察内容包括（   ）。

　　A. 对喷锚表面的观察及对裂缝状况的描述和记录

　　B. 有无锚杆损坏或垫块陷入围岩内部的现象

　　C. 喷射混凝土是否产生裂缝、剥离,是否发生剪切破坏

　　D. 有无锚杆、喷射混凝土施工质量问题

6. 监控量测中数据出现异常时,可采取的工程对策有（   ）。

　　A. 稳定工作面   B. 调整开挖方法

　　C. 调整初期支护强度和刚度并及时支护   D. 降低爆破振动影响

四、综合题

1. 某双车道公路隧道采用全断面法开挖掘进,对该隧道进行施工监控量测,请回答以下问题。

（1）下列属于监控量测选测项目的有（   ）。

　　A. 洞内外观察   B. 爆破振动   C. 锚杆轴力   D. 水量

（2）关于隧道周边位移的量测,表述正确的有（   ）。

A. 采用收敛计量测时,测点采用焊接或钻孔预埋

B. 周边位移布设断面宜与拱顶沉降布设断面一致

C. 可用钢卷尺测量

D. 测点埋设后 1～15 d 内,每天应观测 1～2 次

(3)关于洞内围岩内部位移量测,表述正确的有(   )。

A. 该项目属于必测项目

B. 两车道隧道布置 3～5 个测孔

C. 选用杆式多点位移计进行量测

D. 测试结果可反映围岩松弛区的大概范围

(4)钢弦式传感器可用于(   )项目的测量。

A. 锚杆轴力　　　　B. 钢架应力　　　　C. 围岩接触压力　　　　D. 衬砌内部应力

(5)对监控量测数据进行必要处理和回归分析后,可对隧道的围岩稳定性和支护效果进行判断。在分析判断时,以下表述正确的有(   )。

A. 通常采用理论计算法进行信息反馈

B. 以位移量测结果作为主要判断依据

C. 当位移速率小于 0.5 mm/d 时,可判断围岩已基本稳定

D. 当位移时态曲线很快平缓时,表明围岩稳定性好

2. 某隧道施工过程中开展了监控量测,该隧道洞内温度变化较大。其中 1 号断面拱顶下沉采用精密水准仪测量,前视标尺为吊挂在拱顶测点的铟钢挂尺,后视标尺为放置在稳定衬硬上的工作基点上的铟钢尺,采用数显收敛计进行周边位移量测,每次测量读取 3 次读数。1 号测试断面的前两次测量结果见下表。试根据结果回答下列问题。

测量部位	测量批次	拱顶下沉测值/mm		周边位移测值/mm		
		后视	前视	读数 1	读数 2	读数 3
1 号断面	首次测量	1079.45	4120.55	10 388.26	10 388.30	10 388.28
	第二次测量	1081.11	4118.56	10 387.99	10 388.12	10 388.07

(1)第二次测量时 1 号测试断面的拱顶测点位移量为(   )。

A. +0.33 mm　　　　B. −0.33 mm　　　　C. +3.65 mm　　　　D. −3.65 mm

(2)若不考虑温度影响,第二次测量时 1 号测试断面的周边位移量为(   )。

A. +0.22 mm　　　　B. +0.11 mm　　　　C. −0.22 mm　　　　D. −0.11 mm

(3)下列仪器中,常用于测量隧道周边位移的有(   )。

A. 水准仪　　　　B. 全站仪　　　　C. 激光断面仪　　　　D. 收敛计

（4）下列关于隧道拱顶下沉、周边位移量测的描述，正确的是（　　）。

    A. 拱顶下沉测点与周边位移测点不能布置在同一断面

    B. 拱顶下沉、周边位移测试仪器的精度要求为 0.5 mm

    C. V级围岩布设间距为 5～10 m

    D. 台阶法开挖的隧道，每个台阶宜布置一条水平测线进行周边位移量测

（5）下列说法中正确的是（　　）。

    A. 周边位移量测以水平测线量测为主，必要时可设置斜测线

    B. 位移速度在 0.2～0.5 mm/d 时，监控量测频率应为 1 次/3 d

    C. 周边位移测点埋设时可将测桩焊在钢拱架上

    D. 采用收敛计测量周边位移时，只需将每次测取的 3 组读数的计算平均值作为本次的净空值即可，不需要进行修正

隧道拱顶量测

隧道拱顶下沉

隧道周边收敛
量测-视频

隧道周边收敛
量测-微课

围岩内部位
移量测原理

中埋式止水带

超前地质预报检测

项目 描述

本项目主要介绍隧道超前地质预报方法及不良地质体预报方法。

学习 目标

(1) 素质目标:培养质量安全意识、理解超前地质预报的重要意义。

(2) 知识目标:掌握隧道超前地质预报检测的基本要求;熟练掌握隧道超前地质预报检测方法;能够根据现场情况合理选择仪器设备、测点布设。

(3) 能力目标:能够按照规范要求完成隧道超前地质预报;掌握隧道超前地质预报的结果分析能力与指导施工能力。

案例 导入

目前国内正在进行大规模的水利水电、铁路和公路工程建设,需要修建大量的隧洞和洞室,而使用合理的超前预报技术将在减少和消除地下工程的灾害方面发挥巨大作用。开挖前对地质情况的了解,对于隧洞建设有着十分重要的作用。通过超前预报,及时发现异常情况,预报掌子面前方不良地质体的位置、产状及其围岩结构的完整性与含水的可能性,为正确选择开挖断面、确定支护设计参数和优化施工方案提供依据,并为预防隧洞涌水、突泥、突气等可能形成的灾害性事故及时提供信息,使工程单位提前做好施工准备,保证施工安全,同时还可节约大量资金。隧洞超前预报技术的应用,不仅能实现安全科学施工、提高施工效率、缩短施工周期,还能避免事故损失、节约投资,其社会效益和经济效益十分显著。

▶ 任务 9.1 超前地质预报内容及要求认知

隧道超前地质预报是一项复杂的系统性工作,是设计阶段地质勘察的补充和延伸,是保证隧道施工安全的重要环节和重要技术手段。其主要工作是在分析已有地质资料的基础上,采用地质调查、物探、超前地质钻探、超前导坑等手段,对隧道开挖工作面前方的工程地质与水文地质条件及不良地质体的工程性质、位置、产状、规模等进行探测、分析、判断,并做出预报和提出技术建议。避免或减少由于地质不明所造成的工程事故,以及由此带来的不必要的人力、物力、财力浪费。

一、超前地质预报的内容

超前地质预报的主要内容:

(1)地层岩性预报,包括对地层岩性,软弱夹层、破碎地层、煤层及特殊岩土体等的预测预报。

(2)地质构造预报,包括对断层、节理密集带、褶皱变形带等影响岩体完整性的构造等的预测预报。

(3)不良地质条件预报,包括对岩溶、采空区、人工洞室、瓦斯富集带等的预测预报。

(4)地下水状况,特别是对岩溶管道水、断层导水带、裂隙水等的发育情况进行预测预报。

(5)判断围岩级别的变化。

二、超前地质预报要求

(1)应将超前地质预报列为隧道施工的必要工序。

(2)应根据前期获得的地质资料,确定重点预报地段、预报方法和技术要求,并根据预报实施中掌握的地质情况及时调整。

(3)采用地质调查与勘探相结合、物探与钻探相结合、长距离与短距离相结合、地面与地下相结合、超前导坑与主洞探测相结合的方法,并对各种方法预报结果综合分析,相互验证,提高预报准确性。

(4)隧道为平行双洞隧道或设有平行导坑时,应充分利用先行超前隧道进行后行隧道的超前地质预报工作。

▶ 任务 9.2　超前地质预报方法认知

超前地质预报方法:地质调查法、超前钻探法、物探法和超前导坑预报法。隧道超前地质预报实施前,根据隧道工程地质与水文地质条件、隧道地质复杂程度,对隧道进行分段,针对不同地质情况,选择不同的方法和手段。

一、地质调查法

地质调查法是一种基于隧道工程既有勘察资料的综合超前地质预报方法,主要通过地质罗盘、地质锤、放大镜及数码影像设备等工具开展地表补充调查和洞内地质素描,结合地层层序对比、构造线空间展布分析、断层要素与隧道几何参数关联性研究,以及不良地质体前兆特征识别等技术手段,对掌子面前方岩层分布、地质构造特征和不良地质体发育状况进行预测。该方法以基础地质理论为指导,通过多源地质信息的相关性分析和地质推理实现超前预报,具有操作简便、成本低廉和适用性强的特点,其预测精度取决于地质人员的专业素养和对区域地质规律的掌握程度,是隧道超前地质预报体系中不可或缺的重要组成部分。

1. 隧道地表补充地质调查

(1)对已有地质勘察成果的核查和确认。

(2)地层、岩性在隧道地表的出露及接触关系,确认标志层特征。

(3)断层、褶皱、节理密集带等地质构造在隧道地表的出露位置、规模、性质及其产状变化情况。

(4)地表岩溶发育位置、规模及分布规律。

(5)煤层、石膏膨胀岩、含石油天然气层、含放射性物质层等特殊地层在地表的出露位置、宽度及其产状变化情况。

(6)人为坑洞的位置、走向、高程等,分析其与隧道的空间关系。

(7)根据隧道地表补充地质调查结果,结合设计文件、资料和图纸,核实和修正超前地质预报重点区段。

2. 隧道内地质素描

隧道内地质素描是将隧道所揭露的地层岩性、地质构造、结构面产状、地下水出露点位置及出水量、煤层、溶洞等准确绘制出来的图表,隧道内地质素描包括以下主要内容。

1)工程地质

(1)地层岩性:描述地层时代、岩性层间结合度、风化程度等。

(2)地质构造:描述褶皱、断层、节理裂隙特征、岩层产状等,断层的位置、产状、性质,破碎带的宽度、物质成分、含水情况及与隧道的关系,节理裂隙的组数、产状、间距、充填物、延伸长度、张开度及节理面特征、力学性质,分析组合特征,判断岩体完整程度。

(3)岩溶:描述岩溶规模、形态、位置、所属地层、构造部位、充填物的成分和状态,以及岩溶展布的空间关系。

(4)特殊地层:煤层、沥青层、含膏盐层和含黄铁矿层等应单独描述。

(5)人为坑洞:影响范围内的各种坑道和洞穴的分布位置及其与隧道的空间关系。

(6)地应力:包括高地应力显示性标志及其发生部位,如岩爆、软弱夹层挤出探孔饼状岩芯等现象。

(7)塌方:应记录塌方部位、方式、规模及其随时间的变化特征,并分析产生塌方的地质原因及其对继续掘进的影响。

(8)有害气体及放射性危害源的存在情况。

2）水文地质

(1)地下水的分布、出露形态，围岩的透水性、水量、水压、水温、颜色、泥沙含量测定，以及地下水活动对围岩稳定的影响，必要时进行长期观测。地下水的出露形态分为渗水、滴水、滴水成线、股水（涌水）、暗河。

(2)水质分析，判定地下水对结构材料的腐蚀性。

(3)出水点和地层岩性、地质构造、岩溶暗河等的关系分析。

(4)必要时进行地表相关气象、水文观测，判断洞内涌水与地表径流、降雨的关系。

(5)必要时应建立涌突水点地质档案。

3）围岩稳定性特征及支护情况

记录不同工程地质、水文地质条件下的隧道围岩稳定性、支护方式及初期支护后的变化情况。发生围岩失稳或变形较大的地段，应详细分析、描述围岩失稳或变形发生的原因、过程、结果等。

4）围岩分级

核查和确认隧道围岩分级。

5）影像

隧道内重要的、具有代表性的地质现象应进行拍照和录像。

3.地质调查法工作要求

(1)隧道地表补充地质调查应在洞内超前地质预报前进行，并在洞内超前地质预报实施过程中根据需要随时补充，做好现场记录，并及时整理。

(2)地质素描图应采用在现场绘制草图，到室内及时誊清的方式完成，实时记录现场实际揭露情况。地质素描原始记录、图表应及时整理。

(3)隧道地表补充地质调查和洞内地质素描资料应及时补充绘制在隧道工程地质平面图和纵断面图上。

(4)采集的标本应及时整理。

二、超前钻探法

超前地质钻探是利用钻机在隧道开挖工作面进行水平钻探获取开挖前方地质信息的一种超前地质预报方法。在富水软弱断层破碎带、富水岩溶发育区、煤层瓦斯发育区、重大物探异常区等地质条件复杂地段必须采用此方法。超前地质钻探主要采用冲击钻和回转取芯钻,为提高预报准确率和钻探速度,减少占用开挖工作面的时间,通常两者交替使用。

冲击钻:不能取芯样,可通过冲击器的响声、钻速变化、岩粉颜色、钻杆振动情况、冲洗液流失变化等粗略探明岩性、岩石强度、岩体完整程度、溶洞、暗河及地下水发育情况等。由于其钻进速度快、耗时少,一般情况下多被采用。

回转取芯钻:可取芯样,鉴定准确可靠,地层变化历程可准确确定。由于其钻进速度慢、耗时多,一般只在特殊地层、特殊目的地段使用,如煤系地层、溶洞及断层破碎带物质成分的鉴定、岩土强度试验取芯等。

超前钻探法主要是利用专门钻机进行超前地质钻探的,也可采用局部加深炮孔进行探测。

1. 超前地质钻探钻孔要求

1)孔数

(1)断层节理密集带或其他破碎富水地层每循环可只钻一孔。

(2)富水岩溶发育区每循环宜钻3～5个孔,揭示岩溶时,应适当增加,以满足安全施工和溶洞处理所需资料为原则。

(3)煤层,先在距煤层15～20 m(垂距)的开挖工作面钻1个超前钻孔,初步探明煤层位置,再在距初探煤层位置10 m(垂距)处开挖工作面,钻3个以上超前钻孔。

2)孔深

(1)不同地段、不同目的钻孔应采用不同的钻孔深度。

(2)钻探过程中应进行动态控制和管理,根据钻孔情况可适时调整钻孔深度,以达到预报目的为原则;煤层瓦斯超前钻孔深度应根据探测煤层情况确定。

(3)在需连续钻探时,前后两循环钻孔应重叠5～8 m。

3)孔径

钻孔直径应满足钻探取芯、取样和孔内测试的要求。

4)钻孔布置

钻孔起孔位置一般位于开挖面中下部,需布置多个钻孔时,可选择开挖面下部两侧和拱部位置。两侧和拱部钻孔的终孔位置一般需位于隧道开挖轮廓线以外,富水岩溶发育区超前钻探应终孔于隧道开挖轮廓线以外5～8 m。

2. 加深炮孔探测钻孔要求

加深炮孔探测是利用局部炮孔加深凿孔过程获取地质信息的一种方法。

(1)探测炮孔孔深较设计爆破孔(或爆破循环进尺)深3 m以上。

（2）孔数、孔位应根据开挖断面大小和地质复杂程度确定。

（3）钻到溶洞和岩溶水及其他不良地质时，应视情况采用超前地质钻探和其他探测手段继续探测。

3. 超前地质钻探技术要求

（1）实施超前地质钻探的人员应经技术培训和考核，经考核合格后方可上岗。

（2）钻探前地质技术人员应进行技术、质量交底。

（3）钻探过程中应有专业地质工程师跟班。

（4）应做好钻探记录，包括钻孔位置、开孔时间、终孔时间、孔探、钻进压力，钻进速度随钻孔深度的变化等。

（5）及时鉴定岩芯岩粉，判定岩石名称，对于断层带、溶洞填充物煤层、代表性岩土等应拍摄照片备查，并选择代表性岩芯整理保存。

（6）在富水地段进行超前钻探时必须采取防突措施，并测定水压。

（7）应编制探测报告，内容包括工作概况、钻孔探测结果、钻孔柱状图，必要时应附钻孔布置图、代表性岩芯照片等。

三、物探法

物探法包括弹性波反射法、电磁波反射法（地质雷达探测）、瞬变电磁法、高分辨率直流电法、红外探测等。其中弹性波反射法是利用人工激发的地震波、声波在不均匀地质体中所产生的反射波特性来预报隧道开挖工作面前方地质情况的一种物探方法，它包括地震波反射法、水平声波剖面法、负视速度法和极小偏移距高频反射连续剖面法（简称"陆地声纳法"）等方法，目前最常用的为地震波反射法。

1. 地震波反射法

1）探测原理

通过小药量爆破所产生的地震波信号在隧道开挖工作面前方不同岩层中以球面波的形式，以不同的速度传播，在地质界面处被反射，并被高精度的接收器接收。通过后处理软件得到各种围岩构造界面、地层界面与隧道轴线相交所呈现的角度及与掌子面的距离，并可初步测定岩石的弹性模量密度、动泊松比等参数以供参考。进一步分析隧道前方围岩性质、节理裂隙密集带分布、软弱岩层及含水状况等。此方法适用于划分地层界线、查找地质构造、探测不良地质体的厚度和范围。地震波反射法探测原理见图 9-1。

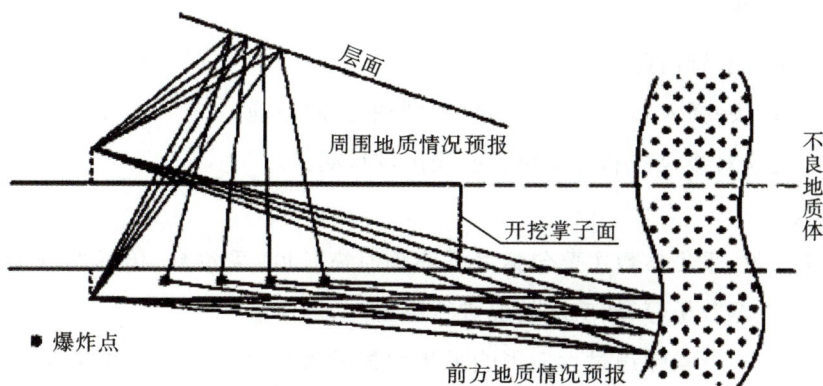

图 9 - 1 隧道地震波反射法原理示意图

2)探测仪器

隧道地震波反射法通常采用 TGP 或 TSP 隧道超前地质预报系统,由主机、检波器(探头)、信号线及后处理软件组成。

3)探测方法

(1)观测系统的设计。

根据隧道施工情况及地质条件,确定检波器(探头)和炮点在隧道左右边墙的位置,接收器和炮点位置应在同一高度。

(2)现场标志。

在隧道现场,根据设计的观测系统,确定所有接收点和炮点的位置,并做出相应的标志。

(3)钻孔。

①应按设计要求钻孔(位置、孔深、孔径、倾角等)。

②一般情况下,钻孔位置不应偏离设定的位置;特殊情况下,以设定的位置为圆心,可在半径 0.2 m 的范围内移位。

③孔身应平直顺畅,能确保耦合剂套管或炸药放置到位。

④在不稳定的岩层中钻孔时,采用外径与孔径相匹配的薄壁塑料管或 PVC 管插入钻孔,防止塌孔。

(4)安装套管。

用环氧树脂、锚固剂或加特殊成分的不收缩水泥砂浆作为耦合剂,安装接收器套管。

(5)填装炸药。

①用装药炮杆将炸药卷装入炮孔底部。

②在激发前,炮孔应用水或其他介质填充,封住炮孔,确保激发能量绝大部分在地层中传播。

（6）仪器安装与测试。

①用清洁杆清洗套管内部。

②将检波器（探头）插入套管，并应确保接收器的方向正确。

③采集信号前应对接收器和记录单元的噪声进行测试。

（7）数据采集。

①设置采集参数：采集参数主要包括采样间隔时窗长度、采集数、传感器分量（应为 x、y、z 三分量接收）及接收器数量等，按实际情况进行设定。

②背景噪声检查：背景噪声过大会影响采集数据的准确性。因此数据采集前，应进行背景噪声检查，采取压制干扰的措施，尽可能减少仪器本身及环境产生的背景噪声干扰。

③数据记录：放炮时，准确记录隧道内炮点号，在放炮过程中采用炮序号递增或递减的方式进行，确保炮点号与采集数据一一对应。

（8）质量控制。

在每炮记录后，应显示所记录的地震道，通过检查显示地震道的特征，据此对记录的质量进行控制。

①用直达波的传播时间来检查放炮点的位置是否正确，以及使用的雷管是否合适。

②根据信号强度，检查信号是否过强或过弱，若直达波信号过强或过弱，应将炸药适当减少或增加。

③根据初至波信号的特性，对信号波形进行质量控制，若初至后出现鸣震，表明接收器单元没有与围岩很好耦合或套管内可能有严重污染，这时，应清洁套管和重新插入接收器单元，直至信号改善。

④根据每炮记录特征，了解存在的噪声干扰，必要时应切断干扰源，同时检查封堵炮孔的效果。

⑤对记录出现：a. x、y、z 三分量接收器接收存在某一分量不工作或工作不正常；b. 初至波时间不准或无法分辨；信噪比低，干扰波严重影响到预报范围的反射波；c. 记录序号（放炮序号）与炮孔号对应关系错误的地震道时，均应重新装炸药补炮，接收和记录对应的地震道信号。

4）数据分析与解释

（1）准确输入现场采集参数，包括隧道、接收器和炮点的几何参数等。

（2）剔除不合格的地震道，只有合格的才能参与处理。

（3）根据预报长度选择恰当的时间窗口；带通滤波参数合理，避免波形发生畸变；提取的反射波，应确保其强度足够；速度分析时，建立与预报距离相适应的模型；反射层提取时，根据地质情况和分辨率选择提取反射层的数目。

（4）数据解释应结合隧道地质勘察资料、设计资料、施工地质资料、反射波成果分析显示图及岩体物理力学参数等进行。综合上述成果资料,推断隧道开挖掌子面前方围岩的工程地质与水文地质条件,如软弱夹层、断层破碎带、节理密集带等地质体的基本状况、规模和位置等。结合岩体物理力学参数、围岩软硬、含水情况、构造影响程度、节理裂隙发育情况等资料,参照有关规范可对围岩级别进行判定和评估。

5)预报距离

地震波反射法连续预报时前后两次预报距离宜重叠 10 m 以上,预报距离应符合下列要求。

(1)在软弱破碎地层或岩溶发育区,每次预报距离宜为 100 m 左右。

(2)在岩体完整的硬质岩地层每次预报距离宜为 150 m 内。

(3)隧道位于曲线上时,应根据曲线半径大小,按上述原则合理确定预报距离。

2.电磁波反射法

1)探测原理

电磁波反射法超前地质预报主要采用地质雷达法(ground penetrating radar ,GPR)。地质雷达法探测是利用电磁波在隧道开挖工作面前方岩体中的传播及反射,根据传播速度、反射走时和波形特征进行超前地质预报的一种物探方法。地质雷达法用于探测浅部地层、岩溶、空洞、不均匀体,具有快速、无损伤、可连续可单点方式探测、实时显示等特点。

2)探测仪器

地质雷达探测系统由发射单元、接收单元、天线、主控器、专用笔记本电脑、信号线、数据采集软件、后处理软件等组成。

3)探测方法

(1)通过试验选择雷达天线的工作频率,确定相对介电常数。当探测对象情况复杂时,应选择两种及以上不同频率的天线。当多个频率的天线均能符合探测深度要求时,应选择频率相对较高的天线。

(2)测网密度、天线间距和天线移动速度应反映出探测对象的异常,测线宜采用十字或网格形式布设。

(3)选择合适的时间窗口和采样间隔,并根据数据采集中的干扰变化和效果及时调整探测工作布局或工作参数。

(4)掌子面超前地质预报常采用单点探测方式,同时可结合连续探测方式进行比对。

(5)探测区内不应有较强的电磁波干扰,现场测试时应清除或避开探测区附近的金属物等电磁干扰物;当不能清除或避开时应在记录中注明,并标出位置。

(6)支撑天线的器材应选用绝缘材料,天线操作员应与工作天线保持相对固定的位置。

(7)测线上天线经过的表面应相对平整、无障碍,且天线易于移动;测试过程中,应保持工作天线的平面与探测面基本平行,距离相对一致。

(8)现场记录应注明观测到的不良地质体与地下水体的位置与规模等。

(9)重点异常区应重复探测,重复性较差时应查明原因。

(10)质量控制检查时重复探测的记录与原探测记录应具有良好的重复性,波形一致,没有明显的位移。

4)数据分析与解释

(1)参与数据分析与解释的雷达剖面应清晰。

(2)数据分析包括编辑、滤波增益等处理,情况较复杂时,还宜进行道分析、FK滤波、正常时差校正、褶积、速度分析、消除背景干扰等处理。

(3)数据解释应结合地质情况、电性特征、探测体的性质和几何特征综合分析。必要时应考虑影响相对介电常数的各种因素,制作雷达探测的正演和反演模型。

5)预报距离

地质雷达工作天线频率越低,波长越大,能量衰减越慢,预报距离就越大,但相应的分辨率会降低。此外预报距离还取决于介质的衰减系数、接收器的信噪比和灵敏度、发射器发射功率系统总增益、目标的反射系数几何形状及其产状等。因此,地质雷达法在一般地段预报距离宜控制在 30 m 以内,在岩溶发育地段的有效预报长度则应根据雷达波形判定。连续预报时前后两次重叠长度宜在 5 m 以上。

3. 高分辨直流电法

1)探测原理

高分辨直流电法是以岩石的电性差异(电阻率差异)为基础的一种直流电法探测技术,电流通过布置在隧道内的供电电极时,在围岩中建立起全空间稳定电场,通过研究地下电场的分布规律,并根据视电阻率分布图预报开挖工作面前方的储水、导水构造分布和发育情况。现场采集数据时必须布置三个以上的发射电极,进行空间交汇,区分各种影响,并压制不需要的信号,突出隧道前方地质异常体的信号,该方法也称为"三极空间交汇探测法"。

高分辨直流电法适用于探测地层中存在的地下水体位置及定性判断含水量,如断层破碎带、溶洞、溶隙、暗河等地质体中的地下水。

2)探测仪器

高分辨直流电法探测系统由主机、电极、多道电极转换器、多芯电缆、发射电源、数据采集软件后处理软件等组成。

3)探测要求

(1)发射、接收电极应布置在同一直线上。

（2）发射、接收电极接地良好。

（3）发射、接收电极间距应测量准确。

（4）数据重复测量应具有良好的重复性，否则应检测电极和电源是否正常、工频干扰是否过大等。

4）数据处理与解释

（1）数据处理应采用增强有效信号、压制干扰信号等手段，使视电阻率等值线图能够清晰成像。

（2）数据解释时地质异常体（储、导水构造）判断标准应以现场多次采集分析验证的数据为依据，同时总结规律，找出隧址区异常标准值。

5）预报距离

高分辨率直流电法有效预报距离不宜超过 80 m，连续探测时宜重叠 10 m 以上。

4.瞬变电磁法

1）探测原理

瞬变电磁法（transient electromagnetic method，TEM）是一种时间域的电磁探测方法。瞬变电磁法超前地质预报探测原理：在隧道掌子面布设一定波形电流的发射线圈，向掌子面前方发射一次脉冲磁场，并在掌子面前方低阻异常带产生感应电流；在一次脉冲磁场间断期间，感应电流不会立即消失，在其周围空间形成随时间衰减的二次磁场；通过掌子面接收线圈接收二次磁场的变化，就可以判断前方低阻异常带电性要素，并推断出前方地质异常体的位置和规模，进而推断围岩破碎、含水、地质构造等情况。总体而言，前方地质体的导电性越好，二次磁场（瞬变场）的强度就越大且热损耗就越小，故衰减越慢，延迟时间越长。

3）探测仪器

瞬变电磁法探测系统由发送机、接收机、放大器、发送线圈（回线）、接收探头（回线）、发送机电源、接收机电源、系统采集软件和后处理软件等组成。

4）探测要求

（1）探测时间：应在爆破后静置不少于 2 小时后进行，将开挖台车、喷浆机等金属物体移至掌子面后方 30 m 外，并通过频谱检测确认 50 Hz 工频干扰不超过 1 mV。数据采集期间禁止所有机电设备运行。

（2）测线布置：应在隧道掌子面底板位置沿隧道环向平行于掌子面布置测线测点，线框主要按直立、恰当的仰角和俯角沿测线进行探测。

（3）重复测量的数据应具有良好的重复性，否则应检查线框和仪器电源是否正常、工频干扰是否过大等。

（4）应做好探测测线、探测方向等原始记录，并绘制各测线的多测道剖面图和视电阻率剖面图。

4）数据处理与解释

完成现场数据采集后，对探测测线及探测方向进行整理，通过专用后处理软件打开原始数据后，先进行有效性分析，然后进行预处理，包括时间道设置和滤波处理，再计算视电阻率，绘制各测线的多测道剖面图和视电阻率剖面图，结合现有地质资料进行定量或定性解释。一般情况下，视电阻率较高，曲线比较规则，表明围岩完整性较好，含水率低；视电阻率较低，曲线不规则，变化较大，表明围岩完整性较差，含水率高。

5）预报距离

瞬变电磁法每次有效预报距离宜为 100 m 左右，且由于采用该方法进行探测时会存在 20 m 以上的盲区，因此连续探测时宜重叠 30 m 以上。

5. 红外探测法

1）探测原理

红外探测是根据红外辐射原理进行超前地质预报的一种物探方法，即一切物质都在向外辐射红外电磁波的原理，通过接收和分析红外辐射信号，探测局部地温异常现象，判断地下脉状流、脉状含水带、隐伏含水体等所在的位置。红外探测法适用于定性判断探测点前方有无水体存在，并确定其方位，不能定量给出水量大小等数据。

2）探测仪器

专用红外探水仪。

3）探测要求

（1）探测时间：应选择在爆破及出渣完成之后进行。

（2）测线布置：需在拱顶、拱腰、边墙、隧底位置沿隧道轴向布置测线、测点。

（3）做好数据记录，并绘制红外探测曲线图。

（4）以下情况下所采集的探测数据无效：

①仪器已显示电池电压不足，未更换电池而继续采集的数据。

②开挖掌子面炮眼、超前探孔等钻进过程中采集的数据。

③喷锚作业后水泥水化热影响明显的部位所采集的数据。

④爆破作业后测线范围内温差明显时所采集的数据。

⑤测线范围内存在高能热源场（如电动空压机等）时所采集的数据。

4）数据处理与解释

（1）先认真检查探测数据的可靠性。

（2）根据探测数据绘制探测曲线。

（3）分析解释时应先确定正常场，再确定异常场，由异常场判定地下水的存在，再结合现场的工程地质和水文地质条件分析与判定。

（4）在分析单条曲线的同时，还应对所有探测曲线进行对比，如两边墙探测曲线的对比、顶底探测曲线的对比，依此确定隐蔽水体或含水构造相对隧道的所在空间位置。

（5）沿隧道轴向的红外探测曲线与开挖掌子面红外探测的数据最大差值，两者应结合分析，在实践中不断总结经验，做出符合实际的分析判断。

（6）通过探测与施工开挖验证，总结出正常场的特点，以提高对异常场的分辨准确率。

5）预报距离

红外探测法有效预报距离宜在 30 m 以内，连续预报时前后两次重叠长度宜在 5 m 以上。

四、超前导坑预报法

隧道超前导坑预报法是一种通过预先开挖小型导坑（位于主洞前方或侧方），直接揭露地质条件，为后续主洞施工提供超前地质信息的预报方法。超前导坑预报法可分为平行超前导坑法和正洞超前导坑法。线间距较小的隧道可互为平行导坑，以先行开挖的隧道预报后开挖隧道的地质条件。根据超前导坑揭露的地质情况推测隧道未开挖地段的地质条件，预报内容主要包括：

（1）地层岩性、地质构造的分布位置及范围等。

（2）岩溶的发育分布位置、规模、形态、充填情况及其展布情况。

（3）采空区及废弃矿巷与隧道的空间关系。

（4）有害气体及放射性危害源的分布层位。

（5）涌泥、突水及高地应力现象出现的隧道里程段。

（6）其他可以预报的内容。

根据分析预报结果，按 1∶100～1∶500 比例绘制超前导坑地质与隧道地质关系平面简图、导坑工程地质纵断面图，以及 1∶100～1∶200 比例的地质横断面图。

五、综合超前地质预报法

对于断层、岩溶、煤层等各种不良地质条件，宜综合运用上述两种或两种以上方法进行预报，综合分析，以达到长短结合、取长补短、相互印证的目的，提高预报准确性。

▶ 任务 9.3　不良地质体的预报认知

对于不同的不良地质条件，应采取不同的超前地质预报方法，并提供相应的预报内容，以达到预报的目的。

一、断层预报

1. 断层出现的前兆标志

节理组数急剧增加;出现岩层牵引褶皱;岩石的强度明显降低;压碎岩、碎裂岩、出现断层角砾岩等;隔水岩层明显湿化、软化,或出现淋水和其他涌突水现象。

2. 预报方法

断层预报应探明断层的主要性质、产状、富水情况、在隧道中的分布位置、断层破碎带的规模、物质组成等,并分析其对隧道的危害程度。断层预报应以地质调查法为基础,以弹性波反射法和地质雷达法探测为主,必要时采用高分辨直流电法、瞬变电磁法、红外探测法探测断层带地下水的发育情况及用超前钻探法验证。

断层预报可按以下步骤进行:

(1)根据区域地质资料、工程地质平面图与纵断面图及必要的补充地质调查,采用隧道内地质素描、断层趋势分析等手段进一步核实断层的性质、产状、位置与规模等。

(2)采用弹性波反射法确定断层在隧道内的大致位置和宽度。

(3)必要时采用高分辨直流电法、瞬变电磁法、红外探测法探测断层带地下水的发育情况。

(4)必要时采用超前钻探预报断层的确切位置和规模、破碎带的物质组成及地下水的发育情况等。

二、岩溶预报

1. 大型岩溶出现的前兆标志

裂隙、溶隙间出现较多的铁染锈或黏土;岩层明显湿化、软化,或出现淋水现象;小溶洞出现的频率增加,且多有水流、河砂或水流痕迹;钻孔中的涌水量剧增,且夹有泥沙或小砾石;有哗哗的流水声;钻孔中有凉风冒出。

2. 预报方法

岩溶预报应探明岩溶在隧道内的分布位置、规模、充填情况及岩溶水的发育情况,分析其对隧道的危害程度。岩溶预报应以地质调查法为基础,以超前钻探法为主,结合多种物探手段进行综合超前地质预报。

岩溶预报可按以下步骤进行:

(1)分析隧址区岩溶发育的规律,以指导超前地质预报工作。

(2)根据隧道内地质素描结果,验证、调整地质复杂程度分级和超前地质预报方案。

(3)根据岩溶发育条件,可采用弹性波反射法进行长、中长距离探测,以探明断层等结构面和规模较大、可足以被探测的岩溶形态;采用高分辨直流电法、红外探测法进行中长短距离探测,可定性探测岩溶水;采用地质雷达法进行短距离探测,以查明岩溶位置规模和形态。

(4)根据地质复杂程度分级、隧道内地质素描、物探异常带进行超前地质钻探预报和验证,对富水岩溶发育地段,超前地质钻探必须连续重叠式进行;超前钻探揭示岩溶后,应适当加密探测,必要时采用地质雷达及其他物探手段进行短距离的精细探测,配合钻探查清岩溶规模及发育特征。

三、煤层瓦斯预报

1.煤层瓦斯出现的前兆标志

开挖掌子面地层压力增大,鼓壁深部岩层或煤层的破裂声明显,响煤炮,掉渣,支护严重变形;瓦斯浓度突然增大或忽高忽低,掌子面温度降低,有异味等;煤层结构变化明显,层理紊乱,由硬变软,厚度与倾角发生变化,煤由湿变干,光泽暗淡,煤层顶底板出现断裂、波状起伏等;钻孔时有顶钻、夹钻、喷孔等动力现象;掌子面发出瓦斯强涌出的嘶嘶声,同时带有粉尘;掌子面有移动感。

2.预报方法

煤层瓦斯预报应探明煤层分布位置、煤层厚度,测定瓦斯含量、瓦斯压力、涌出量、瓦斯放散初速度、煤的坚固性系数等,判定煤的破坏类型,分析判断煤的自燃及煤尘爆炸性,评价隧道瓦斯严重程度及对工程的影响,提出技术措施和建议等。煤层瓦斯预报应以地质调查法为基础,以超前钻探法为主,结合多种物探手段进行综合超前地质预报。采用仪器设备必须符合以下要求:

(1)瓦斯地层中的钻探须使用专用防爆钻机。

(2)瓦斯隧道中的物探仪器须为防爆仪器,非防爆仪器应在充分保障探测工作环境安全的前提下经过建设管理部门特许批准使用。

煤层瓦斯预报可按以下步骤进行:

(1)根据区域地质资料、工程地质勘查报告、工程地质平面图与纵断面图、煤层地表钻探资料和必要的补充地质调查,通过地质作图进一步核实煤层的位置与厚度等。

(2)采用物探法确定煤层在隧道内的大致位置和厚度。

(3)采用洞内地质素描,通过作图分析确定煤层的里程位置。

(4)接近煤层前,必须对煤层位置进行超前钻探,标定各煤层准确位置,掌握其赋存情况及瓦斯状况,要求如下:

①应在距煤层15~20 m(垂距)处的开挖掌子面上钻1个超前钻孔,初探煤层位置;

②应在距初探煤层位置10 m(垂距)处的开挖掌子面上钻3个超前钻孔,分别探测开挖掌

子面前方上部及左右部位的煤层位置,并采取煤样和气样进行物理、化学分析和煤层瓦斯参数测定,在现场进行瓦斯及天然气含量涌出量、压力等测试工作;按各孔见煤、出煤点计算煤层厚度、倾角、走向及与隧道的关系,并分析煤层顶、底板岩性;掌握并收集钻孔过程中的瓦斯动力现象。

(5)穿越煤层前应进行瓦斯突出危险性预测,并应符合以下规定:

①根据围岩强度和预计瓦斯压力确定掌子面距突出煤层的安全距离,在煤层垂距不小于安全距离处的开挖掌子面进行瓦斯突出危险性预测;

②瓦斯突出危险性预测应从瓦斯压力法、综合指标法、钻屑指标法、钻孔瓦斯涌出初速度法、"R"指标法五种方法中选出两种方法,相互验证,其中有任何一项指标超过临界值表,该开挖掌子面即为有突出危险掌子面;其预测时的临界指标应根据实测数据确定,钻孔过程中出现顶钻、夹钻、喷孔等动力现象时,应视开挖掌子面为突出危险掌子面。

课后习题

一、单项选择题

1. 通过小药量爆破,根据所产生的信号在隧道开挖工作面前方不同岩层中传播、反射的情况,预报前方地质情况的方法属于(　　)。

　A. 弹性波反射法　　B. 电磁波反射法　　C. 瞬变电磁法　　D. 红外探测法

2. 隧道施工中进行煤层瓦斯预报时,接近煤层前,必须对煤层位置进行超前钻探,标定各煤层准确位置,掌握其赋存情况及瓦斯状况。在距初探煤层 10 m(垂距)处的开挖工作面上应钻(　　)个超前钻孔。

　A. 1　　　　　B. 2　　　　　C. 3　　　　　D. 4

3. 采用超前钻探法对岩溶发育区进行隧道超前地质预报时,每循环宜钻(　　)个孔。

　A. 1～2　　　B. 2～3　　　C. 3～5　　　D. 4～6

4. 隧道超前地质预报,高分辨直流电法的有效预报距离不宜超过(　　)。

　A. 30 m　　　B. 50 m　　　C. 80 m　　　D. 200 m

5. 隧道超前地质预报,地质雷达法在一般地段预报距离宜控制在(　　)以内。

　A. 30 m　　　B. 40 m　　　C. 50 m　　　D. 60 m

6. 隧道超前地质预报,瞬变电磁法连续预报时前后两次重叠长度宜在(　　)以上。

　A. 10 m　　　B. 15 m　　　C. 20 m　　　D. 30 m

7. 隧道超前地质预报,红外探测法的有效预报距离宜在(　　)以内。

　A. 30 m　　　B. 50 m　　　C. 80 m　　　D. 200 m

8. 隧道超前地质预报,超前钻探法中加深炮孔探测应较爆破孔(或循环进尺)深(　　)以上。

  A. 3 m   B. 5 m   C. 10 m   D. 20 m

9. 下列隧道超前地质预报的物探方法中可用于长距离预报的是(　　)。

  A. 地质雷达法   B. 高分辨直流电法   C. 红外探测法   D. 地震波反射法

10. 富水岩溶发育区超前钻探孔应终于隧道开挖轮廓线以外(　　)。

  A. 1~3 m   B. 3~5 m   C. 5~8 m   D. 8~10 m

11. 采用 TGP 进行隧道超前地质预报,在反射波地质解释过程中,当纵波表现为负反射振幅时,可能出现的地质情况是(　　)。

  A. 断层区   B. 岩溶区   C. 围岩变硬   D. 围岩变软

12. 采用超前钻探法进行隧道超前地质预报时,断层、节理密集带或其他破碎富水地层每循环至少钻(　　)个孔。

  A. 1   B. 2   C. 3   D. 4

13. 隧道地质调查包括隧道地表补充调查和(　　)两大方面。

  A. 超前导坑观测   B. 超前钻探

  C. 隧道内地质素描   D. 隧道内支护状态观测

14. 物探法在隧道超前地质预报中应用广泛,以下不属于物探法的是(　　)。

  A. 弹性反射波法   B. 超声脉冲法   C. 地质雷达法   D. 瞬变电磁法

15. 采用地质雷达法进行隧道超前地质预报,雷达工作天线的频率应选择(　　)。

  A. 4 MHz   B. 40 MHz   C. 400 MHz   D. 4 GHz

二、判断题

1. 隧道岩溶预报应以地质调查法为基础,以弹性波反射法为主,结合多种物探手段进行综合超前地质预报,并应采用宏观预报指导微观预报、长距离预报指导中短距离预报的方法。 (　　)

2. 超前地质钻探是利用钻机在隧道开挖工作面进行钻探,获取地质信息的一种超前地质预报方法,预报时一般采用冲击钻。 (　　)

3. 采用超前地质钻探进行隧道地质预报,当需要连续钻探时,前后两循环钻孔应重叠 3~5 m。 (　　)

4. 采用地震波反射法进行隧道超前地质预报,在软弱破碎地层或岩溶发育区,每次预报距离宜为 150 m 以内。 (　　)

5. 地质雷达进行隧道超前地质预报时,掌子面宜布置两条测线,必要时可布置成"井"字形或其他网格形式。 (　　)

6. 隧道施工接近煤层前,必须对煤层位置进行超前钻探,标定各煤层准确位置,掌握其赋存情况及瓦斯状况。在距初探煤层15~20 m(垂距)处的开挖工作面上应钻3个超前钻孔,初探煤层位置。 （　　）

7. 地震波反射法进行超前地质预报时,坏道数不应大于总道数的30%,且不应出现连续坏道。 （　　）

8. 富水区隧道地质超前钻探时,发现岩壁松软、片帮,钻孔中的水压、水量突然增大,以及有顶钻等异常情况时,应加快钻进速度,及早通过不良地质。 （　　）

9. 地质调查法是一种传统实用的基本隧道超前地质预报方法,具有综合和指导其他预报方法的作用。 （　　）

三、多项选择题

1. 隧道超前地质预报中超前钻探法包括（　　）。
   A. 超前地质钻探　　B. 加深炮孔探测　　C. 超前导坑　　D. 孔内摄影

2. 超前地质预报按预报长度划分为（　　）。
   A. 特长距离预报:预报长度200 m以上　　B. 长距离预报:预报长度100 m以上
   C. 中长距离预报:预报长度30~100 m　　D. 短距离预报:预报长度30 m以内

3. 隧道超前地质预报中地质调查法包括（　　）。
   A. 地表补充地质调查　　　　　　　　B. 隧道外地质素描
   C. 隧道内地质素描　　　　　　　　　D. 周边建筑物调查

4. 隧道超前地质预报中物探法主要包括（　　）。
   A. 弹性波反射法　　B. 电磁波反射法　　C. 瞬变电磁法　　D. 高分辨直流电法

5. 隧道超前地质预报中弹性波反射法适用于（　　）。
   A. 划分地层界线　　　　　　　　　　B. 查找地质构造
   C. 探测不良地质体的厚度和范围　　　D. 探测地下水情况

6. 隧道前方临近断层破碎带的可能前兆有（　　）。
   A. 节理组数急剧增加　　　　　　　　B. 出现岩层牵引褶曲
   C. 岩石强度的明显降低　　　　　　　D. 出现压碎岩、破碎岩、断层角砾岩等
   E. 临近富水断层前断层下盘泥岩、页岩等隔水岩层明显湿化软化,或出现淋水和其他涌突水现象

7. 隧道施工中,掌子面出现大规模塌方的可能前兆主要有（　　）。
   A. 拱顶岩石开裂,裂缝旁有岩粉喷出或洞内无故尘土飞扬
   B. 初期支护开裂掉块、支撑拱架变形或发生声响
   C. 拱顶岩石掉块或裂缝逐渐扩大

D. 干燥围岩突然涌水

E. 钻孔时有顶钻、夹钻、顶水喷孔等动力现象

8. 物探法进行隧道超前地质预报时,下列表述正确的是(　　　)。

A. 探测对象与相邻介质应存在一定的物性差异,并具有可被探测的规模

B. 物探探测时周边环境对其影响较小

C. 对于地质条件复杂的隧道采用综合物探

D. 物探资料只有在物性资料和地质资料齐全的基础上进行定量解释,才能获得准确的解释参数

9. 采用地震波法进行隧道超前地质预报时,下列表述正确的是(　　　)。

A. 采集图像具有较好的异常重复性和波形相似性

B. 随着预测距离的增大,地质异常体的位置和宽度误差也在增大,预报距离需在合理的范围内

C. 钻孔应平直顺畅,并能确保耦合剂、套管或炸药放置在孔中间

D. 数据采集前应进行背景噪声检查,采取压制干扰的措施,尽可能减少仪器本身及环境产生的背景噪声干扰

E. 激发雷管需采用瞬发电雷管

10. 隧道超前地质预报物探方法选择应符合(　　　)原则。

A. 适应隧道的场地条件和施工环境

B. 具有定向探测功能,能够判断异常体的位置

C. 长距离探测宜采用反射波法;短距离探测宜采用地质雷达法

D. 对可能发生大面积坍塌、突水、涌泥等施工地质灾害的隧道,应采用多参数配合及长、短距离探测相结合的方法

四、综合题

1. 关于采用地质雷达法进行隧道超前地质预报,请回答以下问题。

(1)关于地质雷达法超前地质预报的相关特性描述,正确的有(　　　)。

A. 利用电磁波传播及反射特性,依据传播速度、反射走时及波形特征进行预报

B. 属于物探法的一种类型

C. 具有快速、无损、连续检测、实时显示等特点

D. 可进行超长距离探测预报

(2)地质雷达法适用于(　　　)等的探测和超前预报。

A. 浅部地层　　　　B. 煤层瓦斯　　　　C. 空洞　　　　D. 前方有无水体

(3)地质雷达的设备组成包括(　　)。

A. 发射单元和接收单元　　　　　　　B. 超声换能器

C. 主控器

(4)关于地质雷达法的预报距离的相关描述,正确的有(　　)。

A. 预报距离不宜超过 30 m,重叠距离不应小于 5 m

B. 预报距离不宜超过 80 m,重叠距离不应小于 10 m

C. 工作天线的频率相对越高,探测距离越长

D. 工作天线的频率相对越低,探测距离越长

(5)以下叙述正确的是(　　)。

A. 当多个频率的天线均能符合探距要求时,选择频率较高的天线

B. 施工现场的金属物不影响探测结果

C. 通常采用单点探测,也可结合连续探测进行比对

D. 测线宜沿掌子面边缘呈环形布置

项目 10

隧道运营环境检测

项目 描述

本项目主要介绍隧道在运营过程中通风、照明的主要方式和检测方法。

学习 目标

(1)素质目标:培养"为他人安全负责"的职业素养和社会责任。

(2)知识目标:了解隧道运营的通风、照明方法;掌握隧道运营的通风、照明检测过程。

(3)能力目标:能独立完成隧道的通风、照明评定案例。

案例 导入

2019 年 8 月 27 日 18 时 22 分,秦某驾驶事故货车驶入猫狸岭隧道,18 时 24 分许,货车左侧第四轴内挡轮胎爆胎(距隧道起点约 1627 米),18 时 25 分货车底部有明火出现。秦某在不知情的状况下继续行驶,经多个侧方超越的车辆驾驶员提醒,于 18 时 26 分将货车停靠于慢速车道(距隧道起点约 1775 米、终点约 1810 米),下车检查后发现货车第五轴右侧轮胎处燃烧。火势快速引燃装载的合成革货物,释放大量有毒浓烟,并迅速向行车方向蔓延,造成隧道内滞留人员及救援人员 5 人死亡、31 人不同程度受伤(其中 15 人重伤),隧道设施、途经车辆、事故货车及货物严重受损。经事后核实和技术分析,事故直接原因一:重型低平板货车第 5 轴右侧制动器处于拖滞、卡滞状态,导致整个车轮温度升高,轮胎受高温传导后起火,引燃车载合成革,短时间产生大量有毒烟气并迅速蔓延,致使隧道内滞留人员及救援人员因大量吸入烟气窒息伤亡;原因二:驾驶人秦某日常车辆维护保养不到位,未及时发现并排除车辆安全隐患,事故发生后应急处置不当。

▶ 任务 10.1 运营通风方式认知

隧道正常运营时,隧道通风主要是为了稀释隧道内的 CO、烟雾和空气中的异味,提高隧行车的舒适性和安全性。火灾工况时,隧道通风则是为了改变隧道内气流流动的方向来控制火灾烟气蔓延,为人员疏散和防灾救援创造有利条件。

隧道通风分为自然通风和机械通风两大类。自然通风通过气象因素形成的隧道内空气流动,以及机动车从洞外带入新鲜空气,实现隧道内外空气交换。机械通风通过风机作用使空气沿着预定路线流动,实现隧道内外空气交换。隧道机械通风的基本方式主要有纵向式、半横向式、全横向式,以及在这三种基本方式的基础上组合的通风方式。隧道机械通风方式的分类如表 10-1 所示。

表 10-1　机械通风方式的分类

纵向通风方式	半横向通风方式	全横向通风方式	组合通风方式
(1)全射流	(1)送风式	(1)顶送顶排式	(1)纵向组合式
(2)集中送入式	(2)排风式	(2)底送顶排式	(2)纵向+半横向组合式
(3)通风井送排式	(3)平导压入式	(3)顶送底排式	(3)纵向+集中排烟组合式
(4)通风井排出式		(4)侧送侧排式	
(5)吸尘式			

▶任务 10.2　运营照明方式认知

隧道运营照明的目的:解决驾驶员在进出隧道时的视觉适应问题以及在隧道内部的视觉问题。

在进出隧道时,由于隧道洞外与洞内有较强的亮度差异,白天极易引起进入隧道的"黑洞效应"或"黑框效应"和驶出隧道的"白洞效应",夜间则刚好相反。在隧道内部,由于汽车排放的废气集聚在隧道里形成烟雾,汽车前照灯的光被这些烟雾吸收和散射,造成光幕,降低了前方障碍物与其背景(路面、墙面)之间的亮度对比度,从而降低了障碍物的能见度。

为解决这些问题,隧道在运营中需根据人眼的适应性特点进行隧道照明,以解决驾驶员在公路隧道行驶中的视觉适应性问题,提高隧道行车的安全性。

根据隧道行车的视觉特点,隧道运营照明的基本方式可根据隧道照明区段分为入口段照明、过渡段照明、中间段照明和出口段照明,如图 10-1 所示。

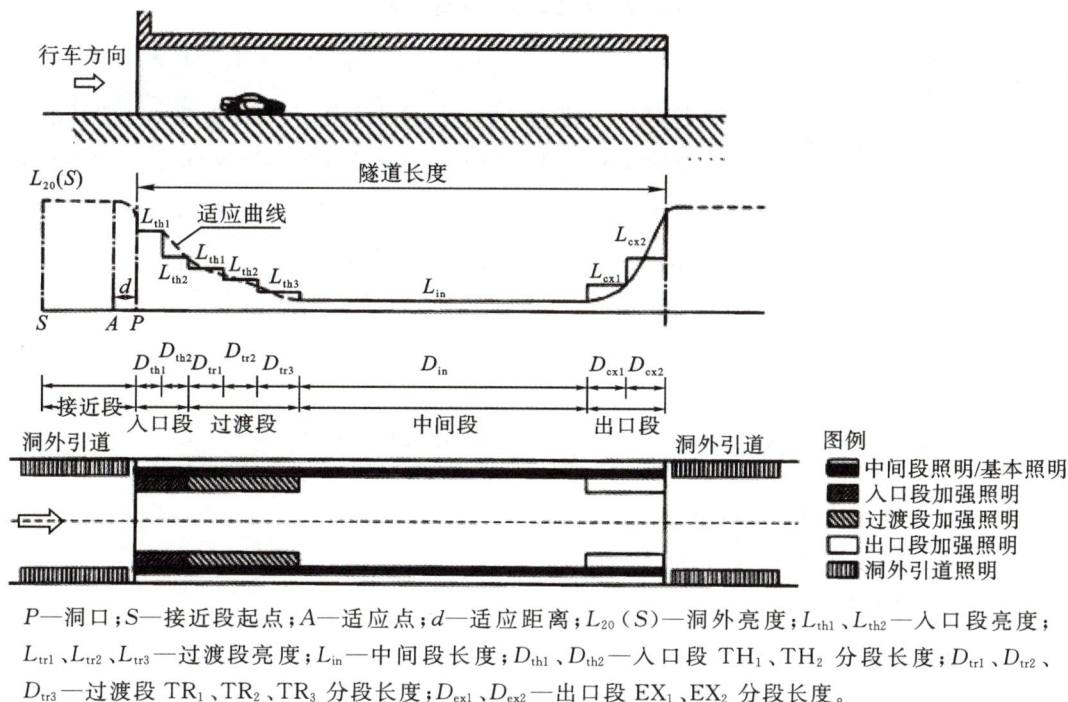

P—洞口；S—接近段起点；A—适应点；d—适应距离；$L_{20}(S)$—洞外亮度；L_{th1}、L_{th2}—入口段亮度；
L_{tr1}、L_{tr2}、L_{tr3}—过渡段亮度；L_{in}—中间段长度；D_{th1}、D_{th2}—入口段 TH_1、TH_2 分段长度；D_{tr1}、D_{tr2}、
D_{tr3}—过渡段 TR_1、TR_2、TR_3 分段长度；D_{ex1}、D_{ex2}—出口段 EX_1、EX_2 分段长度。

图 10-1　各照明段亮度与长度示意图

一、入口段照明

根据我国《公路隧道照明设计细则》(JTG/T D70/2-01—2014)，隧道入口段可分为入口段
1 和入口段 2。入口段 1 和入口段 2 的亮度和长度可分别用式(10-1)和式(10-2)计算：

$$L_{th1} = k \times L_{20}(S) \tag{10-1}$$

$$L_{th2} = 0.5 \times k \times L_{20}(S) \tag{10-2}$$

式中：L_{th1}——入口段 TH_1 的亮度(cd/m^2)；

L_{th2}——入口段 TH_2 的亮度(cd/m^2)；

k——入口段亮度折减系数，可按表 10-2 取值；

$L_{20}(S)$——洞外亮度(cd/m^2)。

对于长度 $L > 500$ m 的非光学长隧道及长度 $L > 300$ m 的光学长隧道，入口段 TH_1、TH_2
的亮度应分别按上式(10-1)及式(10-2)计算。长度为 300~500 m 的非光学长隧道及长度为
100~300 m 的光学长隧道，入口段 TH_1、TH_2 的亮度宜分别按式(10-1)和式(10-2)计算值
的 50% 取值；长度为 200~300 m 的非光学长隧道，入口段 TH_1、TH_2 的亮度宜分别按上式
(10-1)和式(10-2)计算值的 20% 取值。

表 10-2　入口段亮度折减系数 k

设计小时交通量 $N/[\text{veh}/(h \cdot ln)]$		k				
单向交通	双向交通	设计速度 $v_t=$ 120 km/h	设计速度 $v_t=$ 100 km/h	设计速度 $v_t=$ 80 km/h	设计速度 $v_t=$ 60 km/h	设计速度 $v_t=$ 20~40 km/h
≥1200	≥650	0.070	0.045	0.035	0.022	0.012
≤350	≤180	0.050	0.035	0.025	0.015	0.010

注:当交通量在其中间值时,按线性内插取值。

入口段长度:

$$D_{th1} = D_{th2} = \frac{1}{2}\left(1.154 \cdot D_S - \frac{h-1.5}{\tan 10°}\right) \tag{10-3}$$

式中:D_{th1}——入口段 TH,长度(m);

D_{th2}——入口段 TH,长度(m);

D_S——照明停车视距(m);

h——隧道内净空高度(m)。

二、过渡段照明

过渡段由 TR_1、TR_2、TR_3 三个照明段组成,与之对应的亮度分别按式(10-4)~式(10-6)计算:

$$L_{tr1} = 0.15 \times L_{th1} \tag{10-4}$$

$$L_{tr2} = 0.05 \times L_{th1} \tag{10-5}$$

$$L_{tr3} = 0.02 \times L_{th1} \tag{10-6}$$

过渡段长度计算应按式(10-7)~式(10-9)计算。

①过渡段 1 长度:

$$D_{tr1} = \frac{D_{th1} + D_{th2}}{3} + \frac{v_t}{1.8} \tag{10-7}$$

式中:v_t——设计速度(km/h);

$\dfrac{v_t}{1.8}$——2 s 内的行驶距离。

②过渡段 2 长度:

$$D_{tr2} = \frac{2v_t}{1.8} \tag{10-8}$$

③过渡段 3 长度:

$$D_{tr3} = \frac{3v_t}{1.8} \tag{10-9}$$

长度 $L \leqslant 300$ m 的隧道,可不设置过渡段加强照明;长度为 $300 \sim 500$ m 的隧道,当在过渡段 TR_1 能完全看到隧道出口时,可不设置过渡段 TR_2、TR_3 加强照明;当 TR_3 的亮度 L_{tr3} 不大于中间段亮度 L_{in} 的 2 倍时,可不设置过渡段 TR_3 加强照明。

三、中间段照明

中间段 L_{in} 亮度取值见表 $10 - 3$。

表 10 - 3　中间段亮度表 $L_{in}(cd/m^2)$

设计速度 $v/(km/h)$	L_{in}		
	单向交通		
	$N \geqslant 1200$ veh/(h·ln)	350 veh/(h·ln)$<N<$1200 veh/(h·ln)	$N \leqslant 350$ veh/(h·ln)
	双向交通		
	$N \geqslant 650$ veh/(h·ln)	180 veh/(h·ln)$<N<$650 veh/(h·ln)	$N \leqslant 180$ veh/(h·ln)
120	10.0	6.0	4.5
100	6.5	4.5	3.0
80	3.5	2.5	1.5
60	2.0	1.5	1.0
20~40	1.0	1.0	1.0

注:1. 当设计速度为 100 km/h 时,中间段亮度可按 80 km/h 对应亮度取值。

2. 当设计速度为 120 km/h 时,中间段亮度可按 100 km/h 对应亮度取值。

单向交通且以设计速度通过隧道的行车时间超过 135 s 时,隧道中间段宜分为两个照明段,与之对应的长度及亮度不应低于表 $10 - 4$ 的规定。

表 10 - 4　中间段各照明段长度及亮度取值

项目	长度/m	亮度/(cd/m²)	适用条件
中间段第一照明段	设计速度下 30 s 行车距离	L_{in}	—
中间段第二照明段	余下的中间段长度	$L_{in} \times 80\%$,且不低于 1.0 cd/m²	采用连续光带布灯方式,或隧道壁面反射系数不小于 0.7
		$L_{in} \times 50\%$,且不低于 1.0 cd/m²	

行人与车辆混合通行的隧道,中间段亮度不应小于 2.0 cd/m²。

四、出口段照明

在单向交通隧道中,应设置出口段照明,出口段宜划分为 EX_1、EX_2 两个照明段,每段长度宜取 30 m，与之对应的亮度应按式(10 - 10)～式(10 - 11)计算：

$$L_{ex1} = 3 \times L_{in} \quad\quad\quad (10 - 10)$$

$$L_{ex2} = 5 \times L_{in} \quad\quad\quad (10 - 11)$$

在双向交通隧道中，可不设出口段照明。

▶ 任务 10.3　运营通风检测

隧道运营通风是指用洞外的新鲜空气置换被来往车辆废气污染过的洞内空气，以提高行车的安全性和舒适性，保护驾乘人员和洞内工作人员的身体健康。隧道运营通风检测的主要内容包括一氧化碳检测、烟雾浓度检测、隧道内风压检测和隧道风速检测。

一、一氧化碳浓度检测

1. 一氧化碳浓度

隧道在修建中可能会遇到一氧化碳(CO)，运营后稀释汽车废气中的 CO 是机械通风的主要目的。因此必须重视对 CO 的检测，保证施工安全和驾乘人员的健康。鉴于 CO 的危害性，我国《公路隧道通风设计细则》(JTG/T D70/2 - 02—2014)对运营公路隧道 CO 浓度做了规定。

(1)正常交通时，隧道内 CO 设计浓度可按表 10 - 5 取值。

表 10 - 5　CO 设计浓度 δ

隧道长度/m	$\delta/(cm^3/m^3)$
≤1000	150
>3000	100

注：隧道长度为 1000～3000 m 时，可按线性内插法取值。

(2)交通阻滞时，阻滞段的平均 CO 设计浓度可取 150 cm³/m³，同时经历时间不宜超过 20 min。阻滞段长度按每车道不宜大于 1000 m 计算。

(3)人车混合通行的隧道，洞内 CO 设计浓度不应大于 70 cm³/m³。

(4)隧道内进行养护维修时，洞内 CO 设计浓度不应大于 30 cm³/m³。

2. 一氧化碳检测

隧道 CO 检测纵向的测点布置与隧道的通风方式有关，靠近进出口的测点应布置在距洞口 10 m 处，检测各通风段的风速值，每个通风段宜检测 3 个以上的断面，断面间距不宜大于 500 m，如检测到某一断面超标，应向隧道进口方向增加检测断面来达到判断 CO 在何处开始超过允许浓度的目的。

AT2 型一氧化碳测量仪是一种利用控制电位电化学原理来检测一氧化碳浓度的测量仪。

它是一种矿用安全火花型携带式检测仪器,现以 AT2 型仪器为例来说明这类仪器的检测原理。

1)主要技术指标

测量范围:$0\sim50\times10^{-6}$、$0\sim500\times10^{-6}$两个量程;

测量精度:误差小于$\pm5\%$满度值($20\ ℃\pm5\ ℃$);

反应时间:反应完成90%的时长不超过$30\ s$;

传感器寿命:1 年,保证使用半年。

2)检测原理

仪器采用控制电位电化学原理,实现对空气中 CO 浓度的测定。工作原理框图如图 10 - 2 所示。

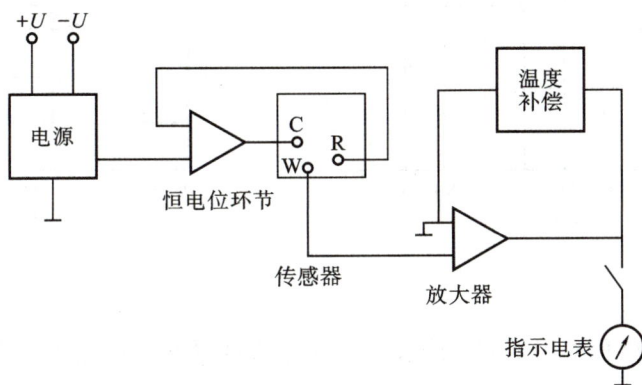

图 10 - 2 AT2 型一氧化碳测量仪工作原理

被测量的 CO 通过传感器聚四氟乙烯薄膜扩散到工作电极 W,W 电极受到恒电位环节的控制作用,具有一个恒定的电位,CO 在 W 电极上发生氧化反应:

$$CO + H_2O \longrightarrow CO_2 + 2H^+ + 2e^-$$

同时在电极 C 上发生氧的还原反应:

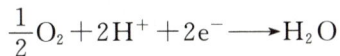

$$\frac{1}{2}O_2 + 2H^+ + 2e^- \longrightarrow H_2O$$

总化学式为

$$CO + \frac{1}{2}O_2 \longrightarrow CO_2$$

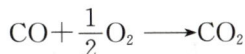

二、烟雾浓度检测

柴油车排放气体中,除 SO_2 等物质外,还有大量的游离碳素(煤烟)。煤烟不仅影响隧道内的能见度、舒适性,而且也影响施工作业人员的健康。

柴油车排烟量与车重、车速和路面坡度有关。根据国际道路协会常设委员会（PIARC）的污染报告，对于水平路段，排烟量与车重近似满足如图 10-3 所示的关系。图 10-4 给出了柴油车排烟量与车速的关系。

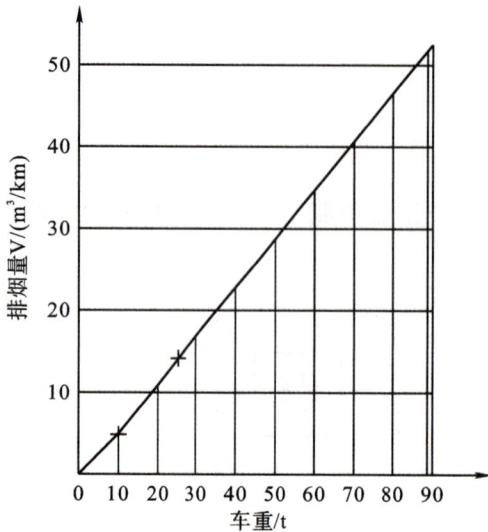

图 10-3　车重与排烟量的关系

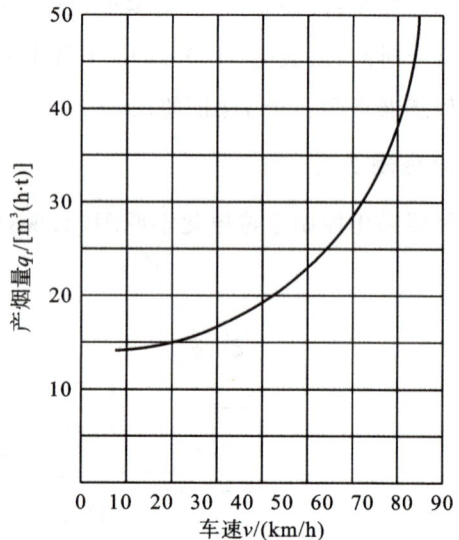

图 10-4　柴油车排烟量与车速关系

煤烟对空气的污染程度用烟雾浓度表示。烟雾浓度可通过测定光线在烟雾中的透过率来确定。光线在烟雾中的透过率用 τ 表示：

$$\tau = \frac{E}{E_V}$$

式中：E、E_V——同一光源分别通过污染空气、洁净空气后的照度。

τ 与烟雾的厚度 $L_{(m)}$ 有关：

$$\tau = e^{-\alpha L}$$

$$\alpha = -\frac{1}{L}\ln\tau$$

式中：α——烟雾吸光系数。

令 $K = \alpha$，则

$$K = -\frac{1}{L}\ln\tau$$

式中：K——烟雾浓度。在隧道通风中，取 $L = 100$ m，测定 τ 后确定 K，则

$$K = \frac{1}{100}\ln\tau$$

式中：τ——100 m 厚烟雾光线的透过率。

隧道内烟雾浓度增加,可见度、舒适感降低,从行车安全考虑,确定的可见度叫安全可见度。安全可见度指从驾驶员看到前方障碍物到制动汽车所行驶的距离。安全可见度可用下式计算:

$$x = \frac{vt}{3.6} + \frac{v^2}{254(\varphi \pm i)}$$

式中: x——距离(m);

v——车速(km/h);

t——驾驶员意识到需要制动的反应时间+汽车制动机械传动的迟滞时间(s), $t = 1s + 0.5 s = 1.5 s$;

φ——路面与轮胎的附着系数,对于湿沥青路面, $\varphi = 0.45$;

i——道路坡度(%);上坡取+,下坡取—。

安全可见度和车速的关系见表 10-6(坡度按 3%计算)。

表 10-6 安全可见度与车速的关系

车速/(km/h)	安全可见度/m
20	12
30	21
40	32
50	44

当烟雾浓度、透过率和车速不同时,对舒适程度的感觉也不同。表 10-7 是行车速度为 40 km/h时,驾驶员对舒适水平的主观评价。

表 10-7 烟雾浓度与舒适性的关系

烟雾浓度 $K/(m^{-1})$	$L = 100 m$ 处的透过率 τ	舒适性
5×10^{-3}	60%	空气洁净
7.5×10^{-3}	48%	稍有烟雾
9×10^{-3}	40%	舒适度下降
12×10^{-3}	30%	不愉快的环境

透过率与隧道照明水平有关,随着路面照度的增加,透过率可乘以修正系数。其修正值见表 10-8。

表 10 - 8 透过率与照度的关系

路面照度/lx	透过率修正值
30	1
40	0.93
50	0.87
60	0.80
70	0.73
80	0.67

一些国家规定的隧道内合格烟雾浓度分别为

法国:$5 \times 10^{-3} \, m^{-1}$;日本:$(7.5 \sim 9) \times 10^{-3} \, m^{-1}$;瑞士:$9 \times 10^{-3} \, m^{-1}$;英国:$10 \times 10^{-3} \, m^{-1}$。

随着我国公路交通事业的日益发展,大型的载重柴油车将会越来越多,目前柴油车所占交通量已达到整个交通量的 30%～50%,正迅速赶上发达国家的水平,所以应严格控制烟雾的浓度。烟尘设计浓度应满足下列要求:

(1)采用显色指数 R_a 为 33～60、相关色温为 2000～3000 K 的钠光源等光源时,烟尘设计浓度 K 应按表 10 - 9 取值;采用显色指数 $R_a \geqslant 65$、相关色温为 3300～6000 K 的荧光灯、LED 灯等光源时,烟尘设计浓度 K 宜按设计速度相应提高一级取值。

表 10 - 9 烟尘设计浓度 K

车速 $v/(km/h)$	$K/(m^{-1})$
$\geqslant 90$	0.005
$60 \leqslant v < 90$	0.0070
$50 \leqslant v < 60$	0.0075
$30 < v < 50$	0.0090
$10 \leqslant v < 30$	0.012
养护维修时	0.0030

(2)当烟尘浓度达到 $0.012 \, m^{-1}$ 时,应采取交通管制等措施。

(3)交通阻滞或双洞单向交通临时改为单洞双向交通时,洞内烟尘浓度不应大于 $0.012 \, m^{-1}$。

烟雾浓度检测主要采用光透过率仪。以 SH - 1 型光透过率仪为例,它由稳压电源、投光部、受光部和自动记录仪四大部件组成,测定光路长度 100 m,光透过率量程为 5%～100%,精度为满量程 5%。由所检测得到的光透过率计算烟雾浓度。

烟雾浓度检测纵向的测点布置与隧道的通风方式有关,靠近进出口的测点应布置在距洞口 10 m 处,检测各通风段的烟雾浓度值,每通风段宜检测 3 个以上的断面,断面间距不宜大于 1000 m,如检测到某一断面超标,应向隧道进口方向增加检测断面来达到判断烟雾在何处开始超过允许浓度的目的。

三、隧道风压检测

隧道风压是隧道通风的基本控制参量。在长的公路隧道中,通风系统往往由复杂的通风网络构成,要使风流有规律地流动,就必须调整或控制网络内各节点的风压。此外,风压还是各种通风机的一项基本性能指标,检验通风机时必须对其风压进行检测。

1. 基本概念

1)空气静压(静压强)

空气静压是气体分子间的压力或气体分子对与之相接触的固体或液体边界所施加的压力,空气的静压在各个方向上均相等。空间某点空气静压的大小与该点在大气中所处的位置和人工所造成的压力有关。

大气压力是地表静止空气的压力,它等于单位面积上空气柱的重量。

地球空气圈的厚度高达 1000 km。靠近地球表面的空气密度大,距地球表面越远,空气密度越小,不同海拔高程处空气柱的重量是不一样的。因此,对于不同地区,由于海拔高程、地理位置、空气温度和湿度不同,其大气压(空气静压)也不同。各地大气压力主要随海拔高度变化而变化,其变化规律如表 10-10 所示。

表 10-10　不同海拔高度的大气压

海拔高度/m	大气压/kPa
0	101.32
100	100.12
200	98.92
300	97.72
500	95.46
1000	89.86
1500	84.7
2000	79.7

在真空状态下,静压为零。

根据度量空气静压大小所选择的基准不同,空气压力有绝对压力和相对压力之分。

绝对压力是以真空状态绝对零压为比较基准的静压,即以零压力为起点表示的静压,绝对静压恒为正值,记为 p_s。

相对压力是以当地大气压为比较基准的静压,即绝对静压与大气压力之差。如果隧道中或管道中的绝对静压高于大气压力,则为正压,反之为负压,相对静压用 h_s 表示。

2)空气动压

运动着的物体具有动能,当其运动受到阻碍的时候,就有压力作用在障碍物表面上,压力的大小取决于物体动能的大小。当风流受到阻碍时,同样有压力作用在障碍物上,这个力称为风流的动压,用 h_v 表示。动压因空气运动而产生,它恒为正值并具有方向性,作用方向与风流方向一致;在与风流平行的面上,无动压作用。如果风流中某点的风速为 v(m/s),单位体积空气的质量为 ρ(kg/cm²),则动压 h_v(Pa)可用下式表示:

$$h_v = \frac{1}{2}\rho v^2$$

或

$$h_v = \frac{\gamma}{2g}v^2$$

3)全压

风流的全压即静压与动压的代数和。

2.隧道空气压力测定

1)绝对静压的测定

通常使用水银气压计和空盒气压计测定空气的绝对静压。

水银气压计:如图 10-5 所示,它主要由一个水银盛槽与一根玻璃管组成。玻璃管上端密闭,下端插入水银盛槽中,管内上端形成绝对真空,下部充满水银。当水银盛槽中水银表面受到空气压力时,管内的水银柱高度随空气压力的变化而变化,此管中的水银面与盛槽中的水银面的高差即为所测空气的绝对静压。

空盒气压计:如图 10-6 所示,它主要由一个被抽成真空的皱纹状金属空盒与连接在盒上带指针的传动机构组成。

1—水银柱面;2—尖端;3—水银柱;4—旋钮;5—皮囊;6—测微游标旋钮。

图 10-5 水银气压计

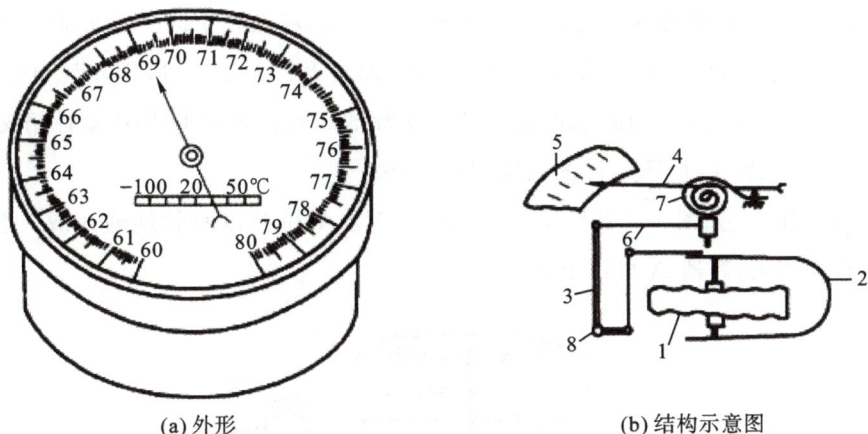

(a)外形　　　　　　　　　　　　　(b)结构示意图

1—金属盒；2—弹簧；3—传递机构；4—指针；5—刻度盘；6—链条；7—弹簧丝；8—固定支点。

图 10-6　空盒气压计

空盒气压计又称无液气压计，其测压原理：由于盒内抽成真空(实际上还有小量余压)，当大气压作用于盒面上时，盒面被压缩，并带动传动杠杆使指针转动，根据转动的幅度可读得大气压力数值。

空盒气压计是一种携带式仪表，一般用在非固定地点概略地测定大气压力数值。使用前必须经水银气压计校定；测量时将盒面水平放置在被测地点，停留 10~20 min，待指针稳定后再读数；读数时视线应垂直于盒面。

2)相对静压的测定

通常使用 U 形压差计、单管倾斜压差计或补偿式微压计与皮托管配合测定风流的静压、动压和全压。

(1)U 形压差计，亦称 U 形水柱计，有垂直和倾斜两种类型，如图 10-7 所示。它们都是由一内径相同，装有蒸馏水或酒精的 U 形玻璃管与刻度尺组成的。

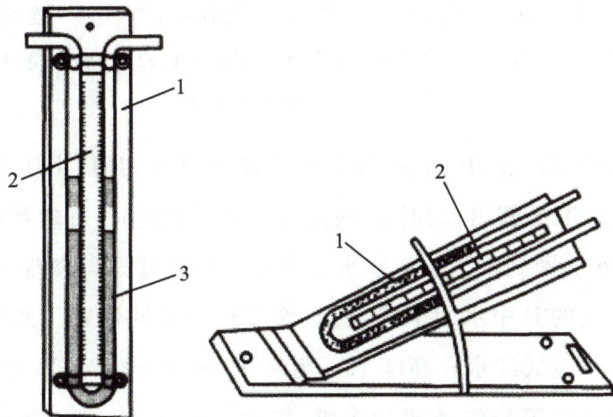

1—U 形玻璃管；2—刻度尺；3—蒸馏水或酒精。

图 10-7　U 形压差计

其测压原理:U形玻璃管两侧液面承受相同的压力时,液面处于同一水平面;当两侧液面承受不同的压力时,压力大的一侧液面下降,另一侧液面上升。对于U形压差计,两水面的高差即为两侧压力差。对倾斜U形压差计,则要考虑实际的高差。垂直U形压差计精度低,多用于测量较大的压差。倾斜U形压差计的精度要高一些。

(2)补偿式微压计:如图10-8所示,它由盛水容器A和B以胶管连通而成。容器B固定不动,B中装有水准头,容器A可以上下移动。

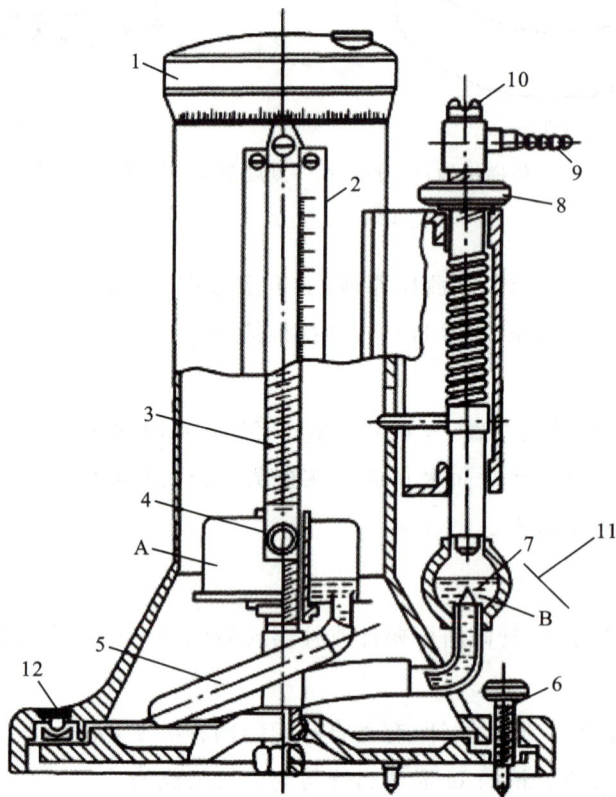

A、B—盛水容器;1—微调盘;2—刻度尺;3—螺杆;4—胶管接头"—";5—连通胶管;6—底座螺钉;7—水准头;8—调节螺母;9—胶管接头"+";10—密封螺钉;11—反光镜;12—水准泡。

图10-8 补偿式微压计

这种仪器的测压原理:较大的压力 p_1 连到"+"接头与B相通,小压力 p_2 连到"—"接头与A相通,B中水面下降,水准头露出,同时A内液面上升。测定时,旋转螺杆以提高容器A,则B中水面上升,直至B中水面回到水准头所在水平为止。即通过提高容器A的位置,用水柱高度来平衡(补偿)压力差造成的B中水面下降,使它恢复到原来的位置。此时A内液面上升的高度恰好是压力差(p_1—p_2)造成的水柱高度 H。为使 H 测量准确,仪器上装有微调与水准观察装置。微调装置由刻有200等分的微调盘构成,将它左右转动一圈,螺杆将带动A上下移动2 mm,其精度能读到0.01 mm水柱(mmH$_2$O)。水准观察装置根据光学原理使水准头形成倒像,当水准头的尖端和像的尖端恰好接触时,说明 B 中水面已经达到要求的位置。

使用补偿式微压计时,要整平对零;使 B 中水准头和像的尖端恰好相接,并注意大小两个压力不能错接,最后在刻度尺和微调盘上读出所测压力差。

(3)皮托管是接收和传递压力的工具,与压差计相配合使用。如图 10 - 9 所示,皮托管由两根金属小圆管 1 和 2 构成,内管 1 和外管 2 同心套结成一整体,但互不相通。内管前开一小孔 4 与标有"+"的脚管相通,孔 4 正对风流,内管就能接收测点的全压。外管前端不通,在前端不远处的管壁上开有 4~6 个小孔,孔 3 与标有"-"的脚管相通,当孔 4 正对风流时,外管孔 3 与风流垂直,不受动压作用,只能接收静压。

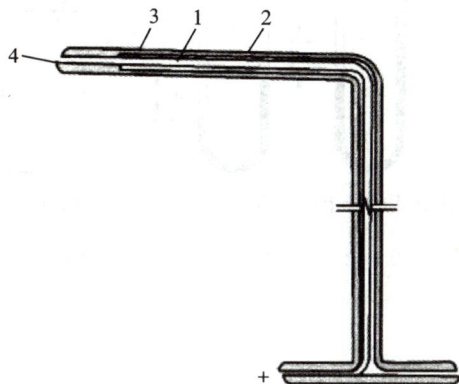

1—内管;2—外管;3—侧孔;4—前孔。

图 10 - 9　皮托管

3)风流的全压、静压、动压的相互关系及其在水柱上的显示

压入式通风:如图 10 - 10 所示,风流的绝对压力高于大气压力,风流的相对压力为"+"。若用 p_s 表示绝对静压,p_t 表示绝对全压,h_t 表示相对全压,则由图 10 - 10 可得

$$h_s = p_s - p_a$$

$$h_v = p_t - p_s$$

$$h_t = p_t - p_s = h_s + h_v$$

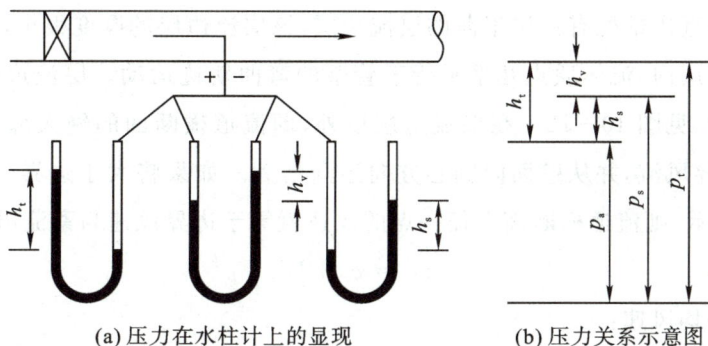

(a)压力在水柱计上的显现　　(b)压力关系示意图

图 10 - 10　送风式通风压力关系示意图

抽出式通风:如图 10-11 所示,风流的绝对压力低于大气压力,风流的相对压力为"一"。水柱计读数等于相对压力的绝对值,由图 10-11 可得

$$h_s = p_s - p_a \quad 或 \quad |h_s| = p_a - p_s$$

$$h_v = p_t - p_s$$

$$|h_s| = p_a - p_t = |h_s| - h_v$$

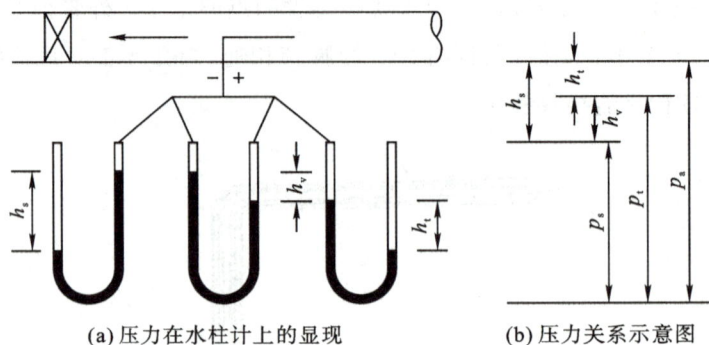

(a)压力在水柱计上的显现   (b)压力关系示意图

图 10-11　抽出式通风压力关系示意图

四、隧道风速检测

在我国已建成的设有机械通风的公路隧道中,绝大部分都采用射流风机纵向通风。在这种通风方式下,风流速度既不能过小,也不能过大。风速过小,则不足以稀释排出隧道内的车辆废气;风速过大,则会使隧道内尘土飞扬,使行人感到不适。因此,我国《公路隧道通风设计细则》(JTG/T D 70/2-02—2014)规定:单向交通隧道风速不宜大于 10 m/s,特殊情况可取 12 m/s;双向交通隧道风速不应大于 8 m/s;人车混用隧道风速不应大于 7 m/s。

1.隧道风流的速度分布及平均风速

空气在隧道及管道中流动时,由于与流道壁面摩擦及空气的黏性,同一横断面上各点风流的速度是不相同的。

紊流风流在靠近边壁处有一层很薄的层流边层,该层流边层的厚度很小,而且雷诺数越大,其厚度越小。在此层内,流体质点几乎平行于管壁的弯曲轨迹运动。层流边层内,空气流动的速度叫作边界风速,见图 10-12。在层流边层以外,即流道横断面的绝大部分,充满着紊流风流,其速度大于边界风流,并从壁面向轴心方向逐渐增大。如果将大于边界风速那部分称为紊流风速,并以 U 表示,则流道横断面上任一点的风速就等于边界风速与紊流风速之和:

$$v_1 = v_0 + U$$

则断面上的平均风速:

$$v = \frac{\int_A v_1 \, \mathrm{d}A}{A}$$

或

$$v = \frac{Q}{A}$$

式中：v_1——断面上一点的风速（m/s）；

　　　$\mathrm{d}A$——断面上的微元面积；

　　　A——流道的横断面积（m^2）；

　　　Q——通过流道横断面的风量（m^3/s）。

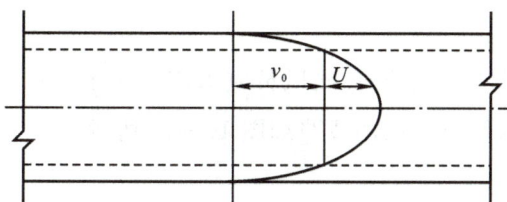

图 10-12　隧道中风流速度分布图

在圆形截面的直线管道风流中，最高风速出现在截面轴心处；但在隧道或非圆截面的管道中，流道的曲直程度、断面形状及大小均有变化，最高风速不一定出现在截面轴线上，同一断面上的流速分布也可能随时间变化。因此，确定断面的平均风速时，必须先测各点的风速，然后计算其平均值。各种技术规范与规程对风速的有关规定都是对断面的平均风速而言的。

2. 隧道风速检测

1）用风表检测

常用的风表有杯式和翼式两种，如图 10-13 所示。

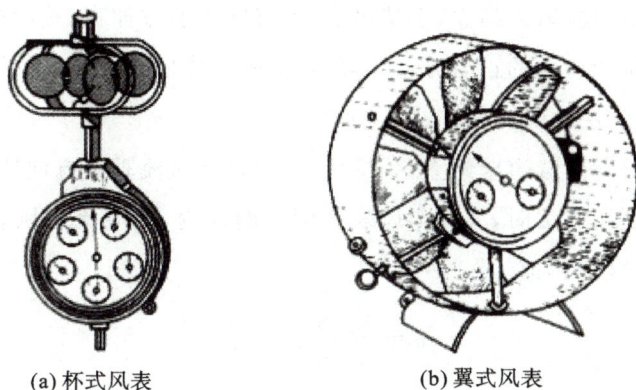

(a)杯式风表　　　　　　　　　(b)翼式风表

图 10-13　风表

杯式风表用于检测大于 10 m/s 的高风速;翼式风表用于检测 0.5～10 m/s 的中等风速,具有高灵敏度的翼式风表也可以用于检测 0.1～0.5 m/s 的低风速。

杯式和翼式风表内部结构相似,由一套特殊的钟表传动机构、指针和叶轮组成。杯式的叶轮是 4 个杯状铝勺,翼式的叶轮则是 8 张铝片。此外,风表上有一个启动和停止指针转动的小杆,打开时指针随叶轮转动,关闭时叶轮虽转动但指针不动。某些风表还有回零装置,以便从零开始计量风速。

检测时,先回零,待叶轮转动稳定后打开开关,则指针随着转动,同时记录时间。经过 1～2 min 后,关闭开关。测完后,根据记录的指针读数和指针转动时间,算出风表指示风速,再用如图 10 - 14 所示的校正曲线换算成真实风速。风表可以测一点的风速,也可以测隧道的平均风速。

用风表检测隧道断面的平均风速时,测风员应该使风表正对风流,在所测隧道断面上按一定的路线均匀移动风表。通常所采用的线路如图 10 - 15 所示。

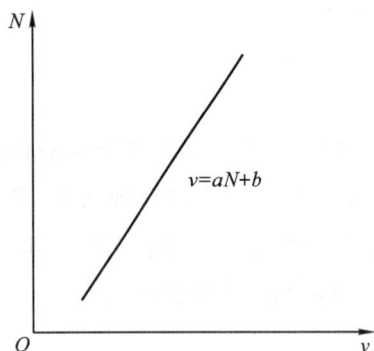

图 10 - 14　风表校正曲线

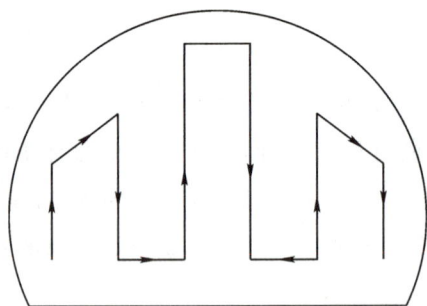

图 10 - 15　用风表检测断面平均风速的线路

根据测风员与风流方向的相对位置,分为迎面和侧面两种测风方法。

(1)迎面法:测风员面向风流站立,手持风表,手臂向正前方伸直,然后按一定的线路使风表均匀移动。由于人体位于风表的正后方,人体的正面阻力降低流经风表的流速,因此,用该法测得的风速 v_s 需经校正后才是真实风速 v,$v = 1.14 v_s$。

(2)侧面法:测风员背向隧道壁站立,手持风表,手臂向风流垂直方向伸直,然后按一定的线路使风表均匀移动。使用此法时,人体与风表在同一断面内,造成流经风表的流速增加。如果测得的风速为 v_s,那么实际风速为

$$v = \frac{v_s(S - 0.4)}{S}$$

式中:S——所测隧道的断面积(m^2);

　　 0.4——人体占据隧道的断面积(m^2)。

2)用热电式风速仪和皮托管与压差计检测

热电式风速仪分为热线和热球式 2 种,其原理相同。以 QDF 型热球式风速仪为例,该仪器由热球式探头、电表和运算放大器组成。在测杆的端部有一个直径约 0.8 mm 的玻璃球,球内绕有加热玻璃球用的镍铬丝线圈和 2 个串联的热电偶,热电偶的冷端连接在磷铜质的支柱上,直接暴露在风流中。当一定大小的电流通过加热线圈后,玻璃球的温度上升,则热电势小,反之热电势大。热电势再经运算放大器后就可以在电表上指示出来,校正后的电表读数即为风流的真实速度。

热电式风速仪操作比较简便,但现有的热电式风速仪易于损坏,灰尘和温度对它有一定的影响,有待进一步改进,以便广泛使用。

皮托管和压差计可用于通风机风筒内高风速的测定,它通过测量测点的动压,然后按下式换算出测点风速 v_1：

$$v_1 = \sqrt{\frac{2gH_v}{\gamma}} = \sqrt{\frac{2H_v}{\rho}}$$

式中：H_v——测点的动压力(Pa)；

　　g——重力加速度(9.8 m/s)；

　　γ——测点周围空气重度(N/m³)；

　　ρ——空气密度(kg/m³)。

皮托管与精度为 0.1 Pa 的压差计配合使用,在测定 1.5 m/s 以上的风速时,其误差不超过 +5%；当风速过低或压差计精度不够时,误差比较大。

热电式风速仪和皮托管与压差计都不能连续累计断面内各点的风速(对后者来说是动压),只能孤立地测定某点风速(动压)。因此,用这类仪器测定隧道或管道的平均风速时,应该把隧道断面划分成若干个面积大致相等的小块(图 10-16),再逐块在其中心测量各点的风速 v_1,v_2,…,v_n。最后取平均值得到平均风速 v 即：

$$v = \frac{v_1 + v_2 \cdots + v_n}{N}$$

式中：N——划分的等面积小块数。

圆形风筒的横断面应划分成若干个等面积的同心圆环(图 10-17),每一个等面积圆环里相应地有一个检测圆。用皮托管和压差计测定时,在互相垂直的两个直径上,可以测得每个检测圆的 4 个动压值,由这一系列的动压值就可计算出风筒全断面的平均风速。

检测圆的数量 N,根据被测风筒的直径确定。一般直径为 30~60 cm 时 N 取 3,直径为 70~100 cm 时 N 取 4。

由于运营隧道按上述方法现场检测隧道断面风速非常困难,耗时较长,现场条件和交通管制的限制可以改进隧道断面风速的现场检测方法。

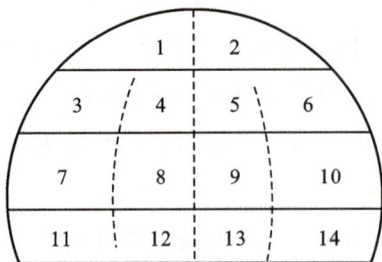

图 10-16　隧道断面划分的等面积小格

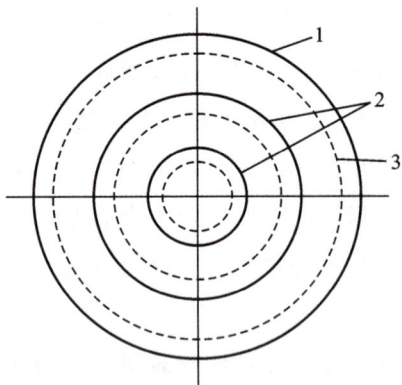

1—风筒壁；2—等面积同心部分界线；3—检测圆。

图 10-17　圆形风筒划分的等面积同心部分

　　借助重庆交通科研设计院的大比尺的模型试验研究成果可简化隧道断面风速的现场检测方法。正常工况下，隧道中的通风气流可看作不可压缩黏性流体的等温流动，公路隧道内的通风工况可看作定常流动，对于沿隧道纵向的空气运动，其气流一般属于充分发展的紊流，对于紊流流态，如隧道断面几何尺寸相似，则流速分布亦相似。试验取气流稳定区域的某一风管断面，测量该断面内各个点的风速，试验中在某一断面均匀布置 5 个观测孔，测试仪可以沿孔轴面移动，共计测试 15 个点来计算平均风速点。

　　模型试验研究表明，满足充分紊流特征的空气流动，其气流的边界层很薄，绝大多数区域速度相同，实验结果的平均值与隧道断面重心点的风速值很接近，可以固定此点的测试值代表隧道断面的平均风速。隧道纵向的测点布置与隧道的通风方式有关，测点布置应远离射流风机60 m 以上，检测各通风段的风速值，每通风段宜检测 3 个以上的断面。

▶ 任务 10.4　运营照明检测

一、基本概念

　　照明工程中的基本概念较多，为了阐述方便，这里对常用的几个概念作以简介，如读者需要深入了解，请参考有关资料。

1. 光谱光视效率

　　图 10-18 为光谱光视效率函数，光谱光视效率是表征人眼对不同波长可见光视觉敏感度的量化指标。在明视觉（照度>3 cd/m²）条件下，人眼对 555 nm 黄绿光的敏感度最高；而在暗视觉（照度<0.001 cd/m²）条件下，敏感度峰值移至 507 nm 蓝绿光。随着波长偏离峰值位置，人眼的相对视觉敏感度呈非线性衰减，短波（如 400 nm 紫光）和长波（如 700 nm 红光）方向的

敏感度可降至峰值值的 1% 以下。

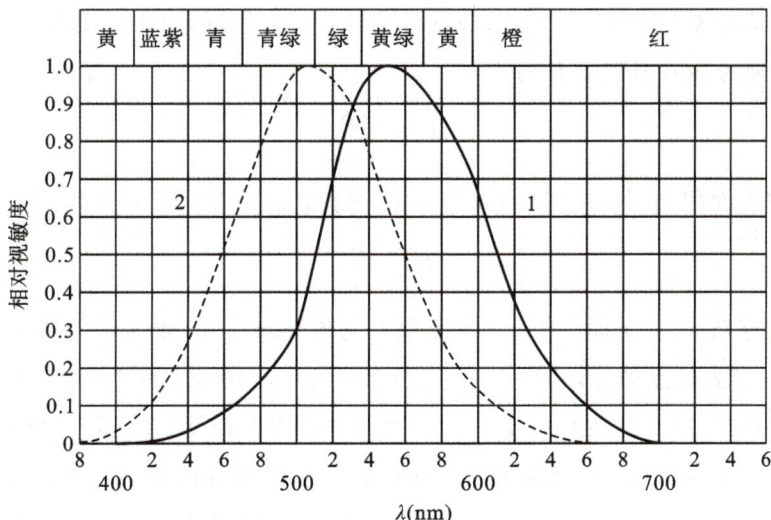

1—明视觉；2—暗视觉。

图 10 - 18 光谱光视效率函数

2. 光通量

光通量是光源发光能力的一种度量，是指光源在单位时间内发出的能被人眼感知的光辐射能的大小。光通量常用符号 ϕ 表示，单位为流明（lm）。例如，一只 220 V、40 W 白炽灯发出的光通量为 350 lm；一只 220 V、40 W 的荧光灯发出的光通量为 2100 lm。

3. 光强

光强用于反映光源光通量在空间各个方向上的分布特性，它用光通量的空间角密度来度量。光强常用符号 I 表示，可由下式计算：

$$I = \frac{\mathrm{d}\Phi}{\mathrm{d}\omega}$$

式中：$\mathrm{d}\omega$——由（点）光源向外张的微小空间角（锥面所围的空间），若以半径为 r 的球面截取锥面，而被锥面截取的微小球面面积为 $\mathrm{d}A$，则 $\mathrm{d}\omega = \mathrm{d}A/r^2$；

$\mathrm{d}\Phi$——微小空间角 $\mathrm{d}\omega$ 内的光通量。

光强单位是坎德拉（cd），1 cd＝1 lm/sr，坎德拉是国际单位制的基本单位之一。

光强常用于说明光源和灯具发出的光通量在空间各方向上的分布密度。例如，一只 220 V、40 W 白炽灯发出 350 lm 光通量，它的平均光强为 350/4π cd＝28 cd；若在该灯泡上装一盏白色搪瓷平盘灯罩，则灯的正下方的光强能提高到 70～80 cd。虽然在两种情况下，光源发出的光通量没变，但后者使光通量在空间分布更集中。

4. 照度

照度是用来表示被照面上光的强弱的,以被照场所光通量的面积密度来表示。取微小面积 $\mathrm{d}A$,入射的光通量为 $\mathrm{d}\Phi$,则照度 E 为

$$E = \frac{\mathrm{d}\Phi}{\mathrm{d}A}$$

对于任意大小的表面积 A,若入射光通量为 φ,则在表面积 A 上的平均照度 E 为

$$E = \frac{\varphi}{A}$$

照度的单位为勒克斯(lx),lx 即在 $1\ \mathrm{m}^2$ 的面积上均匀分布 1 lm 光通量的照度值,或者是一个光强为 1 cd 均匀发光的点光源,以它为中心,在半径为 1 m 的球表面上,各点所形成的照度值。

1 lx 的照度是比较小的,在此照度下仅能大致辨认周围物体,要进行区别细小零件的工作则是不可能的。为了对照度有些实际概念,现举几个例子:晴朗的满月夜地面照度约为 0.2 lx,白天采光良好的室内照度为 $100\sim500$ lx,晴天室外太阳散射光(非直射)下的地面照度约为 1000 lx,中午太阳光照射下的地面照度可达 10000 lx。

5. 亮度

亮度用于量化光源发光面在特定方向上的光学特性。在一个"面"光源上取一个单元面积 $\Delta A'$,从与表面法线成 θ 角的方向去观察,在这个方向上的光强 I_θ、人眼所"见到"的光源面积 ΔA 及亮度 L_θ 间的关系为

$$L_\theta = \frac{I_\theta}{\Delta A'} = \frac{I_\theta}{\Delta A \cdot \cos\theta}$$

如果 ΔA 是一个理想的漫射发光体或理想漫反射表面的二次发光体,它的光强将按余弦分布。将 $I_\theta = I_0 \cdot \cos\theta$ 代入上式:

$$L_\theta = \frac{I_0 \cdot \cos\theta}{\Delta A \cdot \cos\theta} = \frac{I_0}{\Delta A}$$

即理想漫射发光体或理想漫反射表面二次发光体的亮度与方向无关。亮度的单位为坎德拉每平方米($\mathrm{cd/m}^2$)。表 10 - 11 列出了各种光源的亮度表。

表 10 - 11　各种光源的亮度表

光源	亮度/($\mathrm{cd/m}^2$)	光源	亮度/($\mathrm{cd/m}^2$)
太阳	1.6×10^9	碳极弧光灯	$(1.8\sim12)\times10^8$
蓝天	0.8×10^4	钨丝灯	$(2.0\sim20)\times10^6$
电视屏幕	$(1.7\sim3.5)\times10^4$	荧光灯	$(0.5\sim1.5)\times10^4$

在隧道照明中,路面亮度是最重要的技术指标,并且经常把路面的光反射视为理想漫反射。在这种假设下,亮度 L 与照度 E 及反射系数 ρ 之间存在以下的关系:

$$L = \frac{\rho E}{\pi}$$

6. 照明检测分类

隧道照明检测可分为试验室检测和现场检测。试验室检测主要对单个灯具的特性或质量进行检测,为照明设计提供依据,或为工程选用合格产品;现场检测则主要对灯群照明下的路面照度、亮度和眩光参数进行检测,用以评价隧道照明工程的设计效果与施工质量。

二、照度检测

1. 检测原理

照度检测一般采用将光检测器和电流表连接起来,并且表头以勒克斯(lx)为单位进行分度构成的照度计,如JD系列指针式照度计和数字式照度计。将光电池放到要测量的地方,当它的全部表面被光照射时,由表头可以直接读出照度的数值。由于照度计携带方便、使用简单,因而得到广泛的应用。

通常好的照度计应符合下列要求:

(1)应附有 $V(\lambda)$ 滤光器。常用的光电池(硒、硅)其光谱灵敏度曲线与 $V(\lambda)$ 曲线有相当大的偏差,在测量非连续光谱光源(如气体放电灯)时,会出现较大的偏差。因此,照度计都要给光电池配一个颜色滤光器,构成颜色校正光电池。其光谱灵敏度曲线与 $V(\lambda)$ 曲线相符的程度越好,照度测量的精度越高。

(2)应配合适的余弦校正(修正)器。当光源由倾斜方向照射光电池表面时,光电流输出应当符合余弦法则,即这时的照度应等于光线垂直入射时的法线照度与入射角余弦的乘积。但是,由于光电池表面镜面的反射作用,在入射角较大时,会从光电池表面反射掉一部分光线,致使光电流输出小于上面所说的正确数值。为了修正这一误差,通常在光电池外加一个均匀漫透射材料制成的余弦校正器,如图 10-19 所示。这种光电池组合称为余弦校正光电池,其余弦特性如图 10-20 所示。

(3)应选择线性度好的光电池。在测量范围内,照度计的读数要与投射到光电池的受光面上的光通量成正比。也就是说,光电流与光电池受光面的照度应呈线性关系。硒光电池的线性度主要取决于外电路的电阻和受光量,外电路的电阻越小,照度越低,线性度越好。

用作低照度测量时,应选择低内阻的硒光电池,它有较高的灵敏度;用作高照度测量时,应选择高内阻的硒光电池,它的灵敏度低而线性响应较好,受强光照射时不易损坏。

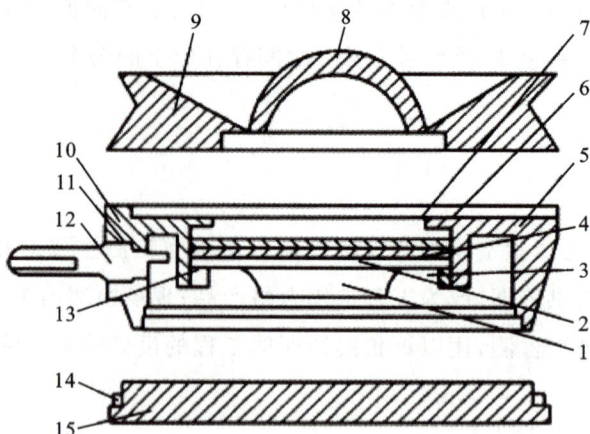

1—弹性压接片(正极);2—晒电池;3—导电环(负极);4—光谱修正滤光器;5—磨砂玻璃;6—橡皮;7—凹槽;8—余弦修正器;9—前盖;10—底座;11、14—密封圈;12—插座;13—垫圈;15—后盖。

图 10-19 有校正的硒光电池接收器结构示意

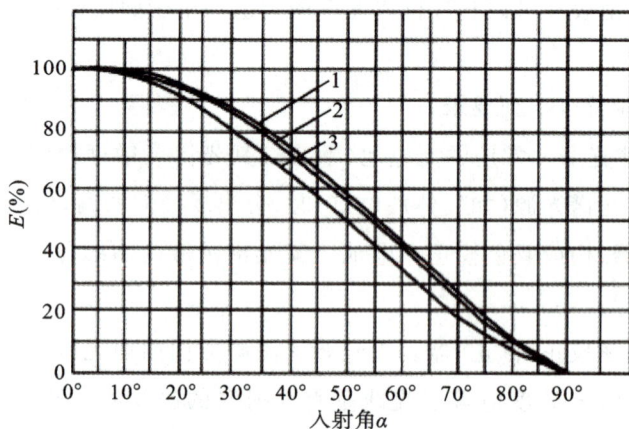

1—理想的余弦特征曲线;2—光电池修正后的特征曲线;3—光电池未加余弦修正器时的特征曲线。

图 10-20 光电池的余弦特性曲线

(4)硒光电池受强光(1000 lx 以上)照射时会逐渐损坏,为了测量较大的光强度,硒光电池前应带有几块已知减光倍率的中性减光片。

照度计在使用保管过程中,由于光电池受环境影响,其特性会有所改变,必须定期对照度计进行标定,以保证测量的精度。

照度计的标定可在光具座上进行,如图 10-21 所示。利用标准光强(烛光)灯,在满足"点光源"(标准灯距光电池的距离是光源尺寸的 10 倍以上)的条件下,逐步改变硒光电池与标准灯的距离 d,记下各个距离时的电流计读数,由 $E=I/d^2$ 计算光照度,可得到相当于不同光照度的电流计读数。将电流计读数与光照度的关系作图,就是照度计的标定曲线,由此可对照度计进行分度。标定曲线不仅与硒光电池有关,而且与电流计有关,换用硒光电池或电流计时,必须重新标定。

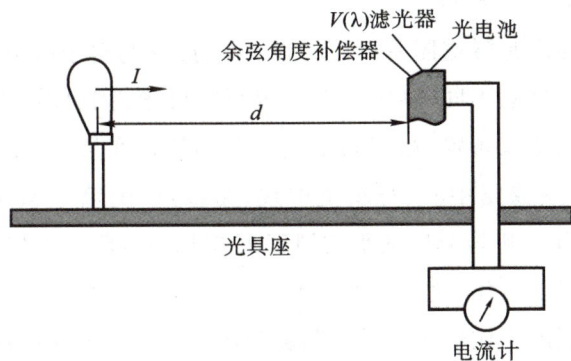

图 10 – 21　标定照度的装置

2. 现场检测

隧道路面的照度检测是隧道照明检测的基本内容之一。许多隧道的照明设计参数是直接以照度给出的,隧道照明中最为重要的亮度可通过简单公式由照度换算。根据照明区段的不同,隧道照度检测可分为洞口段照度检测和中间段照度检测。

1)纵向照度曲线测试

纵向照度曲线反映洞口段沿隧道中线照度的变化规律。第一个测点可设在距洞口 10 m 处,之后向内每一米设一测点,测点深入中间段 10 m。用便携式照度仪测试各点照度,并以隧道路面中线为横轴、以照度为纵轴绘制隧道纵向照度变化曲线。

2)横向照度曲线测试

横向照度曲线反映照度在隧道路面横向的变化规律。洞口照明段分为入口段和过渡段,过渡段由 TR_1、TR_2、TR_3,三个照明段组成。测试横向照度时,可在各区段各设一条测线,该线可位于各区段的中部。在各测线上,测点由中央向两边对称布置,间距 0.5 m。用便携式照度仪测取各点照度,并以各测线为横轴、以照度为纵轴绘制隧道横向照度变化曲线。横向照度越均匀越好。

3)加强段路面平均照度检测

加强照明段分为入口段和过渡段,过渡段由 TR_1、TR_2、TR_3,三个照明段组成。测试路面平均照度时,由于加强照明灯具布置的间距较小,各测区长度以 10 m 为宜,也可根据灯具间距适当调整,纵向各点间距取灯间距的一半均匀布置,即 $d = s/2$,横排由中央向两边对称布置,分别取路中心、行车道中线、路缘点、侧墙 2 m 处,测取各交点的照度 E_i。若某测区的测点数为 n,

则该测区的平均照度 E 为

$$E = \frac{1}{n} \sum_{i=1}^{n} E_i$$

4）中间段路面平均照度检测

中间段路面的平均照度是隧道照明设计的重要指标，它与整个隧道的照明效果和后期运营费用密切相关。视隧道长度的不同，测区的总长度可占隧道总长度的 $5\% \sim 10\%$；各测区基本段路面平均照度检测时的测点布置：在灯间距这一距离均匀布置 10 个点，即 $d = s/10$，横排由中央向两边对称布置，分别取路中心、行车道中线、路缘点、侧墙 2 m 处。测取各交点的照度 E_i。若某测区的测点数为 n，则该测区的平均照度 E 按加强段路面平均照度的公式计算。

对所有的测区重复以上工作，便可得到各测区的平均照度，最后对各测区的照度再平均，即得全隧道基本段的平均照度。比较实测平均照度与规范要求照度或设计照度，便可知道该隧道的中间段照度是否满足规范要求或设计要求。

三、亮度检测

1. 检测原理

光度量之间存在着一定的关系，运用这种关系能使某些光度量的测量变得较为容易，并且能用照度计来测量其他光度量。图 10-22 为测量亮度的原理图。

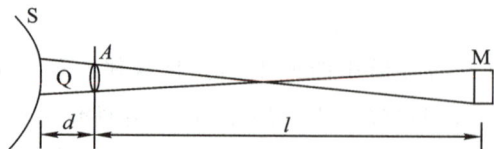

图 10-22　亮度测量原理图

为了测量表面 S 的亮度，在它的前面距离 d 处设置一个光屏 Q。光屏上有一透镜（透射比为 τ），它的面积为 A。在光屏的右方设置照度计作检测器 M，M 与透镜的距离为 l，M 与透镜的法线垂直。

典型透镜式亮度计如图 10-23 所示。被测光源经过物镜后，在带孔的反射镜上成像，其中一部分光经过反射镜上的小孔到达光电接收器上，另一部分光经过反射镜反射到取景器上，在取景器的目镜后可以用人眼观察被测目标的位置及被测光源的成像情况。如成像不清楚，可以调节物镜的位置。光电接收器前一般加 $V(\lambda)$ 滤光器以配合人眼的光谱光效率。如果放一些特定的滤色片，还可用来测定光源的颜色。

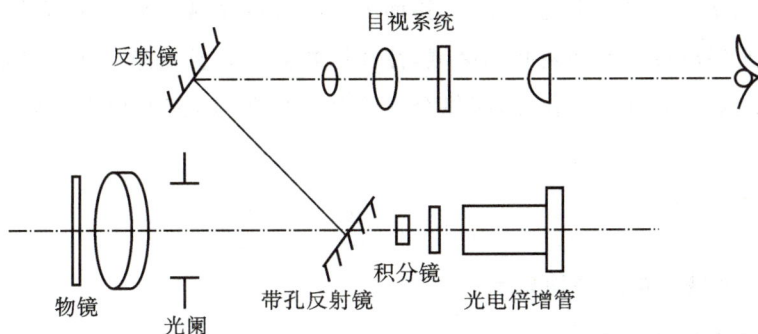

图 10‑23 透镜式亮度计原理简图

亮度计的视场角 θ 取决于带孔反射镜上小孔的直径,通常在 $0.1°\sim2°$;测量不同尺寸和不同亮度的目标物时用不同的视场角。

亮度计可事先用标准亮度板进行检验,在不同标准亮度下对亮度计的读数进行分度。标准亮度板可用标准光强灯照射在白色理想漫射屏上获得。

2. 现场检测

严格地讲,路面某点的亮度与观察它的方向有关,但工程上为了简便,将路面的光反射看成理想漫反射,这样,作为二次光源的路面亮度便与方向无关。传统检测方法根据亮度与照度之间的关系进行换算,即 $L=E/C$,混凝土路面 $C=13$,沥青路面 $C=22$。目前,随着成像技术与电子技术的不断成熟,已有不同亮度计可直接用于现场亮度检测。本教材分别对两种亮度检测方法进行介绍。

1)照度换算测量法

(1)路面平均亮度(L_{av})。

驾驶员观察障碍物的背景,在隧道中主要是路面,只有当路面亮度达到一定值以后,驾驶员才能获得立体感,在此基础上,亮度对比越大越容易察觉障碍物。路面(背景)亮度越高,眼睛的对比灵敏度越好。

路面平均亮度在设计或规范中都有明确的规定。其检测方法可参考中间段路面平均照度检测方法,并根据下式确定:

$$L_{av}=\frac{E_{av}}{C}$$

(2)路面亮度均匀度。

保证亮度均匀度是为了给驾驶员提供良好的能见度和视觉上的舒适性。如果亮度高,则均匀度要求可以不很严格。干燥路面和湿路面的亮度有很大变化,均匀度也相应有很大变化。严格的均匀度要求,一般限于干燥路面和路面平均亮度较低的情况。

①总均匀度(U_0)。

照明装置保证良好的路面平均亮度后,路面上一些局部区域还可能出现最小亮度 L_{min}。通常较差的亮度对比都出现在路面较暗的区域,往往影响到驾驶员对障碍物的辨认。为了使路面上所有区域都有足够的亮度和对比度,提供令人满意的能见度,需要规定路面最小亮度和平均亮度比值的范围。

$$U_0 = \frac{L_{min}}{L_{av}}$$

式中:L_{av}——计算区域内路面平均亮度;

L_{min}—计算区域内路面最小亮度。

②纵向均匀度(U_1)。

为了提高视觉舒适性,要求沿路面中线有一定的纵向均匀度。纵向均匀度是沿中线局部亮度的最小值和最大值之比。

$$U_1 = \frac{L'_{min}}{L'_{max}}$$

路面(墙面)上连续忽明忽暗对驾驶员干扰很大,称为"光斑效应"。当隧道较长时,驾驶员眼睛会很疲劳,影响发现障碍物。

2)亮度成像测量法

亮度成像测量法采用定制的光学系统,分析测量区域成像亮度,并对测量区域内的亮度进行统计,得出亮度的平均值、最大值、最小值、平均亮度、亮度纵向均匀度等指标。

如图 10-24 所示,光学系统的物镜将被测目标成像到 CCD 的光敏面上,阵列探测器将测量响应值传送到 MCU,MCU 将结果上传至配备有专业软件的计算机中存储和分析。具体测试步骤如下:

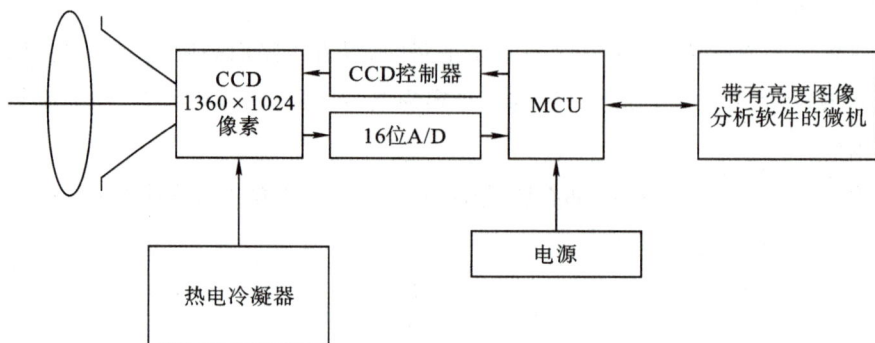

图 10-24 亮度成像测量法原理

(1)进行测量参数设置。

(2)拍摄需要测量的照明区域。

(3)进入隧道/道路亮度分析界面。

（4）在软件界面选择需要亮度分析的区域，如入口段、中间段、出口段、洞外亮度区域等。

（5）在软件界面输入分析区域的横纵间距或分析点数。

（6）计算出分析区域的平均亮度、亮度均匀度和亮度纵向均匀度等指标。

（7）导出亮度数据，可根据需要进行详细分析。

四、眩光检测

进一步评价隧道的照明质量，需要检测隧道照明的各项眩光参数。隧道照明的眩光可以分为 2 类：失能眩光和不舒适眩光。失能眩光表示照明设施造成的能见度损失，用被测试对象亮度对比的阈值增量（T_1）表示。其是生理上的过程，是表示由生理眩光导致辨认能力降低的一种度量。不舒适眩光表示在眩光感觉中的动态驾驶条件下，对隧道照明设施的评价。该眩光降低驾驶员驾驶的舒适程度，用眩光控制等级（G）表示。不舒适眩光是心理上的过程。

1. 失能眩光

这种眩光导致的识别能力下降，是由光在眼睛里发生散射造成的。来自眩光光源的光在视网膜方向上的散射会引起光幕（等效光幕）作用，在视网膜方向上的散射程度越大，光幕作用越大。在眩光条件下的总视感，必须把光幕亮度叠加在无眩光时的景物成像亮度之上。等效光幕亮度（L_v）可按以下经验公式计算：

$$L_v = k\left(\frac{E_{眼1}}{\theta_1^2} + \frac{E_{眼2}}{\theta_2^2} + \cdots\right) = k\sum_1^n \frac{E_{眼i}}{\theta_i^2}$$

式中：$E_{眼i}$——第 i 个眩光光源在眼睛（与视线相垂直的平面上）产生的照度；

　　　θ_i——视线与第 i 个眩光光源入射到眼睛的光线之间形成的夹角；

　　　k——年龄因素（平均值为 10）。

通常在隧道照明中，对 $1\sim5$ cd/m² 之间的平均亮度，阈增量 T_1 可由光幕亮度的数值和平均路面亮度值结合对比灵敏度确定：

$$T_1 = \frac{65L_v}{L_{av}^{0.8}} \times 100\%$$

2. 不舒适眩光

眩光造成的不舒适感，是用眩光控制等级（G）表示的所感到的不舒适程度的主观评价。这种主观评价取决于各种照明器和其他照明装置的特性，可以用下列经验关系式描述：

$$G = f(I_{80}, I_{88}, F, \Delta C, L_{av}, h', P)$$

式中：I_{80}, I_{88}——照明器在同路轴平行的平面内，与垂直轴形成 80°、88°夹角方向上的光强值（cd）；

　　　F——照明器在同路轴平行的平面内，投影在 76°夹角方向上的发光面积（m²）；

ΔC——光的颜色修正系数,对于低压钠灯($\Delta C = 0.4$);

L_{av}——平均路面亮度(cd/m^2);

h'——水平视线距灯的高度(m);$h' =$ 灯的安装高度-1.5 m;

P——每 1 km 安装的照明器个数。

经验计算公式:

$$G = 13.84 - 3.31 \log I_{80} + 1.3 \left(\lg \frac{I_{80}}{I_{88}}\right)\frac{1}{2} - 0.81 \lg \frac{I_{80}}{I_{88}} +$$

$$1.29 \lg F + \Delta C + 0.97 \lg L_{av} + 4.41 \lg h' + 1.46 \lg P$$

公式中各参数的调整范围:

$50 \leqslant I_{80} \leqslant 7000$(cd),$1 \leqslant I_{88} \leqslant 50$(cd),$0.007 \leqslant F \leqslant 0.4$($m^2$),$0.3 \leqslant L_{av} \leqslant 7$($cd/m^2$),$5 \leqslant h' \leqslant 20$(m),$20 \leqslant P \leqslant 100$,灯的排数为 1 或 2。

眩光等级 G 与主观上对不舒适感觉评价的相应关系为$G = 1$:无法忍受;$G = 2$:干扰;$G = 5$:允许的极限;$G = 7$:满意;$G = 9$:无影响。

光强可由照明器配光曲线查出,或经室内试验测取。

五、照明灯具光强分布检测

1. 检测原理

主要应用直尺光度计(光轨)测量光强,见图 10-25。它由以下几部分组成:能在光具座 A 上移动的光头 B、已知光强度的标准光源 S、旋转待测光源 C 的活动台架和防止杂散光的黑色挡屏 D 等。用光度镜头与标准光源的已知光强进行比较。光度镜头可由光电池构成。使用光电池光度镜头时,使灯与光电池保持一定的距离,先对标准灯测得一个光电流值 i_s,然后以被测灯代替标准灯测得另一个光电流值 i_t。假设标准灯的已知光强为 I_s,则被测光强 I_t:

$$I_t = \frac{i_t}{i_s} I_s$$

或者,分别改变被测灯和标准灯与光电池的距离 L_t、L_s,使其得到相等的光电流。此时,被测灯的光强可由下式求出:

$$I_t = \left(\frac{L_t}{L_s}\right)^2 I_s$$

在实际测量照明器的光强时,为了使上式准确成立,距离 L 取得必须足够大(当为光源最大尺寸的 5 倍以上时,使用上式引起的误差小于 1%)。

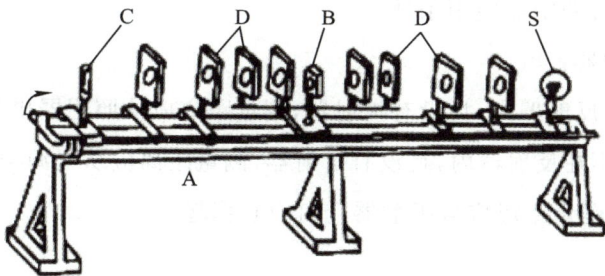

图 10 - 25　测试光强度的装置

2.检测方法

以测量一台室内照明器的配光特性为例,介绍照明器光强分布(配光曲线)的测量方法。

1)测量装置及要求

室内照明器使用时光轴垂直向下,采用立式分布光度计,使用 $C-\gamma$ 坐标系。为保证光强测量的精度(要求测量值与实际值的差异不大于 $\pm 5\%$),有如下要求。

(1)光电池。

工作要稳定(包括它的工作线路),暴露在高照度下不会发生疲劳,对不同量程都有线性响应;光电池的光谱灵敏度要符合 CIE(国际照明委员会)光谱光视效率函数;由于光电池得到的读数是其本身受光面的平均照度,要求光电池的面积对照明器的张角不大于 $0.25°$。

(2)分布光度计。

分布光度计能刚性架着照明器,并能使照明器在两个方向转动,保证能测任意角度上的光强;角度误差随光束扩散角的不同而不同,若光束扩散角用 α 表示,角度误差用 δ 表示,则应符合下列要求:

$$2°<\alpha<4° \qquad -0.1°\leqslant\delta\leqslant0.1°$$
$$4°<\alpha<8° \qquad -0.2°\leqslant\delta\leqslant0.2°$$
$$\alpha>8° \qquad -0.4°\leqslant\delta\leqslant0.4°$$

(3)测试距离。

测试距离需要足够长,以保证照度的平方反比定律完全成立。一般不小于 3 m 或不小于照明器发光口面上最大限度的 5 倍。

(4)照明器光度中心的确定。

照明器光度中心的确定对测试距离有影响。

①对于嵌入式照明器,测量距离应从照明器出光口算起。

②对于侧面发光的照明器,测量距离应从发光体的任何中心算起,且在测光时应设置一块

模拟顶棚的挡板,以符合照明器使用条件。

③对于悬挂式照明器:

a. 光源的光中心在反射器内,且没有折射器,测量距离应从照明器出光口面算起。

b. 光源的光中心不在反射器内,且没有折射器,测量距离应从光源中心算起。

c. 如有折射器,则测量距离应从折射器几何中心算起。

(5)环境温度。

不同光源测试时,对环境温度的要求不同。管状荧光灯要求 25 ℃±2 ℃;HID 灯要求 25 ℃±5 ℃;白炽灯没有明确规定。空气流动与空调都会对测量有影响;当差别超过 2% 时,需要修正。

(6)电源电压。

避免电源电压对测量结果的影响,可采用稳压电源装置。稳定精度:白炽灯≤±0.2%;气体放电灯≤+0.5%;各谐波的均方根值不超过基波波形的 3%;频率稳定精度为+0.5%;输出阻抗为低阻抗。

(7)光源。

测试前光源必须经过老练,以保证测试过程中发出的光通量恒定不变或只有极微小的变化。钨丝灯和管状荧光灯老练 100 h,其他灯老练 200 h(老练方式是点燃 4 h,关闭 15 min 作为一个周期循环)。

(8)照明器在光度计上稳定。

在不小于 15 min 的间隔里,连续测定 3 次光强;若它们之间的变化小于 1%,可以认为灯在光度计上已趋稳定,可以进行光度测量。

2)测量依据

根据照度的平方反比定律可知:

$$E(\gamma) = \frac{I(\gamma)}{L^2} \tag{10-12a}$$

$$I(\gamma) = E(\gamma)L^2 \tag{10-12b}$$

式中:$E(\gamma)$——被测光源或照明器在 γ 方向上的测试照度值;

$I(\gamma)$——光源或照明器在 γ 方向上的光强值;

L——测试距离。

若把光强在空间分布的球体分解成一个个球带,则光源光通量:

$$\Phi_S = \sum_1^n E_S(\gamma) \cdot 2\pi \cdot (\cos\gamma_1 - \cos\gamma_2)L^2 \tag{10-13}$$

$$= L^2 \sum_1^n E_S(\gamma) \cdot C(\gamma)$$

式中：γ_1、γ_2——球带的起始角度与终止角度（图 10-26）；

$\quad$ $C(\gamma)$——球带系数，$C(\gamma)=2\pi(\cos\gamma_1-\cos\gamma_2)$；

$\quad$ $E_s(\gamma)$——光源在 γ 方向上的测试照度值。

通常配光曲线是按光源光通量为 1000 lm 给出的，故引进折算系数 K：

$$K=\frac{1000\,L^2}{\Phi_S}=\frac{1000}{\sum\limits_1^n E_s(\gamma)\cdot C(\gamma)}$$

则照明器的光强分布表达式可写成：

$$I_L(\gamma)=E_L(\gamma)K \qquad\qquad (10-14)$$

式中：$I_L(\gamma)$——照明器在 γ 方向上的光强值；

$\quad$ $E_L(\gamma)$——照明器在 γ 方向上的测试照度值；

$\quad$ K——折算系数。

在测试时，只要接收器（光电池）围绕光源转一圈测得光源在各个方向的照度值 $E_s(\gamma)$，然后用同样的方法测得照明器在各个方向的照度值 $E_L(\gamma)$，即可求得照明器的光强分布（一个 C 平面上的）。这种方法称为相对测量法。

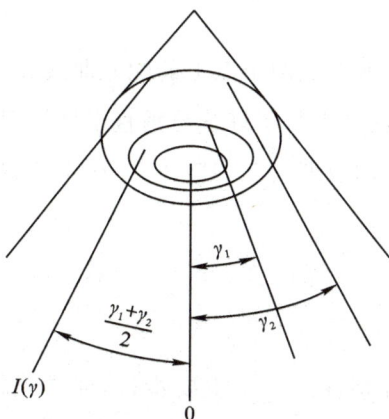

图 10-26　球带与光通计算

对于任一测光平面 C 上的光强分布，参照式(10-14)可写出下式：

$$I(C,\gamma)=E_L(C,\gamma)\cdot K$$

3）测量步骤

（1）光源光通的测量。

①光源在光度计上安装时，使其呈水平（垂直）位置，避免产生冷端，也要避免光源性能带来的影响。

②采用以 10°为间隔的球带光通测量时，测量 10°的中间点值，即测点 γ 角为 5°、15°、25°等，

将此值乘以球带系数,就代表该球带内的光通量,这样把 18 个球带累加就得到相应的光源光通量。

③在测量过程中要经常校验灯是否处在稳定状态。

(2)照明器光强的测量。

①光强测量一般在相互间隔 30°的 12 个半平面(过灯轴线子午面)上进行,也有在间隔 15°或 22.5°等条件下进行的。其中一个半平面必须通过照明器的对称轴线,在每个半平面上可采用 10°球带的中点角度法进行测量。

②对于具有旋转对称分布的照明器,可以将所有读数(指同一球带上)平均后代表该球带上的光强;对于光分布具有两个对称平面的照明器(如直管形荧光灯具),可取各对称平面上相应方向上的值平均后代表照明器在该平面上的光强。

③照明器在测量过程中也要校验灯是否处在稳定状态。

4)光强分布曲线(配光曲线)及其数值

(1)这是以 ed/1000lm 为单位的极坐标照明器配光曲线。

(2)旋转对称的配光,采用过铅垂线一个平面中的光强表示(该值往往是几个过子午面上的平均值)。

(3)对于非对称配光,往往用两个或两个以上的配光曲线表示,并要标出配光曲线所表征的平面。例如,直管形荧光灯具往往取平行于灯管与垂直于灯管两个子午面上的配光曲线。

(4)在给出配光曲线的同时,用表列出 5°、15°、25°、…、165°、175°等角度上的照明器光强值。

六、照明灯具色度检测

1. 色温检测

色温或相关色温是表示光源特性的一个重要指标,通常根据光源的相对光谱功率分布测得。目前常见的测量仪器基本上都是基于光谱功率(能量)分布法进行测量的。

1)光源的光谱功率分布

光源所发出的光大多是包含很多不同波长的复合光,各波长的辐射功率也各不相同,光源的光谱功率分布,一般以辐射功率为纵坐标,以波长为横坐标。从光谱功率分布可以知道光源辐射的波长范围、某一波段的辐射功率及该波段的功率占总辐射功率的百分比等。光源的光谱功率分布不同,其呈现的颜色也不同。光谱辐射功率的相对值与波长的关系,称为光源的相对光谱功率分布。相对光谱功率分布的测量可以任取单位,不需对功率进行定标,比较简单。在使用中相对光谱功率分布和光谱功率分布是等效的,因此绝大多数应用的是光源的相对光谱功率分布。

2）光源的相对光谱功率分布的测量

光源的光谱功率分布的测量一般多用光谱辐射计或光谱仪测量。在构造原理上与测量材料的光谱透射比和反射比的分光光度计类似。光谱辐射计由光源照明系统、音色仪分光系统、光度探测系统、数据处理和显示读数系统组成。最简单的是单光路系统，如图 10-27 所示。

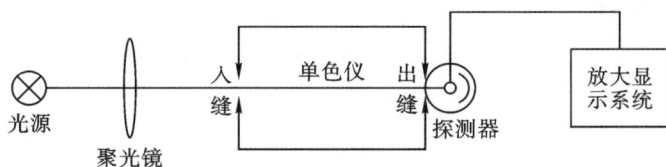

图 10-27　单光路光谱辐射计示意图

测量光谱相对功率分布时，先放上标准电源（一般是辐射强度或辐射照度标准灯），当缝宽保持不变时，对应各个波长探测器的光电流（或电压）：

$$i_S(\lambda) \propto I_S(\lambda)\tau(\lambda)\Delta\lambda$$

式中：$I_S(\lambda)$——标准光源的光谱辐射强度；

　　　$\tau(\lambda)$——光学系统（单色仪和聚光透镜）的透射比；

　　　$\Delta\lambda$——波长为 λ 的单色仪出射光的波长范围。

换上待测光源，当缝宽不变时，对应各个波长的光电流：

$$i_C(\lambda) \propto I_S(\lambda)S(\lambda)\Delta\lambda$$

式中：$i_C(\lambda)$——待测光源的光谱辐射强度；

　　$S(\lambda)$——探测器的光谱灵敏度。

由上两式可得：

$$i_C(\lambda) = k\frac{i_C(\lambda)}{i_S(\lambda)}I_S(\lambda) \tag{10-15}$$

式中各波长的 $i_C(\lambda)$ 和 $i_S(\lambda)$ 可由仪表读出，$i_S(\lambda)$ 为已知，k 是与波长无关的比例常数，在测量相对光谱功率分布时，可令 $k=1$，因此由式（10-15）可以得到待测光源的相对光谱辐射强度。再将所得的各波长的相对光谱辐射强度都除以最大相对光谱辐射强度值（对应某一波长的），即可得到待测光源的相对光谱功率分布 $P(\lambda)$。

若改变照明系统如图 10-28 所示，则成为双光路系统。通过摆动反射镜 M，可交替地让标准光源和待测光源的光进入单色仪和探测器，通过电路可直接得到两个灯的光度量比。由于双光路系统基本上可以认为标准灯和待测灯是同时测量的，故测量精度较单光路系统高。

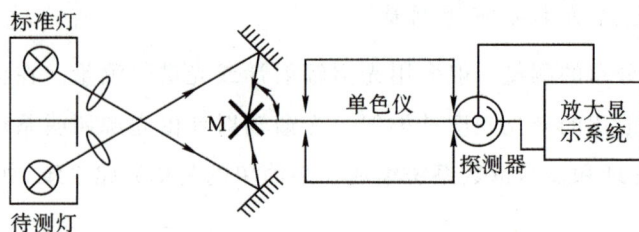

图 10-28　双光路光谱辐射计示意图

3）色温的测得

当获得已知光源的相对光谱功率分布后,可按色度学中的公式得到光源的三刺激值:

$$X = k \int P(\lambda)\, \overline{x}(\lambda) \mathrm{d}(\lambda)$$

$$Y = k \int P(\lambda)\, \overline{y}(\lambda) \mathrm{d}(\lambda)$$

$$Z = k \int P(\lambda)\, \overline{z}(\lambda) \mathrm{d}(\lambda)$$

式中:$P(\lambda)$——光源的相对光谱功率分布,$\overline{x}(\lambda)$、$\overline{y}(\lambda)$、$\overline{z}(\lambda)$ 为 CIE1931 标准度观察值光谱三刺
激值(可查表);

k——调整因子,是常数。

再由三刺激值可得色品坐标:

$$x = \frac{X}{X + Y + Z}$$

$$y = \frac{Y}{X + Y + Z}$$

$$z = \frac{Z}{X + Y + Z}$$

有了色品坐标 x、y,就可以在色品图上找到该光源的坐标位置点。若该点正好位于色品图
的黑体温度轨迹上(图 10-29),则该点相应的黑体温度就是该光源的色温。若光源(尤其是气
体放电光源)的 x、y 色品坐标不在这条轨迹上,而是离轨迹有一定距离,就要根据相关色温的
定义,看光源的色品黑体的色坐标之间的"色距离"(即颜色差别的程度),因为 x、y 色品坐标的
直线距离不是和"色距离"成比例的,所以应按下式:

$$u = \frac{4X}{X + 15Y + 3Z}$$

$$v = \frac{4Y}{X + 15Y + 3Z}$$

转换为均匀的 u-v 色品坐标图(图 10-30)。

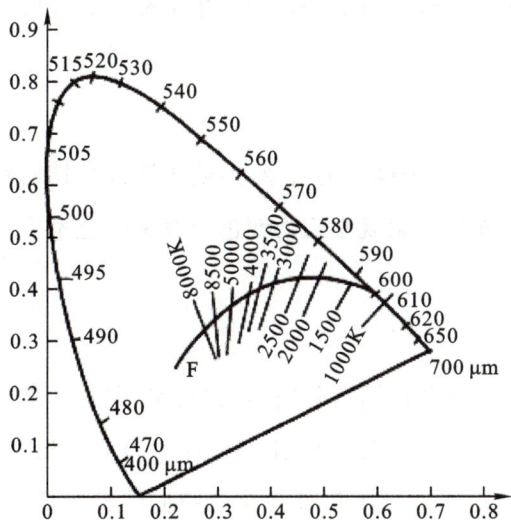

图 10-29　CIE1931 $x-y$ 色品坐标及黑体轨迹

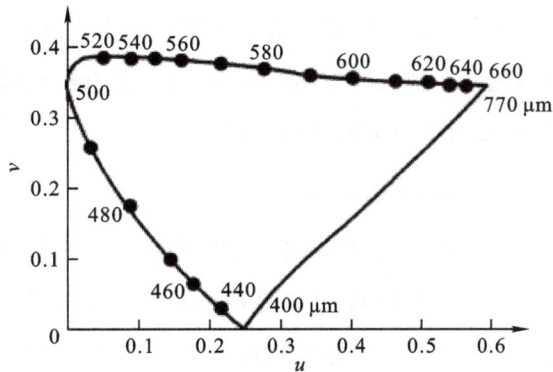

图 10-30　CIE1960 均匀标度 $u-v$ 色品图

　　各种温度的黑体 $u-v$ 色品坐标轨迹如图 10-31 所示。在黑体轨迹的许多点上画了许多与轨迹相交并与其垂直的直线,垂直线上各点与垂直线和黑体的交点之间的色距离是最短的(相对于黑体轨迹上的其他点而言),因此垂直线上各点的"相关色温"就是交点处的黑体温度。

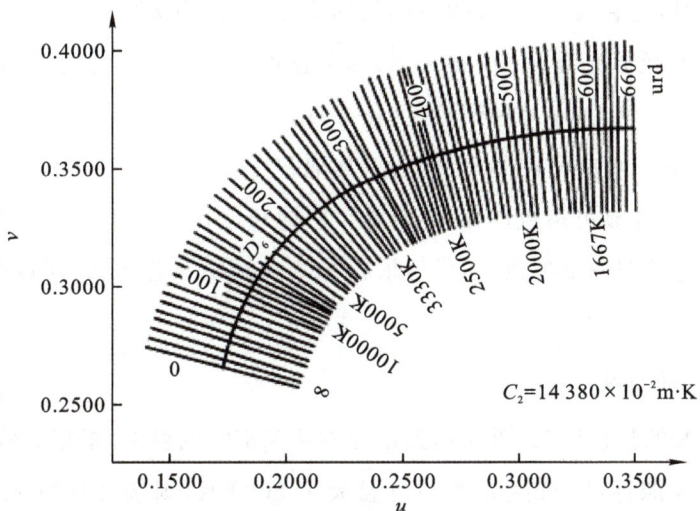

图 10-31　各种温度的黑体 $u-v$ 色品坐标轨迹

　　总之,不论是什么光源,在测定了光源的相对光谱功率分布后,就可以得到其三刺激值 X、Y、Z,从而可得到光源的色温坐标 x、y 或 u、v,再从图 10-31 的等色温线查出光源的色温或相关色温。

现在很多光谱仪的色温测量基本上都是基于这一原理实现的,在系统内置入微处理机系统,可以按预定的程度直接给出待测光源的色温。

2. 显色性检测

光源的显色性在交通运输中有着重要的意义。对于一个确定的对象,照明光源的特性对物体的颜色有很大的影响。在交通运输领域,要求尽可能使人眼观察到的颜色与对象颜色本身一致,在交通环境下容易被识别。

1)光源的显色性

按照人们长期的生活习惯,物体在日光下所显示的颜色即认为是物体的"真实"颜色。而目前很多人工光源如 LED 光源的特性并不完全与日光的特性相同,而且还具有不同的色温,因此,当应用人工光源照明时,需要用一种检测方法,确定人工光源与日光在照明同一种物体时,存在的差异及差异的程度。

随着照明技术及 LED 光源的不断发展,人们对照明的视觉质量越来越重视,因此,研究、评价光源的显色性可为提高照明质量、改进光源的特性提供必要的技术参数。而对光源显色性的检测更是选择合适光源的一种重要手段。

CIE 提出把普朗克辐射体作为评价低色温光源显色性的参照标准。规定评价色温在 5000 K 以下的光源显色性时,把它与 5000 K 以下的黑体作比较,认为黑体的显色指数为 100。把标准照明体 D 作为评价高色温光源(大于 5000 K)显色性的参照标准。另外,在评价光源的显色性时,采用一套 14 色试验色,其中 8 种试验色(1~8)用于光源一般显色指数和特殊显色指数的计算,这 8 种试验色代表了各种不同的常见颜色,其饱和度是适中的,明度值几乎相等。后 6 种试验色(9~14)专用于特殊显色指数计算,它们是一些饱和色和皮肤色。测量、计算这些试验色在参照照明体和待测光源照明下的色差,最后求得待测光源的显色指数,用以表征光源显色性的好坏程度。

2)参照照明体的选定

在评价待测光源的显色性时,首先用测量的方法确定它的色温,根据试验色方法的要素,需要选择适当色温的参照标准,待测光源的色温大于 5000 K,则选择标准照明体 D,色温小于 5000 K,则选择黑体作为参照标准。此外,在选择参照标准的色温时,应注意待测光源与参照标准之间的色品差 ΔC 应小于 15 麦勒德,否则将引起显色指数计算误差。

待测光源色品坐标 u_k、v_k 和参照标准色品坐标 u_r、v_r 之间的色品差 ΔC 按下式计算:

$$\Delta C = \left[(u_k - u_r)^2 + (v_k - v_k)^2 \right]^{\frac{1}{2}}$$

当 $\Delta C = 5.4 \times 10^{-3}$ 时,它相当于普朗克辐射体轨迹上 15 麦勒德的差别。

3)CIE 光源显色性指数的测量原理

若将由 CIE 提出的参照标准照明下的 8 种或 14 种试验色和待测光源照明同一试验色而获得的色差 ΔE 作为尺度,以字母 R 表示显色指数,R_i 表示特殊显色指数($i=1,2,3,\cdots,14$,为试验色的号数),则根据所获得的色差 ΔE_i,可得 R_i:

$$R_i = 100 - 4.6\Delta E_i$$

R_i 的值取整数,小数四舍五入。如果 $R_i=100$,说明在待测光源与参照照明体的照明下,该号试验色样品的色品坐标一致。

由试验色 1~8 号可求得 8 个特殊显色指数,它们的平均值称为一般显色指数 R_a。

$$R_a = \frac{1}{8}\sum_{i=1}^{n} R_i$$

通常把光源的显色性划分为三个范围,作为对光源显色性的粗略评价(表 10-12)。

表 10-12　光源显色性评价

一般显色指数 R_a	质量分类	一般显色指数 R_a	质量分类
100~75	优	50 以下	劣
75~50	一般		

LED 灯、白炽灯、碘钨灯、溴钨灯、卤钨灯、镉灯等光源的显色指数较高,一般在 85 左右,常用于显色重现要求较高的场合;荧光灯的显色指数为 70~80,可用于一般的照明;高压钠灯、高压汞灯的显色指数较低(低于 50),这些光源对颜色辨识能力较差。

4)显色指数的测量

由于光源的显色指数计算过程非常烦琐,目前用于测量颜色特性的光学仪器均采用计算机自动测试及数据自动处理方法,如图 10-32 所示。光源的光辐射通过积分球漫射后进入单色仪,由出射狭缝射出的单色辐射被光电倍增管接收,经放大器、A/D 变换和微机接口电路进入主机,微机控制步进电动机使单色仪对光源进行光谱扫描。通过标准光源与待测光源的比较测量,获得待测光源的相对光谱功率分布。测量系统中的滤色片可消除二级光谱的影响,快门的关闭与开启可以对测量系统的暗电流进行采样,以提高系统的测量精度。

在自动光谱辐射计的微机中,存入计算光源显色指数的必要参数,如 CIE 光谱三刺激值、各种色温色品坐标数据、参照照明体色温参数及有关试验色的各种参数,可以几分钟内迅速求得待测光源的色品坐标、色温、特殊显色指数 R_i 及一般显色指数 R_a。

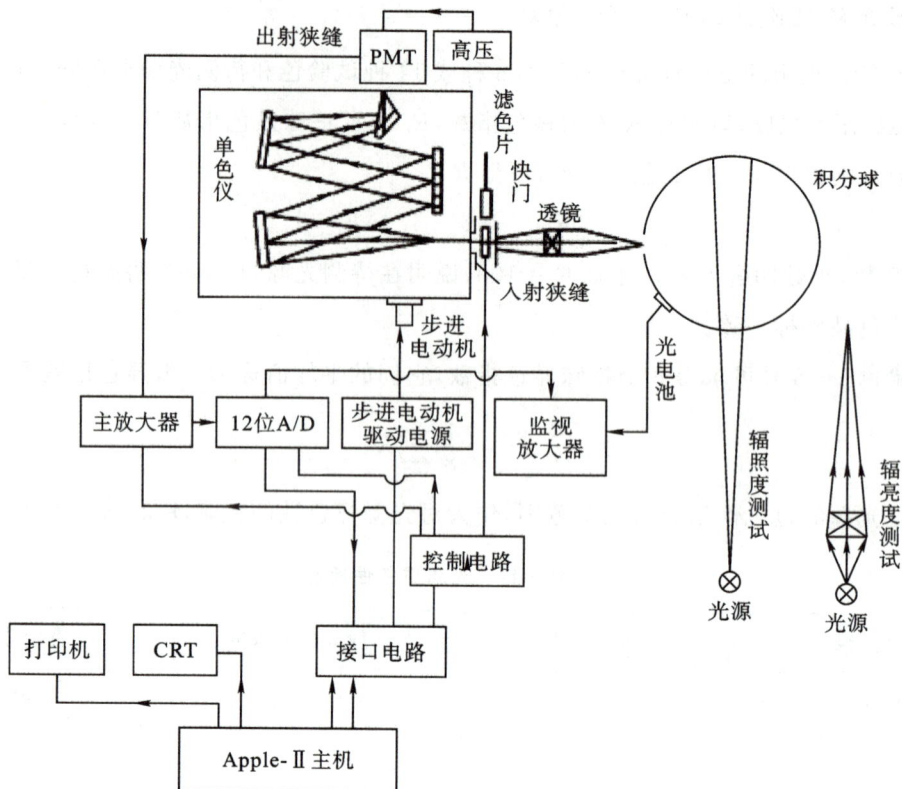

图 10 - 32　自动光谱辐射计系统图

课后习题

一、单项选择题

1. 单向交通且以设计速度通过隧道的行车时间超过 135 s 时,隧道中间段至少应分为(　　)个照明段。

　A. 2　　　　　　　　B. 3　　　　　　　　C. 4　　　　　　　　D. 5

2. 行人与车辆混合通行的隧道,其中间段的亮度不应小于(　　)。

　A. 1.5 cd/m²　　　B. 1.8 cd/m²　　　C. 2.0 cd/m²　　　D. 2.5 cd/m²

3. 单向交通隧道宜划分为(　　)个照明段,每段长度宜取(　　)。

　A. 2,50 m　　　　B. 3,50 m　　　　C. 2,30 m　　　　D. 3,20 m

4. 长度为 2000 m 的隧道,正常交通情况下,隧道内 CO 浓度应不大于(　　)。

　A. 200 cm³/m³　　B. 150 cm³/m³　　C. 125 cm³/m³　　D. 100 cm³/m³

5. 运营隧道内烟尘浓度达到(　　)时,应采取交通管制措施。

　A. 0.005 m⁻¹　　　B. 0.008 m⁻¹　　　C. 0.010 m⁻¹　　　D. 0.012 m⁻¹

6. 运营隧道内每通风段宜检测（　　　）个以上断面的烟雾浓度,断面间距不宜大于（　　　）。

　　A. 2,500 m　　　　B. 3,1000 m　　　　C. 2,1000 m　　　　D. 3,500 m

7. 双向交通隧道内的风速不应大于（　　　）。

　　A. 3 m/s　　　　B. 5 m/s　　　　C. 7 m/s　　　　D. 8 m/s

8. 采用空气盒气压计测量隧道内风速时,盒面应（　　　）放置在被测地点,停留 10～20 s 待指针稳定后再读数。

　　A. 倒立　　　　B. 竖立　　　　C. 水平　　　　D. 与边墙平行

9. 如把隧道内路面的光反射视为漫反射,那么亮度 L 与照度 E、反射系数 ρ 间的关系为（　　　）。

　　A. $L=\pi\rho E$　　　　B. $L=\pi\rho/E$　　　　C. $E=\pi\rho L$　　　　D. $L=\rho E/\pi$

10. 设计速度为 40 km/h 的隧道,当烟雾浓度为 9×10^{-3} m^{-1} 时,行车舒适性评价为（　　　）。

　　A. 空气新鲜　　　B. 稍有烟雾　　　C. 舒适度下降　　　D. 不愉快的环境

二、判断题

1. 对于双向交通的隧道,可不设置出口段照明。（　　　）

2. 运营隧道内某点处的烟雾透过率与该点处路面照度无关。（　　　）

3. 隧道内进行养护维修时,洞内 CO 设计浓度不应大于 70 cm^3/m^3。（　　　）

4. 隧道风压是隧道通风的基本控制参量。（　　　）

5. 对隧道内风速进行检测,根据测风员与风流方向相对位置的不同,分为迎面和背面两种测风方法。（　　　）

6. 一般情形,单向交通隧道内风速应不大于 10 m/s。（　　　）

7. 运营隧道内某段风速较低时,在检测其风速时应优先选用皮托管。（　　　）

8. 对运营隧道照度进行检测时,洞口段检测断面横向测点间距为 2 m。（　　　）

9. 运营隧道内交通分流段、合流段的亮度不宜低于中间段亮度的 3 倍。（　　　）

10. 隧道紧急停车带照明光源宜采用显色指数高的光源,其亮度不应低于 5.0 cd/m^2。（　　　）

三、多项选择题

1. 运营隧道的纵向通风方式有（　　　）。

　　A. 全射流　　　B. 集中送入式　　　C. 吸尘式　　　D. 送风式

2. 隧道照明方式根据隧道行车的视觉特点划分为（　　　）。

　　A. 入口段照明　　　B. 过渡段照明　　　C. 中间段照明　　　D. 出口段照明

3. 运营隧道通风检测的主要内容包括（　　　）。

　　A. 一氧化碳检测　　　　　　　　　　B. 烟雾浓度检测

　　C. 隧道风压检测　　　　　　　　　　D. 隧道风速检测

E. 风机转速检测

4. 检测运营隧道内的空气压力时，根据度量空气静压所选择的基准分为（　　　）等指标。

    A. 静压强　　　　　　B. 空气动压　　　　　　C. 全压　　　　　　D. 绝对压力

    E. 相对压力

5. 下列选项关于隧道内风速检测的说法正确的是（　　　）。

    A. 杯式风表和翼式风表使用条件相同

    B. 侧面法测风速时，测试人员应背向隧道壁站立

    C. 皮托管和压差计不可用于通风机风筒内高风速的测定

    D. 公路隧道中，一般机械通风是指采用射流风机纵向通风

6. 根据照明区段的不同，运营隧道路面照度检测可分为（　　　）。

    A. 洞口段照度检测　　　　　　　　　　B. 出口段照度检测

    C. 中间段照度检测　　　　　　　　　　D. 洞外引道照度检测

四、综合题

某单洞双向交通隧道长 1800 m，对其进行运营环境检测，检测内容为风压、风速等，请回答以下问题。

(1) 若隧道内风流中某点的风速为 5 m/s，单位体积空气质量为 1.295 kg/m³，则该点处空气动压为（　　　）。

    A. 1.619 Pa　　　　　B. 1.619 kPa　　　　　C. 16.19 Pa　　　　　D. 16.19 kPa

(2) 现场拟采用风表检测隧道内的风速，下列选项中关于风表的选择正确的有（　　　）。

    A. 当隧道内的风速大于 10 m/s 时，应采用杯式风表

    B. 当隧道内的风速大于 10 m/s 时，应采用翼式风表

    C. 当隧道内的风速为 0.5～10 m/s 的中等风速时，应采用杯式风表

    D. 当隧道内的风速为 0.5～10 m/s 的中等风速时，应采用翼式风表

(3) 对该隧道内的风速进行检测，其检测结果为（　　　）时，可判定为风速不满足要求。

    A. 5 m/s　　　　　B. 6 m/s　　　　　C. 10 m/s　　　　　D. 12 m/s

(4) 采用迎面法检测该隧道内风速，测试结果为 12 m/s，则实际风速为（　　　）。

    A. 12.48 m/s　　　　　B. 13.2 m/s　　　　　C. 13.68 m/s　　　　　D. 14.4 m/s

(5) 对该隧道纵向风速进行测试时，测点应远离射流风机（　　　）以上，每通风段宜检测（　　　）个以上断面。

    A. 30 m，2　　　　　B. 50 m，2　　　　　C. 60 m，3　　　　　D. 60 m，5

运营隧道结构检查

项目描述

本项目主要介绍运营隧道病害类型、成因及各类病害检查手段、仪器和质量评定过程。

学习目标

(1)素质目标:培养质量安全意识、认同并践行隧道检测工程师的责任与使命。

(2)知识目标:能够说出运营隧道病害类型及成因;能够操作各类病害检查仪器;掌握土建、其他工程设施技术状况评定方法。

(3)能力目标:能独立完成运营隧道结构检查案例。

案例导入

学习铁路工匠系列的劳模事迹,懂得今日我国铁路运营里程居世界之首与背后默默付出的人密不可分,学习铁路检修人员的拼搏、坚守、奉献精神,学习铁路职工在业务方面精益求精的工匠精神和在危急时刻舍生忘死、勇挑重担的敬业精神,体会并思考隧道运营维护的重要性,同时进行课堂研讨,讨论隧道各类病害的成因,从而树立隧道工程"百年大计、质量第一"的责任意识,进而意识到运营隧道质量安全的必要性和重要性。在充分了解了运营隧道结构检查的目的和作用以后,树立正确的工作态度,理解从事隧道工程工作的平凡和初心。

▶ 任务 11.1 运营隧道结构检查认知

运营隧道结构检查是隧道运营管理中的一项重要工作,通过结构检查,了解隧道土建结构的技术状况,为隧道维修、保养及隧道安全运营管理提供科学依据。

《公路隧道养护技术规范》(JTG H12—2015)提出了公路隧道分级养护的理念,根据公路等级、隧道长度和交通量大小,公路隧道养护可分为三个等级,并根据隧道养护等级对我国隧道结构检测、分级标准及技术状况评定方法进行了规范。不同养护等级的隧道,其结构检查的频率有一定的区别,养护等级分级标准见表11-1及表11-2。

表 11-1　高速、一级公路隧道养护等级分级表

单车道年平均日交通量 [pcu/(d·ln)]	隧道长度/m			
	$L>3000$	$3000{\geqslant}L>1000$	$1000{\geqslant}L>500$	${\leqslant}500$
${\geqslant}10\ 001$	一级	一级	一级	二级
$5001{\sim}10\ 000$	一级	一级	二级	二级
${\leqslant}5000$	一级	二级	二级	三级

表 11-2　二级及二级以下公路隧道养护等级分级表

年平均日交通量 （pcu/d）	隧道长度/m			
	>3000	$3000{\geqslant}L>1000$	$1000{\geqslant}L>500$	${\leqslant}500$
${\geqslant}10\ 001$	一级	二级	二级	三级
$5001{\sim}10\ 000$	二级	二级	三级	三级
${\leqslant}5000$	二级	三级	三级	三级

根据检测目的、内容和范围的不同,隧道检测可分为经常性检查、定期检查、应急检查和专项检查。

▶ 任务 11.2　隧道结构检查及技术状况评定

一、经常性检查

经常性检查是对土建结构的外观技术状况进行的一般性定性检查。

1. 检查频率

根据隧道养护等级的不同,经常性检查的工作频率应不低于表 11-3 规定的频率,当某一分项技术状况评定的状况值为 3 或 4 时(表 11-7～表 11-16),或在极端天气后发现异常情况时,应提高相应地段或相应分项的经常性检查频率。

表 11-3　公路隧道结构经常性检查频率表

检查分类	养护等级		
	一级	二级	三级
经常性检查	1 次/月	1 次/月	1 次/季度

2. 检查方法

经常性检查一般采用目测方法,配合简单的检查工具进行。检查完成后,应翔实记述检查

项目的缺损类型,估计缺损范围和程度及养护工作量,对异常情况做出缺损状况判定分类,并提出相应的养护措施。

3.检查内容及判定标准

经常性检查的结论以定性判断为主,各个检查项目的判定结果分为情况正常、一般异常、严重异常三种情况,检查内容和判定标准宜按表 11-4 执行。

当经常性检查中发现隧道存在一般异常情况时,应进行监视、观测或做进一步检查;当经常性检查中发现隧道存在严重异常情况,应采取措施进行处治,若对其产生原因及详细情况不明时,还应做定期检查或专项检查。

表 11-4　经常性检查内容和判定标准

项目名称	检查内容	判定描述	
		一般异常	严重异常
洞口	边(仰)坡有无危石、积水、积雪;洞口有无挂冰,边沟有无淤塞;构造物有无开裂、倾斜、沉陷等	存在落石、积水、积雪隐患;洞口局部挂冰;构造物局部开裂、倾斜、沉陷,有妨碍交通的可能	坡顶落石、积水漫流或积雪崩塌;洞口挂冰掉落路面;构造物因开裂、倾斜或沉陷而致剥落或失稳;边沟淤塞,已妨碍交通
洞门	结构开裂、倾斜、沉陷、错台、起层、剥落;渗漏水(挂冰)	侧墙出现起层、剥落;存在渗漏水或结冰,尚未妨碍交通	拱部及其附近部位出现剥落;存在喷水或挂冰等,已妨碍交通
衬砌	结构裂缝,错台,起层,剥落	衬砌起层,且侧壁出现剥落状况,尚未妨碍交通,将来可能构成危险	衬砌起层,且拱部出现剥落状况,已妨碍交通
	渗漏水	存在渗漏水,尚未妨碍交通	大面积渗漏水,已妨碍交通
	挂冰,冰柱	存在结冰现象,尚未妨碍交通	拱部挂冰,形成冰柱,已妨碍交通
路面	存在落物、油污;滞水或结冰;路面拱起、坑槽、开裂、错台等	存在落物、滞水、结冰、裂缝等,尚未妨碍交通	拱部落物,存在大面积路面滞水、结冰或裂缝,路面拱起、坑槽、开裂、错台,已妨碍交通
检修道	结构破损;盖板缺损;栏杆变形、损坏	栏杆变形、损坏;道板缺损;结构破损,尚未妨碍交通	栏杆局部毁坏或侵入建筑限界;道路结构破损,已妨碍交通
排水设施	缺损、堵塞、积水、结冰	存在缺损、积水或结冰,尚未妨碍交通	沟管堵塞,积水漫流,结冰,设施缺损严重,已妨碍交通
吊顶及各种预埋件	变形、缺损、漏水(挂冰)	存在缺损、漏水,尚未妨碍交通	缺损严重,或从吊顶板漏水严重,已妨碍交通
内装饰	脏污、变形、缺损	存在缺损,尚未妨碍交通	缺损严重,已妨碍交通
标志、标线轮廓标	是否完好	存在脏污、部分缺失,可能会影响交通安全	基本缺失或严重缺失,影响行车安全

二、定期检查

定期检查是按规定周期对土建结构的技术状况进行的全面检查,主要目的在于发现异常情况和原有异常情况的发展变化。通过定期检查,可系统掌握隧道结构各分项的技术状况和功能状况,进而可进行土建结构总体技术状况评定,为制订养护工作计划提供依据。

1.检查频率

定期检查的频率宜根据隧道技术状况确定,一般可按表11-5的要求进行,宜每年检查1次,最长不得超过3年检查1次。当经常性检查中发现某分项技术状况评定状况值为3或4时(表11-7~表11-16),应立即开展一次定期检查。定期检查宜安排在春季或秋季进行。新建隧道应在交付使用1年后进行首次定期检查。

表 11-5　公路隧道结构定期检查频率表

检查分类	养护等级		
	一级	二级	三级
定期检查	1次/年	1次/2年	1次/3年

2.检查方法

定期检查需要配备必要的检查工具或设备,进行目测或量测检查。检查时,要求尽量靠近结构,依次逐段检查隧道各个结构部位,注意发现异常情况和原有异常情况的发展变化;对于有异常情况的结构,应在其适当位置做出标记;此外,检查结果宜尽可能量化。在逐段对隧道土建结构各分项技术状况进行评定的基础上,再进行土建结构技术状况评定。

定期检查所需的仪器设备及工具。

①尺寸测量:卷尺、游标卡尺、水准仪、激光断面仪等。

②裂缝检查:带刻度的放大镜,宽度测定尺,测针标线,裂缝测宽、测深仪等。

③衬砌结构检查:锤子、回弹仪、超声波仪、地质雷达等。

④漏水检查:pH试验纸、温度计等。

⑤路面检查:摩擦系数测定仪、平整度仪等。

⑥照明器具:卤素灯或目测灯、手电筒。

⑦记录工具:隧道结构病害展布记录纸、记录本、照相机或摄像机。

⑧升降设备:可移动台架、升降台车。

此外,近年来,用于隧道衬砌内表面病害连续扫描记录的隧道车载摄像和激光扫描技术已有发展,在国内外均已有成功应用的专业装备。

3.检查内容及判定标准

定期检查内容详见表11-6。由于隧道衬砌结构类型、洞门形式、内装形式的不同,不同的隧道定期检查的重点及内容也会有差异。

表11-6　定期检查内容表

项目名称	检查内容
洞口	山体滑坡、岩石崩塌的征兆及其发展趋势;边坡、碎落台、护坡道的缺口、冲沟、潜流、涌水、沉陷、塌落等及其发展趋势
	护坡、挡土墙的裂缝、断缝、倾斜、鼓肚、滑动、下沉的位置、范围及其程度,有无表面风化、泄水孔堵塞、墙后积水、地基错台、空隙等现象及其程度
洞门	墙身裂缝的位置、宽度、长度、范围或程度
	结构倾斜、沉陷、断裂范围、变位量、发展趋势
	洞门与洞身连接处环向裂缝开展情况、外倾趋势
	混凝土起层、剥落的范围和深度;钢筋有无外露、受到锈蚀
	墙背填料流失范围和程度
衬砌	衬砌裂缝的位置、宽度、长度、范围或程度;墙身施工缝开裂宽度、错位量
	衬砌表层起层、剥落的范围和深度
路面	路面拱起、沉陷、错台、开裂、溜滑的范围和程度;路面积水、结冰等范围和程度
检修道	检修道毁坏、盖板缺损的位置和状况;栏杆变形、锈蚀、缺损等的位置和状况
排水系统	结构缺损程度,中央容井盖、边沟盖板等的完好程度,沟管开裂漏水状况;排水沟(管)、积水井等的淤积堵塞、沉沙、滞水、结冰等状况
吊顶及各种预埋件	吊顶板变形、缺损的位置和程度;吊杆等预埋件是否完好,有无锈蚀、脱落等危及安全的现象及其程度;漏水(挂冰)的范围及程度
内装饰	表面脏污、缺损的范围和程度;装饰板变形、缺损的范围和程度等
标志、标线、轮廓标	外观缺损、表面脏污、连接件牢固状况,光度是否满足要求等

隧道洞口、洞门、衬砌、路面、检修道、排水设施、吊顶及预埋件、内装饰、交通标志标线等各分项技术状况评定标准应按表11-7～表11-16进行。

表11-7　隧道洞口技术状况评定标准

状况值	技术状况描述
0	完好、无破坏现象
1	山体及岩体、挡土墙、护坡等有轻微裂缝产生,排水设施存在轻微破坏
2	山体及岩体裂缝发育,存在滑坡、崩塌的初步迹象,坡面树木或电线杆轻微倾斜,挡土墙、护坡等产生开裂、变形,土石零星掉落,排水设施存在一定裂损阻塞

续表

状况值	技术状况描述
3	山体及岩体严重开裂,坡面树木或电线杆明显倾斜,挡土墙、护坡等产生严重开裂或有明显的永久变形,墙角或坡面有土石堆积,排水设施完全堵塞,排水功能失效
4	山体及岩体有明显而严重的滑动、崩塌现象,挡土墙、护坡断裂,外倾失稳,部分倒塌,坡面树木或电线杆倾倒等

表 11-8　隧道洞门技术状况评定标准

状况值	技术状况描述
0	完好,无破坏现象
1	墙身存在轻微的开裂、起层、剥落
2	墙身结构局部开裂,墙身轻微倾斜、沉陷或错台,壁面轻微渗水,尚未妨害交通
3	墙身结构严重开裂、错台;边墙出现起层、剥落,混凝土块可能掉落或已有掉落;钢筋外露,受到锈蚀,墙身有明显倾斜、沉陷或错台趋势,壁面严重渗水(挂冰),将会妨害交通
4	洞门结构大范围开裂、砌体断裂、混凝土块可能掉落或已有掉落;墙身出现部分倾倒、垮塌,存在喷水或大面积挂冰等,已妨碍交通

表 11-9　衬砌破损技术状况评定标准

状况值	技术状况描述	
	外荷载作用所致	材料劣化所致
0	结构无裂损、变形和背后空洞	材料无劣化
1	出现变形、位移、沉降和裂缝,但无发展或已停止发展	存在材料劣化,钢筋表面局部腐蚀,衬砌无起层、剥落,对断面强度几乎无影响
2	出现变形位移、沉降和裂缝,发展缓慢,边墙衬砌背后存在空隙,有扩大的可能性	材料劣化明显,钢筋表面全部生锈、腐蚀,断面强度有所下降,结构物功能可能受到损害
3	出现变形、位移、沉降,裂缝密集,出现剪切性裂缝,发展速度较快;边墙处衬砌压裂,导致起层、剥落,边墙混凝土有可能掉下;拱部背面存在大的空洞,上部落石可能掉落至拱背;衬砌结构侵入内轮廓界限	材料劣化严重,钢筋断面因腐蚀而明显减小,断面强度有相当程度的下降,结构物功能受到损害;边墙混凝土起层、剥落,混凝土块可能掉落或已有掉落
4	衬砌结构发生明显的永久变形,裂缝密集,出现剪切性裂缝,裂缝深度贯穿衬砌混凝土,并且发展快速;由于拱顶裂缝密集,衬砌开裂,导致起层、剥落,混凝土块可能掉下;衬砌拱部背面存在大的空洞,且衬砌有效厚度很薄,空腔上部可能掉落至拱背;衬砌结构侵入建筑限界	材料劣化非常严重,断面强度明显下降,结构物功能损害明显;由于拱部材料劣化,导致混凝土起层、剥落,混凝土块可能掉落或已有掉落

表 11 - 10　衬砌渗漏水技术状况评定标准

状况值	技术状况描述
0	无渗漏水
1	衬砌表面存在浸渗,对行车无影响
2	衬砌拱部有滴漏、侧墙有小股涌流,路面有浸渗但无积水,拱部、边墙因渗水少量挂冰,边墙脚积冰;不久可能会影响行车安全
3	拱部有涌流、侧墙有喷射水流,路面积水,有沙土流出,拱部衬砌因渗水形成较大挂冰或涌水积冰至路面边缘,影响行车安全
4	拱部有喷射水流,侧墙存在严重影响行车安全的涌水,地下水从检查井涌出,路面积水严重,伴有严重的沙土流出和衬砌挂冰,严重影响行车安全

表 11 - 11　隧道路面技术状况评定标准

状况值	技术状况描述
0	路面完好
1	路面有浸湿,有轻微裂缝、落物等情况,引起使用者轻微不舒适感
2	路面有局部的沉陷、隆起,坑洞表面存在剥落、破损、裂缝、轻微积水等情况,引起使用者明显的不舒适感,可能会影响行车安全
3	路面出现较大面积的沉陷、隆起、坑洞、表面剥落、破损、裂缝、积水严重等情况,影响行车安全;抗滑系数过低引起车辆打滑
4	路面大面积的明显沉陷、隆起、坑洞,路面板存在严重错台、断裂,表面剥落、破损、裂缝等情况,出现漫水、结冰或堆冰,严重影响交通安全,可能导致交通意外事故

表 11 - 12　检修道技术状况评定标准

状况值	技术状况描述	
	定性描述	定量描述
0	护栏路缘石及检修道面板均完好	—
1	护栏变形,路缘石或检修道面板少量缺角、缺损,金属有局部锈蚀,尚未影响其使用功能	护栏、面板、路缘石损坏长度≤10%,缺失长度≤3%
2	护栏变形损坏,螺栓松动、扭曲,金属表面锈蚀,部分路缘石或检修道面板缺损、开裂,部分功能丧失,可能会影响行人和交通安全	护栏、面板、路缘石损坏长度>10%且≤20%,缺失长度>3%且≤10%
3	护栏倒伏,严重损坏,侵入限界,路缘石或检修道面板缺损开裂或缺失严重,原有功能丧失,影响行人和交通安全	护栏、面板、路缘石损坏长度>20%,缺失长度>10%

表 11-13　洞内排水设施技术状况评定标准

状况值	技术状况描述
0	设施完好,排水功能正常
1	结构有轻微破损,但排水功能正常
2	轻微淤积,结构有破损,暴雨季节出现溢水,可能会影响交通安全
3	严重淤积,结构较严重破损,溢水造成路面局部积水、结冰,影响行车安全
4	完全阻塞,结构严重破损,溢水造成路面积水漫流,大面积结冰,严重影响行车安全

表 11-14　吊顶及预埋件技术状况评定标准

状况值	技术状况描述
0	吊顶完好
1	存在轻微变形、破损、浸水,尚未妨碍交通
2	吊顶破损、开裂、滴水,吊杆等预埋件锈蚀,尚未影响交通安全
3	吊顶存在较严重的变形、破损,出现涌流、挂冰、吊杆等预埋件严重锈蚀,可能影响交通安全
4	吊顶严重破损、开裂甚至掉落,出现喷涌水、严重挂冰,各种预埋件和悬吊件严重锈蚀或断裂,各种桥架和挂件出现严重变形或脱落,严重影响行车安全

注:本分项含各种灯具、通风机等拱顶设备的悬吊结构评定。

表 11-15　内装饰技术状况评定标准

状况值	技术状况描述	
	定性描述	定量描述
0	内装饰完好	—
1	个别内装饰板或瓷砖变形、破损,不影响交通	损坏率≤10%
2	部分内装饰板或瓷砖变形破损脱落,对交通安全有影响	损坏率>10%,且≤20%
3	大面积内装饰板或瓷砖变形,破损脱落,严重影响行车安全	损坏率>20%

表 11-16　交通标志标线技术状况评定标准

状况值	技术状况描述	
	定性描述	定量描述
0	完好	—
1	存在脏污、不完整,尚未妨碍交通	损坏率≤10%
2	存在脏污、部分脱落、缺失,可能会影响交通安全	损坏率>10%,且≤20%
3	大部分存在脏污、脱落、缺失,影响行车安全	损坏率>20%

土建结构技术状况评分按下式计算:

$$JGCI = 100 \cdot \left[1 - \frac{1}{4} \sum_{i=1}^{n} \left(JGGI_i \times \frac{\omega_i}{\sum_{i=1}^{n} \omega_i} \right) \right]$$

式中: ω_i——分项权重;

$\quad JGGI_i$——分项状况值,值域0~4。

分项状况值 $JGCI_i$ 按下式计算:

$$JGGI_i = \max(JGGI_{ij})$$

式中: $JGGI_i$——各分项检查段落状况值;

$\quad j$——检查段落号,按实际分段数量取值。

土建结构各分项目权重 ω_i 按下表11-17取值:

表11-17　土建结构各分项权重表

分项		分项权重 ω_i	分项	分项权重 ω_i
洞口		15	检修道	2
洞门		5	排水设施	6
衬砌	结构破损	40	吊顶及预埋件	10
	渗漏水		内装	2
路面		15	交通标志、标线	5

土建结构技术状况评定分类界限值宜按表11-18规定执行。

表11-18　土建结构技术状况等级界限值

技术状况评分	土建结构技术状况评定分类				
	1类	2类	3类	4类	5类
JGCI	≥85	≥70,<85	≥55,<70	≥40,<55	<40

土建结构技术状况评定时,当洞口、洞门、衬砌、路面和吊顶及预埋件的技术状况评定状况值达到3或4时,对应土建结构技术状况应直接评为4类或5类。

在公路隧道技术状况评价中,有下列情况之一时,隧道土建技术状况评定应评为5类隧道:

①隧道洞口边仰坡不稳定,出现严重的边坡滑动、落石等现象。

②隧道洞门结构大范围开裂,砌体断裂、脱落现象严重,可能危及行车道内的通行安全。

③隧道拱部衬砌出现大范围开裂,结构性裂缝深度贯穿衬砌混凝土。

④隧道衬砌结构发生明显的永久变形,且有危及结构安全和行车安全的趋势。

⑤地下水大规模涌流、喷射,路面出现涌泥沙或大面积严重积水等威胁交通安全的现象。

⑥隧道路面发生严重隆起,路面板严重错台、断裂,严重影响行车安全。

⑦隧道洞顶各种预埋件和悬吊件严重锈蚀或断裂,各种桥架和挂件出现严重变形或脱落。

三、应急检查

应急检查是在隧道遭遇自然灾害(地震、火灾、洪水等)、发生交通事故或出现其他异常事件后,为了查明缺损状况、采取应急措施,而对遭受影响的结构进行的详细检查。

应急检查的内容和方法原则上与定期检查相同,但主要针对发生异常情况或者受异常事件影响的结构或结构部位做重点检查,以掌握其受损情况。应急检查应根据受异常事件影响的结构,决定采取的检查方法、工具和设备。

应急检查结果的记录、评定标准与定期检查相同。检查完成后,应提交应急检查报告,总结检查内容和结果,评估异常事件的影响,确定合理的对策措施。应急检查项目表见表 11 - 19。

表 11 - 19　应急检查项目表

	检查项目	检查内容
结构变形检查	公路线形、高程检查	公路中线位置,路面高度,缘石高度及纵横坡度等测量
	隧道横断面检查	隧道横断面测量,周壁位移测量(与相邻或完好断面比较)
	净空变化检查	隧道内壁间距测量(自身变化比较)
裂缝检查	裂缝调查	裂缝的位置、宽度、长度、开展范围或程度等
	裂缝检测	裂缝的发展变化趋势及其速度;裂缝的方向及深度等
漏水检查	漏水调查	漏水的位置、水量、浑浊程度、冻结情况及原有防排水系统的状态等
	漏水检测	水温、pH 值检查、电导度检测、水质化学分析
	防排水系统	拥堵、破坏情况
材质检查	衬砌强度检查	强度简易测定、钻孔取芯、各种强度试验等
	衬砌表面病害	起层、剥落、蜂窝麻面、孔洞、露筋等
	混凝土碳化深度检测	采用酚酞液检查混凝土的碳化深度
	钢筋锈蚀检测	采用剔凿检测法、电化学测定法、综合分析判定法检测
衬砌及围岩状况检查	无损检查	无损检测衬砌厚度、空洞、裂缝和渗漏水等,以及钢筋钢拱架、衬砌配筋位置及保护层厚度围岩状况,仰拱充填层密实度及其下岩溶发育情况
	钻孔检查	钻孔测定衬砌厚度等,内窥镜观测衬砌及围岩内部状况
荷载状况检查	衬砌应力及拱背压力检查	衬砌不同部位的应力及其变化,拱背压力的分布及其变化
	水压力检查	地下水丰富的隧道检查衬砌背后水压力的大小、分布及变化规律

专项检查的项目通常由定期检查或应急检查结果确定,某些检测需要专业的检测手段和设备,专项检查的内容、目的不同,选择的检测方法、手段也可能不相同。

▶ 任务 11.3　衬砌裂缝检查与检测

运营隧道衬砌裂缝是最常见的病害类型,裂缝检测也是隧道结构检测的重要内容。隧道衬砌裂缝包括受力裂缝、沉降裂缝、混凝土收缩裂缝等。裂缝发展可能导致衬砌局部失稳、坍塌、掉块,威胁隧道运营安全。同时,有水区域的隧道,衬砌裂缝可能会出现衬砌渗漏水,对衬砌结构混凝土及钢筋产生侵蚀,对结构强度和稳定性产生不良影响,诱发新的裂缝产生,形成恶性循环,加速隧道衬砌结构损坏。

一、检测内容

1.常规裂缝检查

(1)位置:裂缝中点的位置,可简单地分为隧道拱部、边墙、路面 3 个部位,可用裂缝中点与隧道中线或墙底线的距离进行定位。

(2)方向:用量角器或罗盘测量在裂缝起始端处,裂缝起始端和终端的连线与隧道中线或墙底线的夹角。

(3)长度:用钢卷尺测量裂缝起始端到终端的距离。

(4)宽度:用游标卡尺或裂缝计测量,裂缝宽度是指裂缝最宽处的宽度,可用实测宽度表示,也可用表 11-20 中的裂缝宽度特征表示。

表 11-20　裂缝宽度特征

裂缝宽度特征	尺寸
微裂缝	<0.2 mm
微张开	0.2~3 mm
张开	3~5 mm
宽张开	>5 mm

(5)裂缝形态即裂缝展布状态,一般裂缝表现为表 11-21 中的几种形态。

表 11-21　裂缝展布形态

裂缝特征	形态
平直	基本呈一条直线
起伏	总体上呈一条直线,部分有弯曲起伏
弧形	呈弧形
分叉	从某一处向多于一个方向发展

裂缝特征	形态
交叉	多条裂缝相交呈交叉状
龟裂	多条裂缝闭合在局部区域形成多个闭合状

裂缝展布状态一般用素描裂缝展布图和拍照的方法记录。展布图应有桩号、特征描述，照片应注明桩号和编号，衬砌环向施工缝应清晰标示。图 11-1 是隧道衬砌裂缝展布示意图。

图 11-1　衬砌裂缝展布图

2. 详细裂缝检查

除了常规裂缝检测，为了深入了解裂缝特征，还可对裂缝进行全面的检测，裂缝全面检测是在常规检测的基础上，增加以下内容：

(1)裂缝深度和倾角检测：检查裂缝的深度和倾角，可利用钻孔取样方法或无损检测的方法进行，也可以采用凿孔检查的方法。

(2)裂缝发展性观测：隧道在荷载或其他外界因素作用下，裂缝的宽度、长度和深度可能会不断发展，所以需要观测其变化规律。通常是对裂缝宽度和长度进行定期或不定期多次检测和观测。裂缝的宽度可以采用标点量测法、砂浆涂抹法和裂缝测量计的方法进行观测，裂缝长度扩展可采用尖端标记法、砂浆涂抹法进行观测(图 12-2～图 12-5)。

图 11-2　衬砌裂缝展布图 1

图 11-3　衬砌裂缝展布图 2

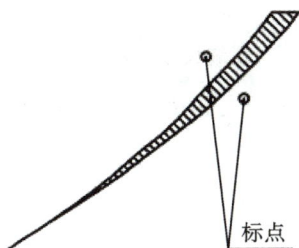

图 11－4　衬砌裂缝展布图 3　　　　图 11－5　衬砌裂缝展布图 4

二、裂缝检测工具

隧道衬砌裂缝检测和观测需要准备以下工具：

数码相机、卷尺、游标卡尺、裂缝计（尺、卡）、探针、手持钻机、锤子、电筒、声波检测仪、砂浆、水泥钉、高空作业车等。

三、衬砌裂缝检测结果的判定

根据隧道衬砌裂缝检测结果，可对存在裂缝段落的衬砌结构进行技术状况评定。对于已知裂缝扩展和裂缝扩展性无法确定的情况，可分别参照表 11－22、表 11－23 进行衬砌结构技术状况值评定。

表 11－22　当裂缝存在扩展时的评定标准

结构	裂缝宽度 b/mm		裂缝长度/m		评定状况值
	$b>3$	$b\leqslant3$	$l>5$	$l\leqslant5$	
衬砌	√		√		3/4
	√			√	2/3
		√	√		2
		√		√	2

表 11－23　当无法确定裂缝是否存在扩展时的评定标准

结构	裂缝宽度 b/mm			裂缝长度 l/m			评定状况值
	$b>5$	$5\geqslant b>3$	$3\geqslant b$	$l>10$	$10\geqslant l>5$	$5\geqslant l$	
衬砌	√			√			3/4
	√				√		2/3
	√					√	2/3

续表

结构	裂缝宽度 b/mm			裂缝长度 l/m			评定状况值
	$b>5$	$5\geqslant b>3$	$3\geqslant b$	$l>10$	$10\geqslant l>5$	$5\geqslant l$	
衬砌		√		√			3
		√			√		2/3
		√				√	2
			√	√	√	√	1/2

▶ 任务 11.4　渗漏水检查与检测

渗漏水是公路隧道最常见的病害之一,渗漏水与衬砌裂缝经常相伴出现,共同影响衬砌结构的安全性和耐久性。隧道衬砌渗水出现滴漏、涌流、喷射及路面渗水、冒水会造成路面湿滑。寒冷地区衬砌渗水会引起衬砌混凝土冻胀开裂、拱墙变形,拱墙上悬挂冰柱、冰溜;路面形成冰层、冰锥。

一、渗漏水检查内容

隧道渗漏水检查可分为简易检测和水质检测两类。结合隧道病害具体状况、隧道重要程度及养护等级、业主要求等因素综合决定需要检测的内容。

1.简易检测

①位置:漏水点的位置或渗水区中心点的位置,用皮尺或钢卷尺测量,一般根据漏水点和渗漏水的起始端与隧道中线或墙底底线的距离进行定位。

②范围:渗漏水润湿的面积,或存在渗漏水润湿痕迹的面积,以 m² 为单位。

③漏水状态和漏水流量检查:根据漏水压力、流量等因素,将漏水状态分为喷射、涌流、滴漏、浸渗四类,如图 11-6 所示。在漏水显著的情况下,可用计量容器收集,用秒表记录时间,即可测得该处漏水流量(L/min)。

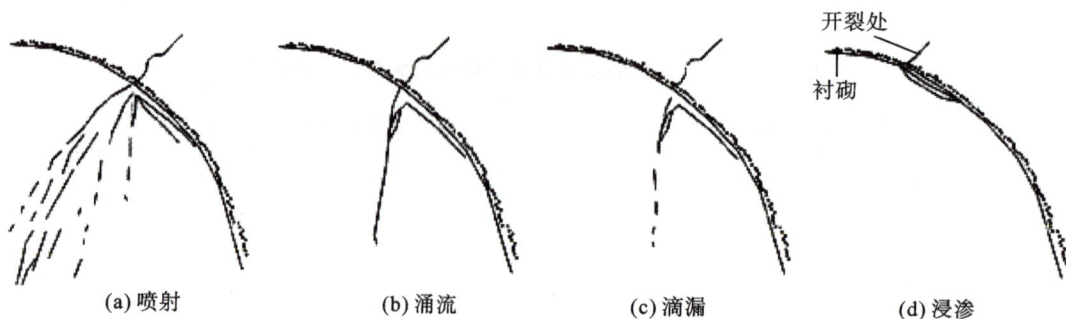

(a) 喷射　　(b) 涌流　　(c) 滴漏　　(d) 浸渗

图 11-6　漏水状态的分类

④浑浊程度：漏水如果是浑浊的，需检查砂土是否和漏水一起流出，如有，则需测定每处砂土流失量（如水槽内堆积的砂土量）；降雨后隧道出现漏水浑浊或有泥沙析出，则需进行隧道衬砌背后空洞和水流来源的详细勘查，地下水渗流规律的长期观测。

⑤pH值：漏水是助长衬砌材质劣化的原因之一，特别是当漏水显示出强酸性时，混凝土有严重劣化的危险。检查时，一般使用pH试纸对漏水的酸碱度作简易测定。

⑥冻结检查：主要检查隧道衬砌混凝土上的挂冰、路面堆冰和结冰的位置、分布，并记录温度变化、最低温度值。长隧道需测量隧道洞内沿隧道纵向的温度分布。当冻害可能造成衬砌材质受损时，需对衬砌材质进行检测。

2. 渗漏水水质检测

当渗漏水可能具有腐蚀作用时，应对水质进行检测。

①温度检测：通过测量水温，可掌握各处水温的季节性变化规律，便于判定漏水与地下水、地表水的关系。

②pH值及水质检测：必要时应利用容器收集水样，利用pH测定器精确测定渗漏水pH值，或送专业水质检测机构进行详细的水质分析，注意水样收集前应保持容器的干燥，水样收集完毕应保持容器封闭，避免水样污染。

③水样检测：必要时，将收集到的水样交专业机构，利用导电计等仪器对渗漏水溶解物质及数量进行检验，并就渗漏水对衬砌结构的腐蚀性进行评价和推定。

二、渗漏水检查工具

数码相机、卷尺、pH试纸、量桶或量杯、秒表、水样收集容器温度计、导电计等。

三、渗漏水检测结果的判定

根据渗漏水是否具有腐蚀性及渗漏水水量大小、形态、位置、结冰状态等，评判渗漏水对衬砌结构的安全性及洞内行车安全的影响，评判标准见表11-24。

表11-24　渗漏水的评定标准

结构	主要异况	漏水程度				是否影响行车		评定状况值
		喷射	涌流	滴漏	浸渗	是	否	
拱部	漏水	√				√		4
			√			√		3
				√		√		2
					√		√	
	挂冰					√		3
							√	

续表

结构	主要异况	漏水程度				是否影响行车		评定状况值
		喷射	涌流	滴漏	浸渗	是	否	
侧墙	漏水	√				√		3
			√			√		2
				√		√		2
					√		√	1
	冰柱					√		3
							√	1
路面	砂土流出					√		3/4
							√	1
	积水					√		3/4
							√	1
	结冰					√		3/4
							√	1

▶ 任务 11.5　隧道净空断面变形检测

隧道净空断面变形包括衬砌鼓出、裂缝发展、施工缝错台、衬砌沉降(陷)、电缆沟上翘、边沟下陷和冒出、路面沉陷和上鼓等,检测内容包括高程检测、隧道断面检测、隧道衬砌结构裂缝发展监测、拱顶及边墙沉降检测、路面和电缆沟沉降(陷)检测等。根据检测结果判断隧道整体沉降及隧道断面形状的变化情况,为隧道处治决策和处治设计提供依据。隧道衬砌结构变形监测与隧道施工监测类似,通过长期的定期或不定期观测,了解隧道衬砌结构变形与裂缝的发展速度与发展趋势。

一、隧道净空断面变形检测

1. 衬砌高程检测

衬砌高程检测,即通过隧道建设时期高程控制点或独立设置的永久固定点,利用经纬仪、水准仪或全站仪对隧道路面控制点、路沿和衬砌边墙或基础沉降与变形进行测量。

2. 净空断面检测

采用激光断面检测仪对隧道净空断面进行检测,检查隧道衬砌混凝土是否侵入设计内轮廓线。也可采用过去采用的隧道净空检测尺和隧道检测(查)车进行检测。

3.衬砌结构变形监测

在地质不良地段,隧道上跨、下穿结构物等特殊地段,施工中隧道出现塌方和大变形地段,可对其净空变化进行长期的监测或检测,一般需对衬砌拱顶下沉和衬砌宽度收敛状况进行监测,特殊情况可依照检测要求特别定制监测方案。衬砌结构变形状况和变形发展的监测方法、检测仪器和操作步骤可参照隧道施工监控量测要求进行,但不得影响车辆通行和行车安全。

二、衬砌变形结果的判定

衬砌的变形、沉降一般较慢,变形需要较长时间,在地震、滑坡、暴雨后可能发生明显的变化,在北方寒冷地区,结构由于冻胀而变形,并随季节的循环而反复发生。当变形发生时,路面、边沟、电缆沟表现较为明显。

任何时候用隧道激光断面检测仪检测出隧道衬砌或附属设施任何部分侵入建筑限界,应直接判定侵限区域,属于3类及以上病害。

隧道衬砌变形病害评定标准见表11-25,当变形速度呈现加速时,则可以将等级提高一级;如因山体滑移导致衬砌变形,则应判定为3/4类。

表 11-25　基于变形速度的评定标准

结构	变形速度 v/(mm/年)				评定状况值
	$v \geqslant 10$	$10 > v \geqslant 3$	$3 > v \geqslant 1$	$1 > v$	
衬砌	√				4
		√			3
			√		2
				√	1

如隧道衬砌结构同时存在剥落、材料劣化等病害,可参照表11-26～表11-28进行分项技术状况判定。

表 11-26　衬砌起层、剥落的评定标准

结　构	部　位	掉落的可能性		判　定
		有	无	
衬砌	拱部	√		4
			√	1
	侧墙	√		3
			√	1

表 11-27 衬砌断面强度降低的评定标准

结构	主要原因	起层和剥落的可能性		劣化程度			评定状况值
				有效厚度/设计厚度			
		有	无	<1/2	1/2～2/3	>2/3	
拱部	劣化、冻害，设计或施工不当等	✓					4
			✓				1
				✓			3
					✓		2
						✓	1
侧墙		✓					3
			✓				1
				✓			3
					✓		2
						✓	1

表 11-28 钢材腐蚀的评定标准表

结构	主要原因	腐蚀程度	评定状况值
衬砌	盐害、渗漏水、酸(碱)化等	表面或小面积的腐蚀	1
		浅孔蚀或钢筋全周生锈	2
		钢材断面减小程度明显，钢结构功能受损	3

课后习题

一、单项选择题

1. 公路隧道定期检查的频率宜根据隧道技术状况确定，宜（   ）年检查 1 次，最长不得超过（   ）年 1 次。

A. 1,2　　　B. 1,3　　　C. 2,3　　　D. 2,4

2. 某高速公路隧道长度为 680 m，单车道年平均日交通量为 6000 pcu/(d·ln)，则该隧道养护等级为（   ）。

A. 一级　　　B. 二级　　　C. 三级　　　D. 四级

3. 隧道总体技术状况为（　　）类时，按规范要求的养护对策为"应对结构破损部位进行重点监测，并对局部实施保养维修"。

　　A. 5　　　　　　　B. 4　　　　　　　C. 3　　　　　　　D. 2

4. 运营隧道检查时，衬砌技术状况描述为"材料劣化明显，钢筋表面全部生锈、腐蚀，断面强度有所下降，结构物功能可能受到损害"，对应的衬砌破损技术状况值应为（　　）。

　　A. 4　　　　　　　B. 3　　　　　　　C. 2　　　　　　　D. 1

5. 公路隧道土建结构技术状况等级评定中，路面的分项权重为（　　）。

　　A. 10　　　　　　B. 15　　　　　　C. 20　　　　　　D. 25

6. 公路隧道土建结构技术状况评定，2类结构所对应的技术状况评分（JGCI）的分类界限值为（　　）。

　　A. 85>JGCI≥70　B. 85≥JGCI>70　C. 85≥JGCI≥70　D. 85>JGCI>70

7. 运营隧道结构检查时，土建结构中衬砌分项的权重为（　　）。

　　A. 20　　　　　　B. 30　　　　　　C. 40　　　　　　D. 50

8. 运营隧道侧墙存在一处喷射水流，已影响行车安全，则衬砌渗漏水技术状况值评定为（　　）。

　　A. 1　　　　　　　B. 2　　　　　　　C. 3　　　　　　　D. 4

9. 高速公路隧道进行总体技术状况检查评定时，土建结构权重为（　　）。

　　A. 50　　　　　　B. 60　　　　　　C. 65　　　　　　D. 70

10. 某运营隧道，采用隧道激光断面检测仪检测出隧道衬砌及附属设施局部侵入建筑限界，应判定侵限区域属于（　　）类以上病害。

　　A. 1　　　　　　　B. 2　　　　　　　C. 3　　　　　　　D. 4

11. 当前隧道净空断面检测通常采用（　　）。

　　A. 水准仪　　　　B. 全站仪　　　　C. 激光测距仪　　　D. 激光断面仪

二、判断题

1. 公路隧道土建结构各分项工程的评定状况值都分为0、1、2、3、4五个等级。（　　）

2. 某公路隧道养护等级为二级，经常检查频率宜为1次/2月。（　　）

3. 某公路隧道养护等级为二级，定期检查频率宜为1次/1年。（　　）

4. 对运营隧道的土建结构进行经常检查时，破损状况判定为两种情况。（　　）

5. 新建公路隧道应在交付2年后首次进行定期检查。（　　）

6. 当隧道定期检查中出现状况值为3或4的项目，且其产生原因及详细情况不明时，应做专项检查。（　　）

7. 评定隧道洞口技术状况时，山体及岩体裂缝发育，存在滑坡、崩塌的初步迹象，该隧道洞

口技术状况值为 3。 （　　）

8. 通过经常性检查可系统掌握隧道结构各分项的技术状况和功能状况,进而可进行土建结构总体技术状况评定,为制订养护工作计划提供依据。 （　　）

9. 经常性检查中发现隧道存在一般异常情况时,应采取措施进行处治,并应立即开展定期检查或专项检查。 （　　）

10. 公路隧道分项检查结果应按隧道病害最严重段落的分段评价结果确定。 （　　）

11. 当隧道衬砌评定状况值达到 3 时,整座隧道评定为 4 类。 （　　）

12. 采用雷达检测某运营隧道的边墙,实测二次衬砌厚度为 45 cm,设计二次衬砌厚度为 60 cm,则按照衬砌断面强度降低的评定标准,将衬砌技术状况值评定为 1。 （　　）

三、多项选择题

1. 按照《公路隧道养护技术规范》(JTG H12—2015)规定,隧道土建结构检查应包括（　　）等。

A. 日常检查　　　　B. 定期检查　　　　C. 应急检查　　　　D. 特别检查

E. 专项检查

2. 在公路隧道技术状况评定时,当（　　）项目的评定状况值达到 3 或 4 时,对应土建结构技术状况应直接评为 4 类或 5 类。

A. 洞口　　　　B. 洞门　　　　C. 衬砌　　　　D. 路面

E. 吊顶及预埋件

3. 对各类隧道土建结构,应分别采取不同的养护措施,下列表述正确的有（　　）。

A. 2 类隧道或存在评定状况值为 2 的分项时,应按需进行保养维修

B. 3 类隧道应对局部实施病害处治

C. 4 类隧道应及时关闭,然后实施病害处治

D. 重要分项以外的其他分项评定状况值为 3 或 4 时,应尽快实施病害处治

4. 某公路隧道采用地质雷达进行衬砌检测,下列关于地质雷达检测结果的相关分析,正确的包括（　　）。

A. 空洞:反射信号强,信号同相轴呈绕射弧形,不连续且分散、杂乱

B. 不密实:反射信号强,反射界面明显,下部有多次反射信号,两组信号时程差较大

C. 钢架:反射信号强,图像呈分散的月牙状

D. 钢筋:反射信号强,图像呈连续的小双曲线形

E. 密实:反射信号弱,图像均一且反射信号不明显

5. 运营期隧道检查,发现衬砌存在一条有发展变化的裂缝,长度为 4 m,宽度为 4 mm,其评定状况值可评为（　　）。

A. 1　　　　　　B. 2　　　　　　C. 3　　　　　　D. 4

6. 运营期隧道检查,衬砌裂缝的长度发展性观测可采用(　　)。

　　A. 尖端标记法　　　B. 标点量测法　　　C. 砂浆涂抹法　　　D. 裂缝测量计

7. 隧道衬砌渗漏水的简易检测主要包含(　　)。

　　A. 位置　　　　　　B. 范围　　　　　　C. 浑浊程度　　　　D. 湿度检测

8. 公路隧道渗漏水根据渗水压力、流量等因素,将渗漏水状态分为(　　)。

　　A. 浸渗　　　　　　B. 滴漏　　　　　　C. 涌流　　　　　　D. 喷射

　　E. 渗水

9. 公路隧道土建结构专项检查中材质检查项目有(　　)。

　　A. 衬砌强度　　　　　　　　　　　B. 衬砌表面病害

　　C. 混凝土碳化深度　　　　　　　　D. 钢筋锈蚀

　　E. 裂缝检测

10. 公路隧道根据(　　)划分为三个养护等级。

　　A. 公路等级　　　B. 隧道长度　　　C. 交通量大小　　　D. 隧道宽度

11. 公路隧道经常性检查判定结果分为(　　)。

　　A. 情况正常　　　B. 一般异常　　　C. 较严重异常　　　D. 严重异常

12. 《公路隧道养护技术规范》(JTG H12—2015)采用的技术状况评定方法是(　　)。

　　A. 分层综合评定　　B. 单项控制指标　　C. 分项加权评定　　D. 分类综合评定

四、综合题

1. 某高速公路隧道长度为 3200 m,年平均日交通流量为 8000 pcu/d,其定期检查结果如下:

　　①洞门拱部及其附近部位出现剥落,壁面存在严重渗水和挂冰,将会妨碍交通;

　　②衬砌存在较多裂缝,但宽度变化较小,边墙衬砌背部存在空隙,有扩大可能;

　　③路面大面积的明显沉陷、隆起、坑洞,路面板严重错台、断裂。

根据以上情况,请回答以下问题。

(1)该隧道定期检查的周期宜为(　　)。

　　A. 2次/年　　　B. 1次/年　　　C. 1次/2年　　　D. 1次/3年

(2)关于土建结构检查的内容和仪器应用,表述正确的有(　　)。

　　A. 可用地质雷达检测衬砌背后的空洞

　　B. 定期检查要求对裂缝位置、长度、宽度、深度及范围进行检查

　　C. 隧道渗漏水检查分为简易检测和水质检测两类

　　D. 隧道净空断面变形通常采用激光断面仪检测

(3)关于土建结构检查技术状况评定,表述正确的有(　　)。

A. 评定分项包括洞口、洞门、衬砌等 9 部分

B. 各分项技术状况值越大,该分项状况越好

C. 分项检查结果取各段落评定结果的均值

D. 交通标志标线属于交安设施,不纳入土建结构检查

(4)根据题述,以下评定结果正确的包括(　　　)。

A. 洞门技术状况值为 3　　　　　　　B. 洞门技术状况值为 2

C. 路面技术状况值为 3　　　　　　　D. 衬砌技术状况值为 2

(5)该隧道土建结构技术状况应评定为(　　　)。

A. 5 类　　　　　　B. 4 类　　　　　　C. 3 类　　　　　　D. 2 类

2. 某隧道定期检查中发现边墙衬砌局部压裂,导致起层、剥落,产生原因不明,请回答以下问题。

(1)该隧道衬砌破损技术状况值应评定为(　　　)。

A. 1　　　　　　B. 2　　　　　　C. 3　　　　　　D. 4

(2)关于隧道定期检查,表述正确的有(　　　)。

A. 定期检查需配备必要的检查工具或设备,进行目测或量测检查

B. 检查时,应尽量靠近结构,依次检查各个结构部位

C. 检查时不必进行病害比对

D. 对于需要进一步查明缺损或病害原因的,报告中应建议进行专项检查

(3)关于隧道专项检查,表述正确的有(　　　)。

A. 检查的项目、内容及其要求,应根据经常性检查、定期检查或应急检查的结果有针对性地确定

B. 查阅有关的技术资料、档案,并对隧道周围的地质及地表环境等展开实地调查

C. 对严重不良地质地段、重大结构病害或病患处,宜开展运营期长期监测

D. 专项检查技术状况评定和定期检查相同

(4)专项检查中,衬砌及围岩状况检查项目包括(　　　)。

A. 无损检查　　　B. 衬砌应力检查　　　C. 衬砌强度检查　　　D. 钻孔检查

(5)以下表述正确的有(　　　)。

A. 基于变形速率的评定标准,当 3 mm/年>v≥1 mm/年时,衬砌评定技术状况值为 3

B. 因山体滑移导致衬砌变形则衬砌技术状况评定值应判定为 3 或 4

C. 当裂缝有发展时,宽度大于 3 mm,长度大于 5 m,评定技术状况值为 3 或 4

D. 隧道裂缝检测时宽度 2 mm 判定为张开

盾构隧道施工质量检测

项目描述

本项目主要介绍隧道盾构管片质量检测、施工质量检测、盾构施工监测及结构病害检查内容。

学习目标

(1)素质目标:培养脚踏实地、严格遵守标准规范、精益求精的螺丝钉精神,努力成为具有吃苦耐劳、拼搏争先、爱岗敬业等优秀品质的隧道检测行业人才。

(2)知识目标:能够说出盾构隧道结构特点及施工工序;能够说出盾构隧道施工质量检测内容及方法,掌握盾构隧道结构病害检测过程。

(3)能力目标:能独立完成盾构隧道质量检测评定案例,并能正确记录相应检测结果。

案例导入

在城市地铁建设如火如荼的形势下,盾构行业急需高素质、高水平的盾构检测专业人才,更好地服务于美丽中国城市轨道交通建设。全国五一劳动奖章获得者魏大翻凭借着勤学好问、苦练本领、细心大胆的精神,不畏隧道内 50 ℃的高温环境,每日拼装盾构管片 12 h 以上,保证管片拼装质量,确保管片拼装工程质量合格率达到 100%,通过几年磨炼成为盾构管片拼装安全员中的骨干。我们应坚定信念、脚踏实地、爱岗敬业,以"螺丝钉"精神落实好每项工作,建设好每条隧道,走好青春每一步,努力成为具备吃苦耐劳、拼搏争先、精益求精等优秀品质的盾构检测专业人才。

▶ 任务 12.1   盾构隧道认知

盾构隧道即采用盾构法施工的隧道,盾构隧道施工过程可以分为三个阶段:盾构的始发与到达,盾构的掘进,以及盾构隧道贯通后联络通道、风道、泵房等辅助设施的施工。盾构隧道的重点施工步骤如下:

①建造盾构始发竖井和到达竖井；

②把盾构主机和配件分批吊入始发竖井，并在预定始发掘进位置上将盾构设备组装成整机，随后调试其性能使之达到设计要求；

③盾构从竖井预留洞门处始发，沿着隧道设计轴线掘进；

④盾构掘进到达预定终点的竖井，掘进过程结束，随后解体盾构，吊出地面。

盾构法作为一种新型的暗挖施工方法，由于具有机械化程度高、对地层扰动小、掘进速度快、地层适应性强、对周围环境影响小等特点，逐渐成为水下公路隧道建设的主要施工方法。

一、主要优点

(1)适用地层广，软土、砂软土、软岩等均可使用。

(2)对环境影响小，地表占地面积较小，征地费用少。

(3)盾构法构筑的隧道抗震性好。

(4)施工不受地形、地貌、江河水域等地表环境条件和大气条件的限制。

(5)在松软含水地层中修建埋深较大的长隧道往往具有技术和经济方面的优越性。

二、主要缺点

(1)盾构机械购置费昂贵，规模较小的工程造价相对较高。

(2)断面尺寸多变的区段适应能力差。

(3)当隧道的曲率半径较小或埋深较浅时，施工难度大。

▶ 任务 12.2　盾构隧道施工监测

盾构施工阶段风险主要体现在开挖引起周边地层变化、对工程周边环境的影响，以及盾构管片结构的变形、渗漏等。依据《盾构法隧道施工及验收规范》(GB 50446—2017)和《城市轨道交通工程监测技术规范》(GB 50911—2013)的规定，盾构隧道施工监测主要是针对管片结构及外部的地表、深层土体、孔隙水等进行的监测。盾构隧道施工监测流程：①收集、分析相关资料，现场勘查；②编制和审查监测方案；③埋设、验收与保护监测基准点和监测点；④校验仪器设备，标定元器件，测定监测点初始值；⑤采集监测信息；⑥处理和分析监测信息；⑦提交监测日报、警情快报、阶段性监测报告等；⑧监测工作结束后，提交监测工作总结报告及相应的成果资料。

一、盾构隧道施工监测项目及方法

盾构隧道管片结构和周围岩土体监测项目及方法见表12-1。监测项目中，管片结构竖向位移、净空收敛和地表沉降尤为重要。其中，管片结构竖向位移和净空收敛监测能够及时了解和掌握隧道结构纵向坡度变化、差异沉降、管片错台、断面变化及结构受力情况,对判断工程的质量安全非常重要;地表沉降监测可以反映出盾构施工对岩土体及周边环境的影响程度、同步注浆和二次注浆效果,以及盾构机自身的施工状态,对掌握工程安全尤为重要。

表 12 - 1　盾构隧道管片结构和周围岩土体监测项目

序号	监测项目	工程监测等级			监测方法或仪器
		一级	二级	三级	
1	管片结构竖向位移	√	√	√	几何水准测量、电子测距三角高程测量、静力水准测量等
2	管片结构水平位移	√	○	○	小角法、方向线偏移法、视准线法、投点法、激光准直法等
3	管片结构净空收敛	√	√	√	收敛计、全站仪、红外激光测距仪等
4	管片结构应力	○	○	○	应力计
5	管片连接螺栓应力	○	○	○	
6	地表沉降	√	√	√	精密水准仪、铟钢尺或全站仪
7	土体深层水平位移	○	○	○	测斜仪
8	土体分层竖向位移	○	○	○	分层沉降仪、水准测量等
9	管片围岩压力	○	○	○	界面土压力计
10	孔隙水压力	○	○	○	孔隙水压力计

注:(1)√—应测项目,○—选测项目。
　　(2)本表中,工程监测等级参考《城市轨道交通工程监测技术规范》(GB 50911—2013)规定划分,可根据当地经验结合地质条件进行调整。

盾构隧道穿越的建(构)筑物、在影响范围内的建(构)筑物,以及影响范围内的地下管线等,也应根据工程实际情况纳入监测。

二、盾构隧道施工监测频率

盾构隧道施工监测频率一般根据施工方法、施工进度、监测对象、监测项目、地质条件等情况综合确定,也可参照表 12 - 2。监测频率应使得监测信息及时系统地反映施工工况及监测对象的动态变化情况。

表 12 - 2　盾构隧道工程检测频率

监测部位	监测对象	开挖面与监测点或监测断面的距离	监测频率
开挖面前方	周围岩土体和周边环境	$5D < L \leqslant 8D$	1次/(3～5)d
		$3D < L \leqslant 5D$	1次/2d
		$L \leqslant 3D$	1次/1d

续表

监测部位	监测对象	开挖面与监测点或监测断面的距离	监测频率
开挖面后方	管片结构、周围岩土体和周边环境	$L \leqslant 3D$	（1～2）次/1d
		$3D < L \leqslant 8D$	1 次/（1～2）d
		$L > 8D$	1 次/（3～7）d
监测数据趋于稳定			1 次/（15～30）d

注：D—隧道开挖直径（m）；L—开挖面与监测面的水平距离（m）。

三、盾构隧道施工监测项目控制值及预警

1.监测项目控制值

监测项目控制值是工程施工过程中对结构自身及周边环境安全状态或正常使用状态进行判断的重要依据，也是工程设计、工程施工及施工监测等工作的重要控制点。监测项目控制值的大小，直接影响到结构自身和周边环境的安全，对施工进展和监测手段的确定有一定影响。

盾构隧道管片结构竖向位移、净空收敛、地表沉降及隧道周边环境等项目监测控制值，可参照表 12-3～表 12-5，也可根据工程地质条件和当地施工经验确定。

表 12-3　盾构隧道管片结构竖向位移、净空收敛监测项目控制值

监测项目		累计值/mm	变化速率/（mm/d）
管片结构沉降	坚硬～中硬土	10～20	2
	中软～软弱土	20～30	3
管片结构差异沉降		$0.04\% L_i$	—
管片结构净空收敛		$0.2\% D$	3

注：L_i——沿隧道轴向两监测点间距；D——隧道开挖直径。

表 12-4　盾构隧道地表沉降（隆起）监测控制值

监测项目		工程监测等级					
		一级		二级		三级	
		累计值/mm	变化速率/（mm/d）	累计值/mm	变化速率/（mm/d）	累计值/mm	变化速率/（mm/d）
地表沉降	坚硬～中硬土	10～20	3	20～30	4	30～40	4
	中软～软弱土	15～25	3	25～35	4	35～45	5
	地表隆起	10	3	10	3	10	3

注：（1）本表主要适用于标准断面的盾构隧道，其他断面应根据实际情况调整。

（2）本表中,工程监测等级参考《城市轨道交通工程监测技术规范》(GB 50911—2013)规定划分,可根据当地经验结合地质条件进行调整。

表 12 – 5 地下管线沉降及差异沉降控制值

监测项目	累计值/mm	变化速率/(mm/d)	差异沉降/mm
燃气管道	10～30	2	$0.3\%L_g$
雨污管道	10～20	2	$0.25\%L_g$
供水管	10～30	2	$0.25\%L_g$

注:(1)燃气管道的变形控制值适用于 100～400 mm 的管径。

（2）L_g—管节长度。

2. 监测预警

监测预警是整个监测工作的核心,通过监测预警能够使有关单位对异常情况及时做出反应,采取相应措施,控制和避免工程自身和周边环境等安全事故的发生。

监测预警标准和预警等级主要根据工程特点、项目控制值和当地施工经验等确定,当监测数据达到预警标准或实测变形值大于允许变形的 2/3 时,应进行预警。当监测巡查时发现下列情况,也应及时进行预警:

（1）周边地表出现明显的沉降(隆起)或较严重的突发裂缝、坍塌。

（2）建(构)筑物等周边环境出现危害正常使用功能或结构出现过大变形、沉降、倾斜或裂缝等。

（3）周边地下管线变形明显增长或出现裂缝、泄漏等。

（4）隧道结构出现明显变形、较大裂缝、较严重漏水。

（5）根据工程经验判断可能出现的其他警情。

▶ 任务 12.3　盾构隧道结构病害检查

盾构隧道结构主要包括盾构管片拼装形成的隧道本体,以及旁通道、集水井泵站、井接头和中间风井等附属结构。

盾构隧道结构维护治理工作主要包括如下三项:

（1）结构病害检查工作,主要包括结构监测、病害检查及结构检测等状态管理工作。

（2）结构日常维护工作,保证盾构隧道结构能正常地开展日常工作,包括隧道结构表面清洁、限界维持、常规堵漏等。

（3）结构整治维修工作。在外部各类型因素作用下,盾构隧道结构容易产生差异沉降及收敛变形,严重时存在结构受损可能,甚至导致结构安全性出现问题,比如顶部露筋碎裂、横向大变形等,为保持隧道结构安全,需进行结构整治维修工作。

本任务内容涉及盾构隧道结构状态管理工作中的病害检查内容。目前随着三维激光扫描、摄影成像技术等设备检查手段在土木工程中的逐步应用,隧道结构病害检查可选择手段逐渐丰富,设备检查具有检查信息客观、全面完整,数据文件电子化及方便存储、可追溯等优点。但人工盾构隧道结构病害检查方法具有灵活、机动等优点,且人工判断经验无法完全由设备检查替代,因此目前人工检查方式仍是国内外最为普遍的隧道结构病害检查方法。本任务内容将重点介绍人工检查的类型、内容及相应要求。

一、检查类型及作用

检查类型划分的标准不同,可以得到不同的检查分类结果。根据检查的目的或计划发生的作用,有些检查侧重于提供日常维护的依据,有些检查为了状态评估,便于制订盾构隧道结构次年或次周期的维养计划及策略,有些检查则为了特定项目的评定。本任务将盾构隧道病害检查分为日常检查、全面检查、专项检查及重点检查四种类型,各检查类型主要作用分别如下所示。

(1)日常检查:①及时发现直接威胁盾构隧道结构运营及结构安全的病害,包括异物侵限、冒泥沙及涌水等,确保运营安全;②完整记录影响结构耐久性、功能性的常见病害,比如渗漏水,为日常养护提供依据。

(2)全面检查:①为盾构隧道结构安全及使用状况全面评估提供基础及依据,如隧道结构贯通移交运营后进行的初始检查,为试运营评审提供支撑等;②以隧道结构全覆盖普查等形式,为编制年度结构维养计划提供依据等。

(3)专项检查:通常为掌握结构单项状况信息进行,所针对的病害或状况通常不需要固定频率检测,或者发生频率较低。专项检查主要包括三类:①针对钢构件锈蚀、结构碳化深度及强度进行的专项检测;②结构大型维修整治后进行的详细复检;③针对发生频率相对较低的病害类型的检查,此类病害往往出现于盾构隧道拼装阶段或运营初期,比如裂缝、缺块及缺损等。

(4)重点检查:主要是针对结构及运营安全状况存在隐患或在外部影响下结构或使用状况易受影响的区段进行的检查,频次往往较密,主要作用在于通过加密检查,掌握病害状况及变化趋势。比如针对结构受损、差异沉降或收敛变形严重区段或事故段,以及邻近工程影响区段等进行的加密检查。

上述四类盾构隧道检查类型相应的检查频率情况及检查所针对的病害分别见表12-6。

表 12 - 6　检查类型的检查频率及所针对病害

类型		频率	针对病害	备注
日常检查		一般	侵限、渗漏水	恶性病害、常见病害
全面检查		疏	全部	专项检查内容视情况纳入
重点检查		密	全部	专项检查内容视情况纳入
专项检查	结构检测	不固定	强度、碳化、锈蚀	根据整治内容相应增加检查项
	整治复检	单次	全部	
	低频检查	疏	损伤、形变	

二、检查内容

为确保病害检查成果的有效性,便于后期资料的汇总统计及分析,病害检查应保证准确性,检查过程应规范化、标准化。

检查规范化及标准化应首先明确病害分类,便于对照检查。盾构隧道病害主要分为表观病害、裂化老化病害及包括设备侵限在内的其他类型病害,见表 12 - 7。

表 12 - 7　病害类型及对应设施类型

病害类型			对应设施类型
表观病害	渗漏水	湿迹、渗水、滴漏、漏泥沙	管片及接缝
	结构损伤	裂缝、缺损、混凝土片状剥落	
	结构形变	错台、张开	
裂化老化病害		碳化	混凝土
		锈蚀	钢构件
		强度衰减	管片
其他病害		道床脱开	—
		设备侵限	—

表 12 - 17 中裂化老化病害主要包括混凝土碳化、钢构件锈蚀及管片强度衰减,其中碳化及强度衰减检查必须依靠人工采用专业检测设备进行。此外,包括钢构件锈蚀、表观病害及设备病害在内的其他类型病害均目视可见,此部分目视可见类型病害主要通过人工检查方式进行,其主要流程如图 12 - 1 所示。

目视可见病害检查首先初步确定病害类型,某些较难界定的病害通过辅助检查方法加以分析判断;类型确认后,对病害特征进行量化,最后记录检查结果,并拍摄登记影像资料。以下针对各类病害,详细叙述各检查内容。

图 12 – 1　目视可见病害检查流程图

1.渗漏水

1)渗漏路径

盾构隧道渗漏水大多发生在管片接缝或注浆孔等部位,隧道渗漏路径主要包括四种,见表 12 – 8。

表 12 – 8　渗漏路径分类

渗漏路径		病害示意图
接缝	环缝	
	纵缝	
	十字缝	
注浆孔		

渗漏路径	病害示意图
手孔	
裂缝	

其中,管片接缝包括纵、环缝,是隧道内渗漏水最常见的通道。通过螺栓孔渗漏的现象相对较少,对于厚度 0.35 m 的钢筋混凝土管片预制,通常质量相对较好,极少发生贯通裂缝,因而发生裂缝渗漏水的病害极少。

在隧道施工阶段,利用注浆孔进行壁后注浆是控制地层损失的必要措施,使用之后通常采用闷头封闭处理,但封闭质量往往存在问题,导致注浆孔成为后期渗漏水通道之一。除通过螺栓拼装而成的盾构隧道本体外,还存在许多附属结构,包括旁通道、中间风井、集水井及预埋注浆孔等,对于该部分附属结构,同样可能产生包括渗漏水及结构损伤在内的病害,如图 12 - 2 所示。对于相同的病害,采取同样的检查流程及方法,并进行相应的记录。

(a) 旁通道渗漏水　　　　　　　　(b) 预埋注浆孔渗漏水

图 12 - 2　附属结构病害

2）检查目标

盾构隧道渗漏水病害检查应区分渗漏水病害类型，明确渗漏路径，包括接缝、注浆孔、手孔或裂缝等，并根据病害与结构要素的相对位置关系，明确渗漏范围，此外还需具体量化指标特征，对于滴漏应通过秒表确定滴水频率。

3）判别方法

①湿迹。对于湿迹现象，水分蒸发速度快于渗入量，用干手触摸有潮湿感，但无水分浸润感觉，在隧道内常规通风条件下，潮湿现象可能会消失。管片腰部以上区域无法用手触摸，仅能依靠目测判断。

②渗水。渗水现象在加强人工通风的条件下也不会消失，用干手触摸明显沾有水分，如用废纸贴于渗水处，废纸将会被浸湿变色；对于腰部以上区域，可通过灯光照射，观察有无反光，辅助判断是否为渗水。某些情况下，病害可能介于湿迹与渗水之间，较难区别，此时应多种检查方法并用，只要一种检查结果为渗水，则应按不利原则考虑归为渗水病害。

③滴漏。滴漏现象与其他渗漏水病害较易区分，但由于滴漏速度有快有慢，当检查速度较快时，容易漏检。在检查过程中，可注意道床表面是否有水迹或少量积水，如存在则极有可能是隧道顶部滴漏的结果。

④漏泥沙。漏泥沙现象较易判断，通常漏泥沙时，渗水量相对较大，且夹带新鲜泥沙，导致渗出物浑浊。

2. 管片损伤

1）检查目标

管片裂缝与缺块主要通过目测进行检查，明确隧道结构损伤的类型、位置和程度等信息。当管片裂缝发展到一定程度，与管片接缝贯通形成三维封闭体系时，会出现较罕见的混凝土成块碎裂现象，甚至钢筋裸露，如图 12-3 所示。检查中如发现，应准确记录碎裂的三维尺寸（面积与深度），并留存全面的影像资料。

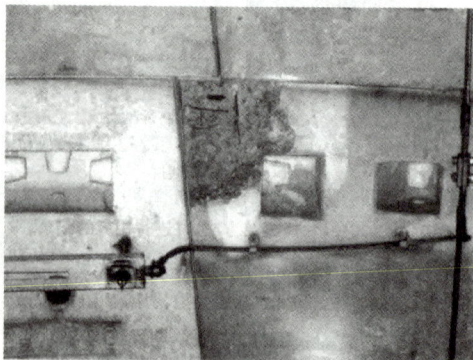

图 12-3　管片损伤示意图

2）判别方法

因管片损伤病害较为直观,管片裂缝与缺块主要通过目测进行检查。管片裂缝通常表现为颜色略深于管片内表面本色的细缝。管片缺块部位因表层混凝土缺失,缺块颜色同样会深于管片表面本色。

3.结构形变

1）检查目标

对于管片错台病害,应明确错台位置及错台量。对于管片接缝张开病害,应明确管片张开所在接缝,如张开处可目测出螺栓,应在备注栏予以明确说明。

2）判别方法

对于管片错台病害,通过目测进行初步判断,对疑似处可通过手触确认,也可将探照灯平贴于管片,朝疑似错台处照明,如存在错台现象,则光束在错台处会出现明显明暗对比。错台量可通过钢尺进行量测。根据地铁盾构隧道纵向变形分析,当错台量超过 8 mm 时,将会影响止水条防水性能。为提高检查效率,当错台量小于 8 mm 时,不予记录。对于单环相邻管片间错台情况,可在对应纵缝位置中部量测错台量。因检查条件的限制,通常只能检查到落底块(D)与标准块(B)间的错台情况。

对于管片接缝张开病害,初步判断通过目测进行,对于张开幅度较大处,灯光照射后能发现螺栓。具体接缝张开大小需采用登高车实地量测。目前,接缝张开基本发生在顶部纵缝位置。

4.结构裂化老化

1）混凝土碳化深度检测

根据我国行业标准《回弹法检测混凝土抗压强度技术规程》(JGJ/T 23—2011)对隧道结构混凝土的碳化深度进行检测,作为推算和预测混凝土强度的基础。

要求在有代表性的位置上测量碳化深度值,测点数不应少于构件测区数的30%,且不少于三个。基本检测步骤如下:

①选择具有代表性的测区,在测区混凝土表面采用适当工具形成直径约 15 mm 的孔洞,其深度应比估计的碳化深度略大。

②用圆形毛刷将孔中碎屑、粉末清除,露出混凝土新茬。

③在测孔壁表面喷洒酚酞指示剂。

④待酚酞指示剂变色后,用测深卡尺测量混凝土表面至酚酞变色交界处的深度,确定混凝土碳化深度。取平均值作为构件的碳化深度值,精确至 0.5 mm,当碳化深度极值大于 2 mm 时,应在每一测区测量碳化深度值。

2）混凝土强度检测

在测得混凝土碳化深度的基础上,检测混凝土的强度。常用的检测方法有回弹法与超声回弹综合法。

(1)回弹法。

对于区间隧道,各环混凝土等级相同,混凝土原材料、配合比、成型工艺、养护条件及龄期基本相同;此外,施工阶段所处状态也应相同,因此区间内管片均可作为同批次构件。

被测管片可随机抽取具有代表性的检测断面,同批管片抽样数不应少于 10 块,常规地铁盾构隧道管片环宽一般大于 0.3 m,在检测断面内布置相应测区,单块管片测区不应少于 10 个。

测区应避开钢筋密集区和预埋件,表面应清洁、平整、干燥,管片均采用预制工艺,一般不会存在浮浆和油垢,以及蜂窝麻面等现象。测区面积一般可设定为 200 mm×200 mm,每个测区回弹测试 16 次,也就是 16 个回弹测点,如图 12-4 所示。

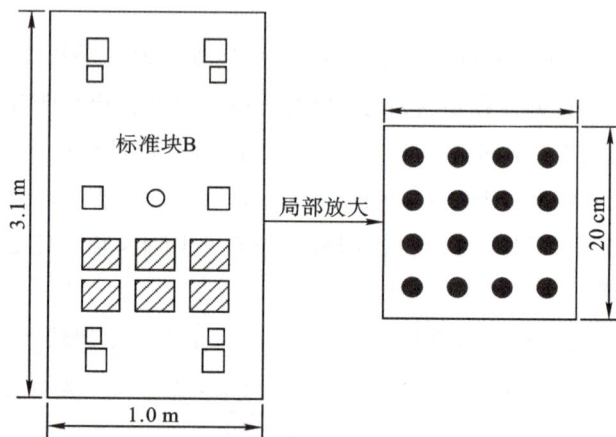

图 12-4　测区测点分布示意图

测点在测区内宜均匀布置,相邻测点的间距不宜小于 30 mm,测点距构件边缘或外露钢筋、预埋件的距离不应小于 50 mm,同一测点只允许弹击一次。

测试过程中回弹仪轴线应与测试面垂直,非垂直状况测试时应进行修正。采用推荐的测强曲线,确定混凝土强度的推定值。

测区回弹代表值应从测区的 16 个回弹值中剔除 3 个较大值和 3 个较小值,其余 10 个有效回弹值取平均值。

(2)超声回弹综合法。

结合回弹测点布置情况,在每个测区内布置 3 个超声波测点,由于隧道结构的特殊性,采用超声波面测的方式展开,超声波探头之间的距离为 400 mm,回弹在两个探头之间进行,回弹16 次。

超声波测试过程中,波的传播方向应避开钢筋方向。

根据测区的特点,应对超声波波速进行换算和修正,采用推荐的测强曲线,确定混凝土强度的推定值。

5.其他病害

1)道床与管片脱开

对于整体式道床,由于两侧排水沟混凝土后于轨枕区域道床浇筑,管片脱开通常表现为两种形式,包括排水沟混凝土与管片脱开及轨枕区域道床与管片脱开。在脱开现象较为明显的区域,道床混凝土可能会出现横向裂缝,对于此类情况,应在备注栏予以说明,必要时拍摄影像。

道床与管片脱开检查应明确脱开位置。道床与管片脱开主要通过目测进行检查,对于疑似处可通过插硬卡片的方式确认两者是否脱开。将道床与管片脱开病害现象记录于管片平面展开图中,符号标记于脱开位置,并要求对道床与管片脱开位置进行拍照存档。

2)设施设备侵限

对于盾构隧道结构,附着大量的附属设施及设备,如出现卡位问题或固定件老化锈蚀松动等问题,则容易出现各类设施设备侵限问题。图 12-5 为嵌缝条悬垂及隔断门松脱侵限隐患示意图。对于此部分特殊病害,无法对检查内容提出具体要求,但是发现后必须对病害的位置、范围及特征进行详细的文字记录,并留存全面的照片及录像资料备查。

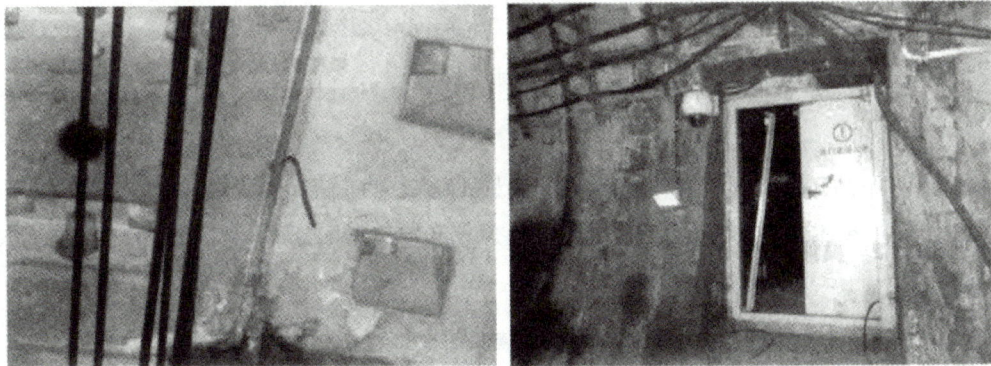

(a)嵌缝条悬垂　　　　　　　　　　(b)隔断门松脱

图 12-5　嵌缝条悬垂及隔断门松脱侵限隐患示意图

三、资料成果要求

1.记录表

1)基本要求

根据检查类型成果特点,记录表一般分三种,包括表单式、展开图及专项报告。三种类型表式特点如下:

①表单式相对简洁,以基本信息填写为主,涉及病害关键参数信息,主要以数字形式进行记录,适合于相对频率较大的检查类型,如日常检查,因此不作为详细维修方案的依据。

②展开图的记录方式、内容信息相对丰富,盾构隧道结构展开图以实际结构比例进行绘制,病害位置及参数信息直接标记于展开图上,由此可展示整个隧道表面丰富的病害分布情况及程度。展开图方式适用于需要进行后评估的检查类型,比如重点检查及全面检查。

③专项报告无固定格式,主要依据专项检查内容具体设定,主要针对结构强度检测、结构整治复检等使用。

各类型检查成果记录表式可参照表 12-9 设置。

表 12-9 各类型检查成果记录表式要求

检查类型		记录表式要求	备注
日常检查		表单式	—
全面检查		展开图	如有专项检查内容,匹配相应表式
重点检查		展开图	如有专项检查内容,匹配相应表式
专项检查	结构检测	专项报告	可以展开图为基础
	整治复检	专项报告	
	低频检查	表单式	

2)具体要求

(1)表单式。

表单式基本记录信息:检查作业信息,包括人员、检查时间等;位置信息,包括线路、区间、环号或特殊位置等;病害内容信息,包括具体病害类型及程度等;病害参数信息,包括病害尺寸及特征等,见表 12-10。

表 12-10 病害关键参数要求

病害类型			关键参数	备注
表观病害	渗漏水	湿迹	面积	—
		渗水	面积	—
		滴漏	频率	—
		漏泥沙	面积	—
	结构损伤	裂缝	长度、宽度	如有专业检测手段,宜记录检测深度,应注明是否露筋
		缺损	面积、深度	
		混凝土片状剥落	长度	
	结构形变	错台	错台量	—
		张开	缝宽	应注明螺栓是否可见

病害类型		关键参数	备注
裂化老化病害	混凝土碳化	深度	—
	钢构件腐蚀	厚度	
	强度衰减	强度	
其他病害	侵限	脱出安装位置的尺寸	应注明侵限具体物体
	道床脱开	纵向长度	如有检测手段,宜检测脱开距离
	设备病害	病害特点	应记录清楚具体设备名称及存在的问题

通常结构老化、裂化病害通过专项检查进行,因此表单式大部分情况下不会涉及,比如碳化及强度衰减,通常表观上无法进行观察,需要专业检测手段,钢构件锈蚀可通过目视进行检查。

(2)展开图。

病害记录以结构展开图为基础,展开图要求构件要素齐全,病害记录应翔实且准确,结合管片展开图,明确位置、特征,如病害存在范围,则应在展开图上进行等比例标示。对于现象重叠区域,为区分现象标志,可采用不同颜色标示,如红色与黑色等。管片展开图基本要素包括接缝、注浆孔、螺栓孔,各要素相对位置关系与实际一致,尺寸比例完全按照实际绘制。对于旁通道、泵站及中间风井等结构,由于其结构空间特点,通常可用竖剖面及平剖面相结合的方式,进行展开图记录。

①渗漏水记录要求。根据渗漏水病害特点,设计相应病害标志:湿迹、渗水及漏泥沙通常用一封闭区域并采用不同的填充图案表示;滴漏病害则在椭圆形内填写滴漏频率来记录,具体见表12-11。需要说明的是,对于湿迹仅局限于接缝,呈窄条状分布时,为提高检查效率,可不予记录;此外,如渗漏水现象明显,肉眼能观察到明显水流,则应在备注栏予以补充说明。

表 12-11 渗漏水病害标志

病害类型	标志符号	符号解释	记录要求
湿迹		虚线填充的闭合曲线	曲线边界依据实际湿迹分布确定
渗水		斜线填充的闭合曲线	曲线边界由实际渗水分布确定

病害类型	标志符号	符号解释	记录要求
滴漏	6	由竖线、椭圆及数字三部分组成,数字表示滴漏频率(滴漏数/min)	①当小于 1 滴/min 时,椭圆内应标注"<1"; ②当大于 60 滴/min 时,可认为滴漏已形成渗流,此时应按照渗流标注"∞"
漏泥沙		点及小三角填充的闭合曲线	曲线边界依据实际漏泥沙边界确定

②管片损伤记录要求。缺块病害因表现为封闭区域围成,因此采用实心填充面积作为病害标记;而裂缝病害则直接以线条表示,具体见表 12 - 12。

表 12 - 12　管片损伤病害标注

病害类型	定义	标志符号	符号解释
裂缝	表层混凝土裂开		①曲线或折线时,以裂缝实际线形为依据,当裂缝宽度可量测时,应予以备注; ②当裂缝较为严重,甚至出现混凝土碎裂的现象时,应特别予以备注,并留存详细的影像资料
缺块	管片端部混凝土缺失		将实际缺块范围填实,管片缺块深度可量测时,同样予以备注
缺损	管片纵缝两侧混凝土片状缺失		竖线代表发生缺损的纵缝,交叉线所代表区域与发生缺损区域一致

③结构形变记录要求。错台量标志于相对朝隧道内的分块。对于环间错台情况,道床一侧可找出错台量最大处予以标注,无须连续标注;错台量通过钢尺垂直于管片进行测量(表12 - 13)。

表 12－13　管片错台病害标志

病害类型	定义	标志符号	符号解释
管片错台	管片间在环面或纵向接触面内发生相对错动的现象	6	直线与错台处接缝垂直交叉，数字表示错台量(mm)

④接缝张开病害标记，其交点位置标于管片张开所在接缝处(表 12－14)。

表 12－14　接缝张开病害标志

病害类型	定义	标志符号	符号解释
接缝张开	顶部纵缝两侧管片未密贴，局部应力集中，出现倒 V 形空隙，即接缝张开	∧	受外界影响，导致隧道受力状态发生变化，进而出现"横鸭蛋"等现象，严重处能目测到环向螺栓，导致顶部纵缝张开

⑤其他病害记录要求。道床与管片脱开病害标记记录于道床与管片连接处(表 12－15)。

表 12－15　接缝张开病害标志

病害类型	定义	标志符号	符号解释
道床与管片脱开	道床与管片间存在间隙，纵向上明显存在	⌣	标志记录于道床与管片连接处

(3)专项报告。

专项报告应以实际专项检查的内容作为编制基础，根据不同检测内容，报告的基本要求如下：

①结构检测专项报告应包含所检测对象结构基本概况(线路区段区间信息、开通运营时间信息、管片结构信息、所处地层等)、检测工作量、检测结果信息及评估结果等内容。

②结构整治后复杂专项报告应包含整治区段基本情况(线路区段区间信息、开通运营时间信息、管片结构信息、所处地层等)、具体整治实施内容及工作量、复查结果信息及评估结果等内容。

③其他类型专项报告依据实际专项检查内容设计专项报告内容，通常应包含所检查对象基本信息、检查方法及工作量信息、记录结果及简单评估结果。

2. 记录影像

原则上所有病害现象均应拍摄照片留存,个别情况下,当病害具有明显动态特征,照片不能完整反映时,应摄像。

数码照片编号可按 Px(P 表示照片,x 表示顺序号)记录;录像编号可按 Vx 表示(V 表示录像,x 表示顺序号)。

各照片应以记录病害所处环及块为主,不宜包含过多环,以免引起混淆,且病害影像应在照片内居中,照片边界应平行于纵、环缝。照片编号直接标记于病害标志旁。

照片以 1600×1200 像素为宜,一般文件可控制在 500 KB 左右。

如现象连续多环相似,比如道床与管片脱开,可不重复拍照,取典型照片即可。对于轻微错台等照片较难展示的现象,可不拍照。

3. 其他信息

在检查过程中,应在备注栏对隧道基本信息予以记录,包括小转弯半径、旁通道或泵站钢管片及道床类型等,此部分信息有助于建立全面的隧道数据库。

工具主要包括记录类、照明类及量测类三部分。

1)记录类

该类工具包括纸板夹、笔、记录单、数码相机等。

其中记录用笔应备有红黑两色,当病害在同一区域重叠时,可采用不同颜色区分。由于部分隧道内照明存在问题,记录用笔如带微型小灯,则可提高隧道检查效率。

数码相机像素不宜低于 400 万,且带闪光功能,由于多数现象须拍照,最好备用一块电池,存储卡容量不应小于 2 GB。

2)照明类

该类工具包括手电筒、头灯等,如图 12-6 所示。

(a)LED手电筒   (b)头灯

图 12-6 照明类工具

3)量测类

该类工具包括废纸、计时器、钢尺,普通三角尺等。其中,废纸可用于判断病害属于湿迹或者其他渗漏水类型;计时器可用于记录滴漏频率;钢尺与普通三角尺可用于测量病害特征尺寸。

课后习题

一、单项选择题

1. 盾构隧道管片拼装时,衬砌环内错台允许偏差为(　　)mm。

   A. 5　　　　　　　　B. 6　　　　　　　　C. 8　　　　　　　　D. 7

2. 盾构隧道管片钢筋保护层厚度检测中,要求保护层厚度检测合格率不低于(　　)。

   A. 85%　　　　　　B. 90%　　　　　　C. 95%　　　　　　D. 100%

3. 依据《盾构隧道管片质量检测技术标准》(CJJ/T 164—2011)规定,管片抗弯性能和抗拔性能检测时加载级数为(　　)级。

   A. 十　　　　　　　B. 八　　　　　　　C. 九　　　　　　　D. 七

4. 下列盾构隧道管片结构监测项目在工程监测等级为一级时属于必测项目,在二级、三级属于选测项目的是(　　)。

   A. 管片结构竖向位移　　　　　　　　　B. 管片结构水平位移

   C. 管片结构净空收敛　　　　　　　　　D. 地表沉降

二、判断题

1. 成环后内径属于盾构隧道管片拼装检测内容。　　　　　　　　　　　　　　(　　)

2. 隧道轴线平面位置检测属于成型盾构隧道验收主控项目。　　　　　　　　　(　　)

3. 成型盾构隧道验收时衬砌环椭圆度允许偏差为±8%。　　　　　　　　　　(　　)

4. 成型盾构隧道验收一般项目包括衬砌环椭圆度、衬砌环内错台和衬砌环间错台。(　　)

5. 盾构隧道混凝土管片的强度等级不应小于C40。　　　　　　　　　　　　(　　)

6. 盾构隧道混凝土管片的强度采用回弹法检测时,宜选择管片外弧面及管片拼接面。

   　　　　　　　　　　　　　　　　　　　　　　　　　　　　　　　　(　　)

三、多项选择题

1. 盾构法施工隧道具有(　　)特点。

   A. 适用地层广　　　B. 环境影响小　　　C. 抗震性好　　　D. 断面可多变

   E. 机械化程度高

2. 盾构隧道施工监控量测项目应根据工程监测等级进行,在所有工程监测等级中均属必测项目的包括(　　)。

   A. 管片结构竖向位移　　　　　　　　　B. 管片结构水平位移

   C. 管片结构净空收敛　　　　　　　　　D. 管片结构应力

   E. 地表沉降

3. 盾构隧道管片外观检测项目不允许出现的病害包括(   )。

    A. 贯穿性裂缝   B. 内外弧面露筋   C. 孔洞   D. 疏松、夹渣

4. 盾构隧道施工监测,当出现下列(   )情况时应进行预警。

    A. 实测变形值大于允许变形的 2/3 时

    B. 周边地表出现明显的沉降(隆起)或较严重的突发裂缝、坍塌

    C. 建(构)筑物等周边环境危害正常使用功能或结构出现过大变形、沉降、倾斜或裂缝等

    D. 周边地下管线变形明显增长或出现裂缝、渗漏等

    E. 隧道结构出现明显变形、较大裂缝、较严重漏水

参考文献

[1] 中国铁路总公司.高速铁路隧道工程施工质量验收标准:TB 10753—2018 [S]. 北京:中国铁道
出版社,2018.

[2] 中国铁路总公司.铁路隧道工程施工质量验收标准:TB 10417—2018 [S]. 北京:中国铁道出版
社,2018.

[3] 中国国家铁路集团有限公司.铁路隧道锚杆支护技术规范:Q/CR 9248—2020 [S]. 北京:中国
铁道出版社,2020.

[4] 中国国家铁路集团有限公司.铁路工程岩土分类标准:TB 10077—2019 [S]. 北京:中国铁道出
版社,2019.

[5] 中国工程建设标准化协会.超声回弹综合法检测混凝土抗压强度技术规程:T/CECS 02—2020
[S]. 北京:中国计划出版社,2020.

[6] 贵州省市场监督管理局.公路隧道地质雷达检测技术规程:DB52/T 1403—2019 [S]. 贵阳:贵州
科技出版社,2019.

[7] 中华人民共和国住房和城乡建设部.岩土锚杆与喷射混凝土支护工程技术规范:GB 50086—
2015 [S]. 北京:中国计划出版社,2015.

[8] 中华人民共和国住房和城乡建设部.锚杆锚固质量无损检测技术规程:JGJ/T 182—2009 [S].
北京:中国建筑工业出版社,2009.

[9] 中华人民共和国交通运输部.公路隧道设计规范 第一册 土建工程:JTG 3370.1—2018 [S]. 北
京:人民交通出版社,2018.

[10] 中华人民共和国交通运输部.公路工程质量检验评定标准 第一册 土建工程:JTG F80/1—2017
[S]. 北京:人民交通出版社,2017.

[11] 中华人民共和国交通运输部.公路隧道施工技术规范:JTG/T 3660—2020 [S]. 北京:人民交
通出版社,2020.

[12] 中国国家铁路集团有限公司.铁路隧道监控量测技术规程:Q/CR 9218—2015[S]. 北京:中国
铁道出版社,2015.

[13] 中华人民共和国铁道部.铁路隧道超前地质预报技术指南:铁建设〔2008〕105 号 [Z]. 北京:中
国铁道出版社,2008.

[14] 中华人民共和国交通运输部.公路隧道照明设计细则:JTG/T D70/2—01—2014 [S]. 北京:人
民交通出版社,2014.

[15] 中华人民共和国交通运输部.公路隧道通风设计细则:JTG/T D70/2—02—2014 [S]. 北京:人

民交通出版社,2014.

[16] 中国国家铁路集团有限公司.铁路瓦斯隧道技术规范:TB 10120—2019 [S]. 北京:中国铁道出版社,2019.

[17] 林维正.土木工程质量无损检测技术[M].北京:中国电力出版社,2008.

[18] 中华人民共和国住房和城乡建设部.盾构隧道管片质量检测技术标准:CJJ/T 164—2011 [S]. 北京:中国建筑工业出版社,2011.

[19] 中华人民共和国住房和城乡建设部.盾构法隧道施工与验收规范:GB 50446—2017 [S]. 北京:中国建筑工业出版社,2017.

[20] 中华人民共和国住房和城乡建设部.城市轨道交通工程监测技术规范:GB 50911—2013 [S]. 北京:中国建筑工业出版社,2013.